Study on Spatial Agglomeration and Its Effect of Vegetable Production in China

中国蔬菜生产空间集聚及其效应研究

于丽艳　穆月英　著

中国农业出版社
北　京

本研究得到以下项目资助：

国家自然科学基金项目
“空间均衡视角下蔬菜跨区域供给、地区结构及供给效应研究”
(71773121)

现代农业产业技术体系
北京市产业经济与政策创新团队

国家社科基金重大项目
“我国粮食生产的水资源时空匹配及优化路径研究”
(18ZDA074)

前　言

在乡村振兴背景下，如何实现乡村产业振兴，是中国农业发展的重要问题。蔬菜生产在农业生产中的地位不断提高，如何通过蔬菜产业的发展，促进农业和农村发展，推进乡村振兴战略的实施，是值得思考的问题。目前，蔬菜专业化生产的“一村一品”“一县一业”发展迅速，蔬菜生产呈现出空间集聚现象，蔬菜生产集聚，对于提高生产效率，促进产业增长具有重要意义。

本研究以中国蔬菜生产空间集聚为研究对象，基于空间关联视角，以农业区位理论为基础，对蔬菜生产空间集聚形成机制及其效应进行分析，研究思路为：集聚理论分析——集聚的现状分析——集聚的形成机制分析——集聚对蔬菜产业发展的效应分析。具体包括：对中国蔬菜生产区域分布差异和空间集聚现状进行系统分析；基于比较优势理论分析蔬菜生产空间集聚的形成过程；基于空间关联的视角，利用空间计量模型，分析蔬菜生产空间集聚的形成机制；最后，分析蔬菜生产空间集聚对蔬菜产业发展的效应，包括集聚对蔬菜生产效率的提升作用，集聚对蔬菜产量增长效应以及对蔬菜产业跨区域的市场整合效应。主要研究结论为：

(1) 通过对蔬菜生产空间集聚及其效应的相关理论分析，系统梳理农业区位理论、新经济地理学理论、传统贸易理论、经济增长理论等集聚形成及其效应的理论，将蔬菜生产空间集聚形成机制归纳为：农业发展基础、资源禀赋（劳动力、资本、技术）、市场需求、交通条件、经济发展、政府政策等方面。在集聚发展过程中，通过要素集聚、基础设施共享、技术溢出等形成规模经济，促进集聚区域蔬菜生产效率和产量的提高，提高集聚区域在蔬菜市场整合中的作用。

(2) 通过对蔬菜生产区域差异和集聚的分析得出：随着时间的推移，中国蔬菜产量和播种面积在不断增加，蔬菜生产呈现出空间发展不均衡的局面。蔬菜生产整体上区域差异较大，各个地区和各个省域之间也存在分布不均衡现象。全国蔬菜生产区域存在空间集聚现象。

(3) 通过对主产省蔬菜生产空间集聚形成过程的分析，发现集聚区域在其形成和发展过程中，表现出不同方面的比较优势，蔬菜主产县和专业村与所在区域相比，存在比较优势。蔬菜生产的空间集聚形成过程是自然条件和社会经济因素共同作用的结果。

(4) 基于空间关联视角，利用空间计量模型对蔬菜生产空间集聚的形成机制进行研究，主要研究结论为：蔬菜生产空间集聚具有显著的空间溢出效应。邻近区域集聚对本区域集聚具有促进作用。农业生产资本投入、市场需求、交通条件和农业基础对集聚具有显著促进作用。

(5) 在考虑要素空间溢出的蔬菜生产空间集聚形成分析部分，对环渤海地区县域蔬菜生产利用空间杜宾模型进行分析，研究结论为：县域蔬菜生产空间集聚具有显著的空间溢出效应，要素投入能够促进本县蔬菜生产集聚，但间接效应为负，即邻近县域要素投入不利于本县蔬菜生产集聚，市场需求拉动和地区经济发展拉动对县域蔬菜生产空间集聚具有促进作用。

(6) 通过蔬菜生产空间集聚对蔬菜产业发展效应的研究，得到主要的研究结论为：蔬菜生产空间集聚对蔬菜产量提高具有促进作用，在蔬菜产量增长中贡献明显；同时，集聚对蔬菜生产效率提高具有促进作用，随着蔬菜播种面积的扩大，生产效率不断提高。

(7) 主产区在蔬菜市场整合中发挥一定的作用。作为主产区的山东，其蔬菜批发价格是环渤海地区蔬菜批发和零售价格的格兰杰原因，集聚区对区域蔬菜价格形成具有重要作用。主产区与主销区蔬菜批发价格存在长期均衡关系和短期动态关系。蔬菜生产空间集聚的横向市场整合效应较高，纵向市场整合效应有待提高。

根据以上研究结论，提出如下对策建议：

第一，根据蔬菜生产集聚对蔬菜产业发展的促进作用，政府应该充分重视集聚对蔬菜产业发展的重要作用。不论在全国层面还是环渤海地区蔬菜主产县之间，集聚均存在显著的空间溢出效应，可以利用集聚区域带动邻近区域蔬菜生产发展。

第二，根据对蔬菜生产空间集聚形成过程的研究，发现大部分蔬菜主产区的效率比较优势处于与全国平均持平或略低的水平，从这个角度来看，蔬菜主产区应该重视其生产效率的提高，同时，在供给侧结构性改革的背景下，政策制定需要重点考虑在保证蔬菜产量的同时，促进蔬菜质量的提高。

第三，根据对蔬菜生产空间集聚形成机制的分析，各地区应该重视当地农业基础设施建设，注重农业生产技术扩散，重视对蔬菜主产区的资金支持，重视主产区交通设施建设，以此促进当地蔬菜产业发展。

第四，主产区对蔬菜价格的跨区域传导发挥重要作用，处于价格传导的核心地位，应该重视蔬菜主产区在价格形成中的重要作用，关注主产区蔬菜生产发展，从稳定蔬菜价格、提高产业资源配置效率方面，引导主产区蔬菜产业健康发展。

目　　录

1 导　论

1.1 选题背景与研究意义

1.1.1 选题背景

全面推进乡村振兴战略，实施产业兴村强县行动，打造“一村一品”“一县一业”发展新格局，是近年中央1号文件的重要内容，在全面实施产业兴村强县的过程中，农业专业化生产成为实现农业现代化，助力乡村产业振兴的重要方面。在农业专业化发展过程中，农业产业集聚表现突出，农业产业集聚能够提高资源利用效率，提高农业生产效率（贾兴梅，2018），对于促进农业经济增长，打造地区农业生产特色，稳定农产品价格，具有重要的推动作用。

在中国农业发展过程中，蔬菜产业发展速度快，在中国农业中的地位不断提高，成为打造地区农产品品牌和“一村一品”“一县一业”的重要内容。2000年以后，中国蔬菜产量不断增加，蔬菜生产区域发生时空变迁，蔬菜生产呈现出新特点。主要表现为：东北地区的黑龙江、辽宁和吉林蔬菜播种面积下降，而西部地区贵州、云南和甘肃等省蔬菜播种面积上升明显。蔬菜生产呈现出区域发展不平衡局面，东部地区蔬菜生产水平最高，中部地区次之，西部地区生产水平较低，东北地区由最高转至最低，全国形成山东、河南、河北、江苏等蔬菜主产区，同时，蔬菜生产区域分布呈现连片化特征（纪龙等，2015）。在《全国蔬菜产业发展规划（2011—2020年）》中，明确指出进一步优化蔬菜产业发展布局，完善优势产区蔬菜生产布局，提高大城市蔬菜供给能力。同时，随着大城市郊区蔬菜生产的弱化，交通运输在蔬菜主产地与主销地之间的连接显得更加重要。

蔬菜在中国是仅次于粮食的第二大农作物，蔬菜具有品种繁多的特点，根据蔬菜的结构和可食用的部分，蔬菜分为叶菜类、茎菜类、果菜类、花菜类和食菌类，在各个大类的基础上，蔬菜又分不同的品种。同时，蔬菜根据生产条件不同，又分为露地蔬菜和设施蔬菜，露地蔬菜生产受自然条件影响较大，设施蔬菜受自然条件影响较小，能够实现反季节生产。总之，作为中国重要的农作物，蔬菜生产具有资本密集、技术密集和劳动密集的特点。

随着生活水平的提高，人们的饮食结构越来越偏重于营养与健康，蔬菜逐渐成为城乡居民生活必不可少的基本消费品，与此同时，蔬菜产业也是中国一些地方农村的重要产业，是农业产值增长的重要来源。根据国家统计局数据，2000 年，中国粮食播种面积为 10 846.254 万公顷，蔬菜播种面积为 1 523.727 万公顷；2017 年，中国粮食播种面积为 11 798.906 万公顷，蔬菜播种面积为 1 998.107 万公顷；从 2000 年到 2017 年，粮食播种面积增长 8.8%，蔬菜播种面积增长 31.1%。2000 年中国粮食产量为 46 217.52 万吨，蔬菜产量为 44 467.94 万吨；2018 年中国粮食产量为65 789.22 万吨，蔬菜产量为 70 346.72 万吨；从 2000 年到 2018 年，蔬菜产量增长 58.2%，而同期粮食产量增长 42.3%。蔬菜生产的发展速度超过粮食生产，同时，蔬菜是中国重要的出口农产品，显示了中国蔬菜产业具有一定的国际竞争力。

中国幅员辽阔，加之农业生产依赖于自然资源和气候条件，使得蔬菜生产一方面表现出地域差异性，另一方面表现出地理集中性。从省级层面看，蔬菜产量最大的山东省，2018 年蔬菜产量达到 8 192.04 万吨，占全国蔬菜总产量的 11.6%，而蔬菜产量最少的西藏自治区，其 2018 年蔬菜产量为：72.57 万吨，仅占全国蔬菜总产量的 1%。在《全国蔬菜产业发展规划（2011—2020 年）》中，共包含了 580 个蔬菜生产重点县。中国蔬菜生产呈现明显的空间分布不均衡状态，各个地区蔬菜生产差异较大，蔬菜生产存在空间集聚现象。

按照国家蔬菜产业发展规划，国家对蔬菜生产重点县的蔬菜生产投入进行扶持，主要表现为资金和技术的投入，从而带动当地蔬菜产业发展。

传统的蔬菜生产区域布局是蔬菜生产分布在大城市的周边郊区，在这些城市发展过程中，工业和建筑业的快速扩张，使得城市周边的菜田被挤占，而蔬菜生产开始转移到离城市较远的农村或一些农业大省；同时，由于蔬菜的比较收益相对于其他粮食作物较高，考虑到提高农民收入等方面，像山东、河北等农业大省，就迅速接纳了来自大城市蔬菜产业的转移，同时，随着交通运输的发展，蔬菜长途运输成为可能。随着地区经济的发展，蔬菜生产成本不断增加，尤其是蔬菜主产区，随着劳动等生产要素价格提高，蔬菜生产成本上涨明显。

大城市是蔬菜的主销区，比如北京市为了保证蔬菜的稳定供给，一方面稳定本市叶类蔬菜的播种面积，同时，在京津冀协同发展的背景下，大力发展北京农业公司在河北的蔬菜生产基地，同时，积极调配邻近地区山东和辽宁等地区蔬菜的供给，形成以北京为核心，山东、河北、辽宁为主要供给来源的区域蔬菜供需格局。蔬菜消费多以鲜食为主，所以邻近消费市场对蔬菜生产具有降低运输成本等方面的优势。

基于以上的研究背景，可以看出蔬菜生产存在空间集聚现象，这种空间集聚的形成过程、形成机制是什么？蔬菜生产空间集聚对蔬菜生产发展的作用如何？这些问题关系着中国蔬菜生产的稳定发展，有待进一步深入研究。考虑中国蔬菜生产的区域差异与生产空间集聚，本书以蔬菜生产空间集聚作为研究对象，分析中国不同地区蔬菜生产的区域差异、时空变化，分析中国蔬菜生产空间集聚的现状和特点，基于空间关联的视角，分析蔬菜生产空间集聚的形成机制，在此基础上，考察集聚对蔬菜生产的效应，进而为各地区制定蔬菜产业政策提供依据。

1.1.2 研究意义

蔬菜产业发展事关乡村产业振兴，同时关乎居民蔬菜消费安全。蔬菜是中国种植业中仅次于粮食的第二大种植产品，在中国农业发展中占有重要地位。

中国地域辽阔，不同区域自然条件和经济发展水平差异性明显，传统露地蔬菜生产受到自然条件制约，形成以气候、地理位置等自然条件为基础的生产布局，体现出基于自然生产条件的空间分布特征。随着蔬菜生产技术的发展，尤其是设施蔬菜生产的发展，使得蔬菜生产受自然条件的影响下降，而受到生产技术水平、资金投入和政策等方面的影响在增加，体现出蔬菜生产空间分布的变迁。农业产业集聚通过规模经济、信息和技术的溢出、专业化生产等效应，提高农业生产效率，促进农业发展。对蔬菜生产空间集聚进行研究，厘清蔬菜生产空间集聚的形成机理与效应，能够促进蔬菜产业发展，助力乡村产业振兴。

本研究的理论意义在于：传统贸易理论认为比较优势对农业生产布局起着决定作用，随着不完全竞争的引入，新经济地理学则通过将运输费用和规模报酬递增等因素引入产业布局理论，对其进行深入的分析与讨论。关于企业选址与集聚的问题，目前的研究主要集中于制造业，在农业领域尚不多见，在对农业产业集聚的研究中，多数是关于农业整体的产业集聚和关于粮食集聚的研究（魏建美，2013；王艳荣，2012；王畅等，2018；伽红凯，2016；杜建军等，2017）。蔬菜生产集聚的研究较少（张哲晰，2018；吕超，2011；吴文劼，2015）。蔬菜生产相对于粮食等农业生产存在较大的不同，粮食生产绝大多数是露地生产，一般全国种植范围较广，收获周期较长；与粮食生产相比，蔬菜生产的设施化程度较高，受自然条件约束较少，同时，蔬菜生长周期较短，可以实现一年多茬生产。最重要的是，蔬菜生产与粮食生产相比，表现出高投入和高产出的特点，蔬菜生产收益明显高于大宗粮食生产收益。鉴于如上的不同，对农业空间集聚的研究与对蔬菜生产集聚的研究存在不同。蔬菜生产属于农业生产范畴，蔬菜生产集聚是基于自然条件形成的，随着设施化和市场化的发展，蔬菜生产集聚发生区域性的变化，集聚区域之间产生相互影响，理论上，集聚基于比较优势形成，随着经济和社会因素的发展，集聚发生变化，同时集聚对蔬菜产业发展产生影响。蔬菜生产集聚的形成机制和蔬菜生产集聚对产业发展的影响有待进一步研究，所以本研究基于中国蔬菜生产的实际，分析中国蔬菜生产空间集聚的形成机制和集聚对蔬菜生产的促进作用，是对农业地理集聚理论的有效补充。

本研究的实践意义在于：从中国蔬菜生产的空间分布来看，蔬菜生产存在空间分布不均衡现象，东部地区是中国蔬菜主产区，山东、河南、河北、江苏等地区蔬菜生产规模远远大于其他地区，表现出蔬菜生产的空间差异和集聚，同时，蔬菜主产区表现出空间连片现象。从空间关联角度分析蔬菜生产集聚的形成，考察集聚对蔬菜生产发展的效应，进而通过蔬菜生产集聚促进农业发展，对实现乡村产业振兴具有重要意义。

1.2 文献综述

我国地域辽阔，不同地区的气候、光照、降水等自然条件差别较大，同时，农业资源分布不均衡，一方面造成中国农业生产区域差异，另一方面，随着农业生产的不断发展，地区与地区之间农业生产格局不断发生变化，形成农业生产的时空变迁，同时，一些地区形成农产品生产连片化的空间集聚现象。农业生产区域差异、区域变迁以及农业空间集聚等问题，受到学者们的普遍关注，积累了丰富的研究成果。

1.2.1 关于生产空间性问题的研究

对于经济学中空间性的研究，来源于藤田昌久、克鲁格曼、维纳布尔斯（1999）的著作《空间经济学：城市、区域与国际贸易》，认为空间经济学的核心问题是解释地理空间中经济活动的集聚现象。人们认为空间经济学研究的起点为克鲁格曼（1991）建立的一个中心-外围模型。梁琦、黄卓（2011）认为，空间经济学在中国主要的发展方向是空间经济学与国际贸易、城市经济学、区域经济学、发展经济学的进一步结合。赵曌等（2012）利用 2002 年中国省区间投入产出模型，通过计算省区间制造业部门的市场邻近和供给邻近，进一步验证了空间经济学中市场邻近和供给邻近所决定的贸易成本是制造业地理集中的主导因素之一的理论，认为在我国目前的制造业情况下，影响我国制造业空间分布的重要因素是贸易成本。胡安俊、孙久文（2014）依据产业转移理论模型，运用中国 2003 年和 2009 年 169 个三位数制造业数据，对我国制造业空间转移模式展开研究，研究结果表明低替代弹性的产业空间扩散幅度较小，而且呈现出等级扩散的情况，而高替代弹性的产业转移幅度大，并呈现出扩展扩散的模式。陈秀山、徐瑛（2009）基于空间经济学的区位锁定效应，构建了制造业空间结构变动的度量方法，得出我国制造业在 1996 年到 2005 年，表现出集聚的特征。白俊红、蒋伏心（2015）利用 1998—2002 年的数据，构建了我国省域科技创新的指标体系，利用动态和静态空间面板计量模型，实证分析了空间关联性与协同创新对省域创新绩效的影响。才国伟、钱金保（2013）在对空间相关性文献进行梳理的基础上，从供给和需求角度建立流入地和流出地角度的经济要素空间相关性模型，并利用中国跨省人口的空间流动性进行检验，结果表明人口流动过程中存在两种类型的空间相关性。潘文卿（2012）利用全域莫兰指数和局域莫兰指数分析了我国 1988—2009 年 31 个省份人均 GDP 的空间相关性，认为我国各省份的人均 GDP 全局空间自相关性随着时间的推移在不断增大，而且各地区的局部空间的集聚性也在增大，通过计量模型测算，得出市场潜能每增长 1%，各个地区的人均 GDP 的增长将提高 0.47%的结论，认为空间溢出效应是中国各地区经济发展的重要影响因素。赵伟光、敬莉（2015）对新疆 14 个地州产出的空间相关性进行测算，通过对市场潜能的测算，建立市场潜能、劳动和资本投入以及制度因素对地区产出的计量模型，通过面板数据分析，得出市场潜能每增加 1%，经济增长提高 0.29%的结论。刘佳骏等（2015）利用全国省域空间的面板数据，分析我国各省碳排放强度与人均碳排放的空间效应关系，利用全局莫兰指数和局域莫兰指数，测算得出我国碳排放强度和人均碳排放量集聚的地区，通过建立空间动态模型，分析碳排放强度和人均碳排放的空间溢出效应，对未来碳排放强度和人均碳排放的空间分布进行预测。冯庆元（2014）对成都经济区 2000 年到 2011 年的人均 GDP 展开空间相关性和经济收敛性的研究，利用全局莫兰指数和局域莫兰指数测算出在研究期内，该区域存在正的空间相关性，但是这种正的空间相关性在不断减弱，空间集聚分布逐渐演变为空间随机分布；在考虑空间溢出效应的同时，应用新古典经济增长绝对收敛模型结合空间计量经济学的方法，得出成都经济区各空间单元存在绝对收敛现象的结论。杨刚、杨孟禹（2013）选取中国 29 个省份农业生产的相关数据，利用 DEA - Malmquist 法测算农业全要素生产率，从社会经济、地理邻近两方面构建空间权重矩阵，建立静态和动态空间面板计量模型，分析我国农业全要素生产率的空间关联效应，认为空间固定效应的估计结果相对较好，得出我国农业全要素生产率存在以经济社会和地理区位为主要特征的空间关联效应的结论。白彬等（2015）对贵州省县域经济单元进行全局空间自相关和局域空间自相关分析，认为贵州省县域经济存在空间相关性，但相关关系不大，建立空间误差模型分析贵州省县域经济增长的影响因素，认为对经济发展水平具有显著促进作用的因素有：固定资产的投资水平、政府财政的支持力度、居民的消费水平以及农村居民的收入等。

总体来看，空间性问题的研究在我国还属于一个崭新的领域，近十几年，国内学者利用空间经济学的原理分析经济中的问题，为传统经济学的分析提供了新的视角，对经济学问题有了新的认识。同时，空间经济学的分析比较集中于对我国城市空间布局、对制造业的空间性的分析，而对农业问题的分析有待进一步深入。

1.2.2 关于蔬菜生产区域布局的研究

关于中国蔬菜区域布局与发展的研究，梳理如下：何东（1994）和黄斌民（2007）对广东省蔬菜布局进行分析，认为合理的蔬菜生产布局，是实现蔬菜均衡供应的关键，提出有效缓解蔬菜淡季供应的对策。宋建新（2003）对河北省 2002 年以前的蔬菜产业发展进行分析，对河北省蔬菜产业布局进行规划，并提出优化蔬菜产业布局的具体措施。崔德祥等（2015）对贵州省蔬菜产业发展进行分析，分析了贵州省蔬菜产业发展的机遇与优势，结合实际，提出优化其蔬菜产业布局的具体措施。张真和（2005）提出我国蔬菜“五带七区”的产业布局。黄季焜等（2007）对山东省 70 个村蔬菜生产进行抽样调研，认为在以蔬菜生产扩张为主的种植结构调整中，农户生产结构调整的主要决定因素是市场基础和交通设施，零售市场的发展和农民组织还没有对农户的生产结构调整产生积极的推动作用。焦自高等（2007）提出山东省发展设施蔬菜、出口蔬菜、名产蔬菜的区域和蔬菜品种优化布局。刘海涛（2008）对河南省蔬菜产业竞争力进行分析，认为蔬菜产业成为河南省仅次于粮食和油料产业的第三大产业，集群式发展是河南省蔬菜产业发展的战略选择。吕超（2011）全面分析了中国蔬菜主产地形成的影响因素及其经济效应。王方舟（2011）对河北省蔬菜产业的竞争力进行系统分析。吕超、周应恒（2011）认为蔬菜种植户的生产决策受蔬菜和其他替代农作物生产的相对比较收益、本地区非农就业水平变化和以往农户蔬菜生产决策的影响，认为农民的种植决策是一个长期的过程。穆月英等（2011）对北京市蔬菜生产的地区比较优势进行分析，认为北京市蔬菜生产具有明显的地域性，其中，顺义、大兴、通州、平谷在果菜类蔬菜生产上具有比较优势。范垄基等（2012）通过对蔬菜种植户的调研，认为农户蔬菜种植决策的首要影响因素是经济收益，农户在蔬菜生产过程中考虑蔬菜质量安全问题。魏雨（2013）对山东省蔬菜产业比较优势进行分析，认为 2009—2011 年，山东省蔬菜生产与全国平均水平相比，具有综合比较优势。王世尧、王树进（2013）从蔬菜生产者微观视角来研究蔬菜种植面积变化，认为蔬菜种植面积受到农户蔬菜种植经验和蔬菜的相对单产和价格的影响。钟鑫、张忠明（2014）运用综合比较优势指数法和灰色系统预测模型，对我国蔬菜区域分布特征及其比较优势进行研究，认为中国蔬菜生产比较优势区分布集中，蔬菜生产逐渐向比较优势区域集中，各区域布局优势度呈现东部和东北部下降、西部上升、中部平稳的态势。比较优势的变动可以从蔬菜生产成本的变动、消费习惯的变化、技术的进步以及交通状况的改善等方面解释。吴文劼（2015），纪龙、吴文劼（2015）利用空间基尼系数、区位商、空间自相关系数等分析中国蔬菜生产地理集聚及其影响因素，研究结论为：中国蔬菜生产集聚呈现上升趋势，集聚区域差异扩大，具有南下西进地域梯度和集中连片特征；蔬菜生产主要受到灌溉条件、非农就业机会、市场需求比较效益、交通条件和政策制度因素的影响。王丽娟等（2015）对天津市蔬菜主要生产地区，销售市场和蔬菜品种进行总结，认为天津市蔬菜生产优势产区已经形成，区域化特征明显，天津市蔬菜主要以内销为主，批发市场是主要销售渠道。陈其兵等（2016）对甘肃省武威市蔬菜产业的时空分布特征进行分析，认为从2000—2012年武威市蔬菜生产呈现出稳定增长的发展趋势，已经形成3个具有地域特点的蔬菜产业带，提出发展武威市蔬菜产业的对策。纪龙等（2016）对中国蔬菜生产的空间布局进行研究，认为蔬菜生产区域由东部地区向西部地区移动，蔬菜生产集聚程度依然很高，中国蔬菜生产呈显著的地理集聚特征。地理集聚增加了流通成本进而推动蔬菜价格上涨。赵婷、张吉国（2016）对山东省17个市2003—2014年蔬菜生产的比较优势进行测算，认为潍坊、济南、泰安、莱芜和枣庄蔬菜生产的区域比较优势明显，鲁北、半岛地区各市缺乏蔬菜生产的区域比较优势。吴建寨（2016）对1995—2013年中国蔬菜生产比较优势的区域变迁和影响因素进行分析，认为各区域蔬菜播种面积与产量变化表现出了明显的空间差异性，区域生产优势变动是区域经济发展定位、农业结构调整、比较收益变化与科技创新驱动等因素共同作用的结果。吴舒（2017）以北京市为例，利用空间均衡模型，对北京市蔬菜生产的比较优势、蔬菜供给来源结构等进行分析，模拟不同影响因素的供给影响，探索北京市蔬菜供给稳定发展的对策。包玉泽等（2018）分析中国蔬菜产业布局及演化的影响因素，认为比较优势、交通运输条件，非农就业机会和城镇化水平是影响中国蔬菜产业布局的主要原因。

以上是从时间维度对中国蔬菜产业区域发展的研究进行梳理，通过文献梳理，我们可以发现，中国蔬菜产业区域布局和发展受到学者们的普遍关注，研究取得了丰硕的成果。从研究的视角来看，一方面是基于全国的视角，研究中国蔬菜整体区域布局和区域变迁，以31个省市区蔬菜生产为主要研究对象，将其划分为不同的区域，研究中国蔬菜生产在全国区域和省域之间的发展和变迁及其影响因素。另一方面是基于某一个地区视角，比如京津冀地区或具体省份，比如山东省等，总结研究地区蔬菜产业的竞争力，蔬菜生产的区域布局和变化以及影响因素和发展趋势。以上的研究，定性研究较多，针对中国蔬菜生产地区比较优势的定量分析较少，在定量分析中，系统分析中国蔬菜生产比较优势的研究较少。

1.2.3 关于农业产业集聚形成机制的研究

与工业生产相比，农业生产受到自然条件约束较大，不同自然条件下农产品生产情况也不相同，所以农业生产的空间集聚现象会更加明显。对农业生产空间集聚的研究，近年来取得了丰硕的成果：王艳荣和刘业政（2011）通过对安徽省农业生产集聚区域的研究，从资源禀赋、产业环境、外部环境和竞合互动的视角，对农业产业集聚的形成机制进行了验证，认为资源禀赋促进了产业环境和外部环境的改善，引起产业内的竞合互动，最终促成农业产业集聚的形成。陈太政、李二玲、李琬（2013）对河南17种农作物生产集聚的特点和演化机制进行分析，认为1989—2009年河南省农作物集聚水平偏低而且发展缓慢，各市域间农作物结构相似度高，分工与专业化生产处在初级阶段。David与Elliott（1998）证明粮食生产布局与价格、自然灾害和产区地理位置相关。Daniel与Killkenny（2002）认为农业政策变化会影响农业生产区位选择。李二玲等（2012）对12类农作物种植重心、空间自相关、基尼系数和专业化指数进行计算，分析了中国农业的地理集聚和演化路径，认为中国农业地理集聚经历了由自然集聚向社会集聚转变进而形成完善的农业生产体系的过程。随着农业现代化的发展，自然集聚的作用日益减少，社会集聚作用逐步增加。高军波等（2019）以县为单元，利用空间相关系数、专业化指数等指标对河南省11种农作物的空间分布进行分析，研究认为，农作物生产集聚及专业化水平持续提升，集聚空间呈“东进北上”演变趋势，区域自然禀赋、制度政策、社会发展及农户个体意愿是河南省县域农作物生产空间演化主要驱动因素。林正雨等（2017）利用区位基尼系数、区位商和重心模型，对四川省12种农作物的种植面积进行研究，认为四川省农业集聚水平较低，经济作物的专业化程度比粮食作物高，农业地理集聚格局演变从最初受内部压力驱动形成自然集聚格局，逐步转向受内外压力驱动的自然社会集聚格局。Welsh（2003）认为产业链相关上下游部门会影响农业生产区位选择。王国刚等（2014）利用专业化指数、基尼系数、产业集中度和产业平均集聚率等指标对中国畜牧业集聚进行分析，认为中国畜牧业集聚程度不断增加，同时集聚重心不断北移，形成北方畜牧业高度集聚，畜牧业地理集聚格局经历了由自然集聚到空间重构再到空间优化的过程，其中自然资源禀赋、农业生产力以及市场与政策，在不同时期主导着中国畜牧业空间格局的演变，构成了中国畜牧业地理集聚格局的演化机制。刘玉等（2015）测算了2000—2013年的京津冀县域主要农产品的生产功能指数，利用全局莫兰指数和局域莫兰指数测算了京津冀县域主要农产品生产功能的空间相关性，同时测算了其时间相关性，认为由于农业基础、区位等客观条件的不同，京津冀县域农产品的生产功能指数呈现规律性分布，并表现出区域同质的集聚效应。谢花林等（2012）利用全局莫兰指数和局域莫兰指数测算了1980—2000年京津冀地区县域草地变化的空间相关性，利用比较的研究方法，分析了1980—1995年和1995—2000年两个时段京津冀地区县域草地变化的空间相关性，认为在该地区，草地类型变化区域的空间集聚特征明显，两个时段相比，空间集聚性在增强。郝晓燕（2018）对中国小麦生产区位集聚进行研究，认为小麦生产比较优势和交通设施对小麦生产区位集聚具有促进作用。从现有的文献看，对农业产业空间性的研究主要有：穆月英等（2004）利用SCGE建立多地区、多部门的空间性应用一般均衡模型，模拟中国关税水平对商品价格、需求及收益水平的研究。詹瑜（2012）认为我国近十年农业空间结构变化较大，农业机械化的非均衡发展、农业政策和国际农产品市场以及自然环境和生态保护是导致我国农业空间结构变化的主要因素。朱瑶、李刚（2001）利用我国30个省的1990—2008年的数据，建立了农业物质流输入指标，并分析了其空间相关性。张仲威（2008）认为县域空间是我国发展农业区划的最佳选择空间，农业区划空间发展的战略重点是以粮食安全为中心。梁吉义、徐保根（1993）利用多目标灰色决策模型，对忻州地区的农业空间布局进行分析。戴孝悌（2013）认为我国的农业产业集群还处于初级阶段，农业管理体制分散是我国农业产业空间布局进一步完善的障碍，应该建立集中管理的农业发展体制。王健、张正河（2013）基于县域空间对我国农业经济产出空间布局进行了研究，认为区位与资源的约束、农业政策、技术水平和社会的经济发展程度在不同时期对我国农业总产出水平的空间分布形态有显著的影响。王健等（2013）利用探索性空间分析方法，对山东省县域单元的主要农产品产出的空间分布模式和空间相关性进行测算，得出结论：该省主要农产品的空间分布基本呈现“核心-边缘”模式，而且其空间关联性比较稳定。

对蔬菜生产空间集聚的研究主要有：卢凌霄、周应恒（2008）测算了我国蔬菜产地的集中程度，结合山东省的具体实际，认为生产和交通技术、市场条件改善和政府政策对蔬菜产地集中起重要作用。吕超（2011）认为资源禀赋在我国蔬菜主产地形成中的影响作用在弱化，而政府政策的作用在不断加强，知识水平、市场需求、交通便利程度等在我国蔬菜主产地形成中的影响显著，同时，从农户微观视角，分析了其种植蔬菜意愿的影响因素。李艳梅（2015）对2000—2012年间，京津冀地区蔬菜种植面积的变化进行研究，认为其表现出上升到下降到再上升的变化格局，从县域角度来看，北京和天津的蔬菜播种面积下降，河北北部等地区蔬菜播种面积上升。吴建寨等（2015a）利用集中度指数和基尼系数测度我国1995—2012年蔬菜生产的区域集聚情况，利用修正的柯布-道格拉斯生产函数建立回归模型，认为我国省域间的蔬菜生产集聚表现出“散-聚-散”的格局，蔬菜生产的空间集聚对蔬菜产值有正向影响。吴建寨等（2015b）利用空间重心模型对我国1995—2013年省域蔬菜生产格局进行研究，认为黄淮海地区是我国蔬菜产量增加的核心区域，西部地区蔬菜产量增加快速，而影响蔬菜生产格局变化的主要因素为农村经济发展模式、农业水土资源的利用、产业发展政策和农业科技创新等因素。纪龙等（2016）利用全域莫兰指数和修正的基尼系数测算了我国2004—2013年省域蔬菜生产的相关数据，对我国蔬菜生产的空间格局展开分析，认为我国蔬菜生产呈现出显著的北移趋势。纪龙、吴文劼（2015）认为中国蔬菜生产空间集聚呈现上升趋势和阶段性发展特征，各个地区集聚差异较大，整体上呈现连片化特点，自然资源、政策制度、市场需求和技术进步是影响集聚的重要因素。彭晖等（2017）对中国蔬菜生产集聚趋势进行分析，认为：中国蔬菜生产表现出显著的空间溢出效应，蔬菜生产地区呈现显著的空间正相关。其中，技术条件、市场需求规模、自然资源及交通运输成本成为2002—2013年影响中国蔬菜生产集聚的主要因素。

关于空间集聚的度量方法：传统的测量空间结构的方法有区位商法、洛伦兹曲线、基尼系数、集中度、绝对离差、相对离差、变异系数等，同时，Esteban和Ray（1994），Duclos（2004）提出极化度量指标来测度空间结构变动的方法，Midelfart和Knarvik（2000）提出SP指数，将空间距离引入非均衡度量。Brulhart和Traeger（2005）用熵来分解差异的来源。

关于蔬菜生产集聚形成的研究归纳见表1-1。

表1-1 关于蔬菜生产集聚形成的研究归纳

作者（发表年份）	影响因素	研究结果
卢凌霄、周应恒（2008）	生产技术、交通条件、市场条件、政府政策、经济水平	生产技术（+）、交通条件（-）、市场条件（-）、经济水平（+）
李艳梅（2015）	自然条件、技术进步、市场、交通条件、知识溢出、政府政策	理论分析
吴建寨（2015）	资源开发、经济发展模式、科技创新、产业政策	理论分析
纪龙、吴文劼（2015）	自然资源、市场需求、科学技术、交通信息、政策和制度	理论分析
彭晖（2017）	技术条件、市场需求、交通运输、自然资源	技术条件（+）、市场需求（-）、交通条件（+）、自然资源（不显著）
吕超（2011）	自然资源、政府政策、知识溢出、市场需求、交通条件	自然资源（不显著）、政府政策（+）、知识溢出（+）、市场需求（+）、交通条件（+）

资料来源：根据相关文献整理。

1.2.4 关于农业生产比较优势的研究

农业生产布局与集聚，是基于比较优势基础而形成的，许多学者从农业生产比较优势角度对农业生产的区域布局和集聚展开研究。刘雪等（2002）认为我国蔬菜生产具有显著的区域差异，我国省际蔬菜生产的格局已经开始遵循比较优势的原则。杨鑫、穆月英（2016）对北京市蔬菜比较优势分品种和区域进行了测算。吴建寨等（2016）从区域视角，测算全国蔬菜生产比较优势，认为我国蔬菜生产的比较优势发生了变化，东部地区具有比较优势，但西部地区的提升速度很快。冀名峰（1996）基于比较优势理论，分析了东部、中部和西部地区各个省市粮食生产的比较优势，针对各个地区粮食生产比较优势变化和发展，提出对策。牛乔丽（2013）利用综合比较优势分析法，对中国13个粮食主产区的5种主要粮食作物比较优势进行分析，得到基于比较优势的中国主要粮食作物优势产区。马惠兰（2007）利用综合比较优势分析法对中国棉花主产省的生产情况进行分析，利用显示性比较优势指数等对棉花主产区的出口竞争力及其变化进行分析，认为中国棉花主产区相对集中，主产区具有比较优势，新疆棉花出口竞争力突出。柳岩（2011）利用生产概率优势指数和综合比较优势测算省域肉鸡生产的生产成本和比较优势，认为肉鸡产业的区域差异明显，东部和中部地区比较优势突出。刘书通等（2014）利用集中度指数和综合比较优势分析方法，对中国水稻生产集聚和主产区的比较优势进行分析，研究结论为：中国水稻主要集中于长江中下游地区，其中长江中下游地区和东南沿海地区水稻生产比较优势显著，东北地区比较优势低于全国平均水平。

关于比较优势的分析，多数研究选择综合比较优势指数分析方法，对不同农产品的区域比较优势进行分析。

1.2.5 关于集聚效应的研究

对产业集聚与产业发展效应的研究主要集中于工业产业和城市（Paul & Siegel，1999；Lucas，2001；Tveteras & Battese，2006；Combes et al.，2010；J. V. Henderson& J. F，2004）。

集聚对经济增长的效应研究，Baldwin和Martin（2004）的研究结论为集聚通过空间溢出效应促进经济增长。Ottaviano和Martin（1999），Fujita和Thisse（2002）认为经济增长和地理集聚存在相互的促进作用，是联合发生的。也有学者对集聚对生产效率的影响进行研究，Melo（2009）通过对相关研究成果的梳理，认为多数研究得出的结论为集聚对生产效率具有促进作用。王艳荣等（2012）利用区位商指数和修正的C-D函数，对安徽省农业集聚区域的农业产业集聚对产业增长的关系进行研究，认为：农业产业集聚有助于促进产业增长和提升农业的竞争力。贾兴梅和李平（2012）认为，农业产业集聚程度的提高带来了区域农业经济的增长。李隆伟等（2018）基于新经济地理理论和新经济增长理论，利用空间计量模型，对云南省各地区农业经济增长的空间相关性进行分析，研究结论为：农膜使用量和公路里程对云南农业经济增长有显著的正向影响，农用地使用面积对云南农业经济增长呈现显著的负向影响，乡村从业人员变量对云南农业经济增长影响不显著。周靖和汪小勤（2016）对中国农业经济增长进行分析，认为从业人员、化肥使用量、农业机械总动力、农药用量对农业增长具有显著的正向影响，农作物总播种面积、价格与财政制度变量对农业增长作用不显著，不同自然条件的地区，农业生产要素对农业增长的效应具有明显差异。王金田等（2018）利用空间面板 Durbin 模型测算中国农业增长的空间效应，认为中国县域农业增长存在正向外溢性。Baldwin（2001）和 Rosenthal（2006）的研究认为产业集聚能够促进经济增长。Porter（1990）研究了加州葡萄产业集聚的模式。Kaiser（2003）对南非花卉产业集聚进行了分析。

1.2.6 关于市场整合的研究

空间市场整合研究的一个重要方面是关于空间市场价格的研究，即不同区位间的市场价格变化相互影响情况（虞祎、王含露，2017）。对于空间市场整合的研究，主要集中在横向市场整合方面。韩胜飞（2007）根据地区之间是否存在贸易流动和交易成本是否为零将市场整合程度分为完全整合、不完全整合和市场隔离三个层次，并对协整分析和状态转换模型对市场整合的分析进行评述。涉及农产品市场整合的研究主要有：黄季焜等（2002）研究中国各地区玉米、大豆和大米的市场整合情况。武拉平（1999）对中国小麦、玉米和生猪收购市场的市场整合进行分析，运用月度价格数据，采用共聚合法和市场联系指数法，认为玉米市场和小麦市场存在长期整合，而生猪收购市场短期整合程度较好。马述忠和屈艺（2017）对中国粮食市场的价格数据利用门限自回归模型分析了空间分隔市场的价格传导和市场整合状况，认为中国粮食市场价格向均衡调整速度较慢，地理距离是影响价格调整速度和贸易成本的重要因素，并提出推动中国粮食市场整合的对策。潘方卉和李翠霞（2016）利用 2003—2014 年中国生猪主要产销区价格数据，利用 JJ 协整检验，测度中国生猪市场整合程度，认为中国生猪产销市场整合程度较高。柏菁（2012）利用 Johensan 协整检验和误差修正模型，对中国小麦市场和中国小麦与国际小麦市场整合情况进行研究，研究结果为国内小麦市场的短期调整速度较慢，主产区在小麦价格调整中占主导地位，国内小麦市场和国际小麦市场不存在协整关系。虞祎和王含露（2017）对中国肉鸡市场横向整合进行研究，认为：中国肉鸡市场整合程度较高，研究区域内肉鸡价格存在长期均衡关系，多数市场价格体现短期调整关系，肉鸡市场价格调整中体现出生产型导向的特征。郑燕等（2018）利用周度数据，对鸡蛋产业链上、中、下游价格传导和波动进行研究，认为鸡蛋产业链上价格同步波动，鸡蛋批发价格对零售价格影响较大，鸡蛋产业链各市场间存在双向波动溢出效应。对蔬菜市场整合和蔬菜价格跨区域传导的相关研究：李靓（2018）利用 VAR 模型对中国北方 5 省市番茄和黄瓜价格跨区域传导进行研究，认为蔬菜主产地和主销地批发价格之间存在横向传导，主销地蔬菜批发价格在蔬菜批发价格传导中处于引导地位，主销地向主产地的价格传导效率较高。吴舒和穆月英（2013）利用农业生产资料价格指数、蔬菜生产价格指数和蔬菜消费价格指数对中国蔬菜产业链的上游、中游和下游价格传导进行分析，研究认为：蔬菜产业链价格垂直传导比较顺畅，蔬菜市场纵向整合程度较高。罗超平等（2013）对省际蔬菜价格波动进行研究，认为：蔬菜价格波动主要受自身影响，蔬菜价格传导存在滞后性，蔬菜市场效率有待提高。刘玲（2015）利用面板 VAR 模型对中国 2004—2012 年的季度蔬菜生产价格指数、批发价格指数和零售价格指数进行研究，认为蔬菜价格的正向传导比较顺畅，价格的逆向传导存在一定的滞后性，生产环节在稳定蔬菜价格方面起到重要作用。高静等（2016）对重庆市蔬菜价格纵向传导进行研究，认为：重庆市蔬菜价格季节波动性较大，批发价格与零售价格的价差明显，蔬菜价格的正向传导明显，零售价格相比批发价格受产地价格影响更大。

1.2.7　对已有研究的评述

通过对文献的梳理可将已有研究的特点归纳为以下几点：

（1）在集聚的测度方法上，主要的指标包括集中度指数、基尼系数、赫芬达尔指数等，对空间相关性的测度主要是利用探索性空间分析的方法，即采用全局莫兰指数和局域莫兰指数的值及其显著性来判断研究对象的空间关联性，利用 LISA 图反映区域与其相邻区域的空间集聚情况，从以上文献综述的内容中可以看出，探索性空间分析方法，能够较好地描述研究对象的空间相关性，从而得到研究对象在空间方面的关系，在研究中得到广泛应用。

（2）从研究内容上看，对蔬菜生产空间集聚及其效应的研究有待进一步深入。已有文献关于蔬菜生产的研究涉及基于比较优势的蔬菜生产的区域布局，关于蔬菜生产集聚形成的研究，对蔬菜生产的空间关联考虑较少。结合文献和实际，中国蔬菜生产存在明显的空间关联，所以关于蔬菜生产空间集聚的研究，应该考虑空间关联问题。

（3）关于农业生产空间集聚的研究，研究视角主要为全国层面，也有基于某个省份内部农业生产的研究，主要集中于农业生产大省。总体来看，不论是全国农业生产集聚还是省域内部的集聚，随着时间的推移，均表现为变化的特征，不同农作物集聚变化的特点存在差异。关于集聚形成机制的研究，认为农业生产集聚逐步由自然基础决定的集聚向社会因素决定的集聚变化，其中，资源禀赋、政策制度等因素影响集聚的形成。关于蔬菜生产空间集聚，主要是对蔬菜生产格局变迁的研究和测度，吴建寨认为影响蔬菜生产格局变化的主要因素为农村经济发展模式、农业水土资源的利用、产业发展政策和农业科技创新。综上，结合蔬菜生产特点，对于蔬菜生产集聚的研究有待进一步深化，对蔬菜生产空间集聚的溢出效应研究较少。

（4）蔬菜作为重要的经济作物，已经成为关系百姓日常生活的重要农产品，但是对于与蔬菜产业相关的经济学研究，尤其是考虑空间相关的蔬菜产业发展的研究较少。蔬菜生产与一般农业生产相比，具有其独特的方面，一方面蔬菜生产设施化程度较高，同时，蔬菜对交通运输的要求较高，蔬菜生产与粮食生产相比，表现出高投入、高产出和专业化程度较高等特点，所以，蔬菜生产集聚，与粮食和其他农作物的生产集聚存在差别，对蔬菜生产空间集聚的研究对于蔬菜产业发展具有重要意义。

1.2.8 本书的研究视角

通过文献梳理，发现对蔬菜生产空间集聚的研究需要进一步深入，蔬菜生产属于农业生产范畴，但与其他农产品生产相比，具有诸多特点。目前，中国蔬菜生产区域分布表现出空间上的不均衡现象，呈现出空间连片化特征，对蔬菜生产空间集聚的研究多数没有考虑蔬菜生产空间关联。所以，本研究从空间关联视角，考察蔬菜生产空间集聚的形成，侧重分析邻近区域对集聚形成的作用。

1.3 研究内容与技术路线

1.3.1 研究目标

本研究以农业区位理论、新经济地理学理论和经济增长理论等理论为研究基础，从空间关联视角，研究蔬菜生产空间集聚形成及其效应，通过对蔬菜生产区域分布和集聚现状的梳理，分析集聚的形成机制，讨论集聚对蔬菜产业发展的效应。

本研究的具体目标为：

第一，通过从时间和空间维度对中国蔬菜生产发展的梳理和蔬菜生产空间集聚现状的分析，描述蔬菜生产区域分布的空间不均衡和变迁。分析蔬菜生产空间集聚的形成过程。

第二，通过对蔬菜生产空间集聚形成机制的分析，明确集聚形成的影响因素，从区域空间关联视角，讨论集聚的形成机制和要素投入对集聚形成的空间溢出效应。

第三，通过探究蔬菜生产空间集聚对蔬菜产量和生产效率的作用，分析集聚对蔬菜产量增长的贡献度，讨论集聚对蔬菜生产效率的促进作用，检验蔬菜生产集聚的集聚效应与拥挤效应，讨论并检验集聚在跨区域市场整合中的作用。

1.3.2 研究内容

本研究在参考国内外研究成果的基础上，基于空间关联视角，研究中国蔬菜生产的空间差异、空间集聚形成及其效应。主要包括五大部分研究内容：

第一部分（第 2 章）：蔬菜生产空间集聚的理论分析。基于农业区位理论、新经济地理学理论、比较优势理论、竞争优势理论、经济增长理论、市场整合理论等理论，对蔬菜生产集聚形成及其效应的相关理论进行梳理，为后续研究奠定理论基础。

第二部分（第 3 章、第 4 章）：蔬菜生产区域差异和集聚的现状分析。本部分对中国东部、中部、西部和东北地区以及全国 31 个省区市（港、澳、台地区除外，后文研究范围与此一致）的蔬菜生产现状进行时间维度和空间维度的梳理和总结，通过对各个区域蔬菜生产现状的分析，梳理中国蔬菜生产发展的特点与地理格局的变迁，整体上把握中国蔬菜生产的区域分布和区域差异现状，利用集中度指数、空间基尼系数、空间自相关分析等方法，分析中国蔬菜生产空间集聚的现状，揭示蔬菜生产空间分布的不均衡状况，为后续分析打下基础。

第三部分（第 5 章）：基于比较优势的中国蔬菜生产空间集聚形成过程分析。在比较优势理论基础上，基于不同空间层级，分析蔬菜主产省、主产县的比较优势。讨论蔬菜主产区在其形成和发展过程中，比较优势的发展和变化，基于比较优势角度，分析蔬菜生产空间集聚的形成过程。

第四部分（第 6 章、第 7 章）：蔬菜生产空间集聚形成机制分析。本部分考察蔬菜生产空间集聚的形成机制。根据相关理论基础和文献，对集聚的形成机制进行理论分析，在此基础上，基于空间关联视角，利用空间计量模型，分析全国蔬菜生产空间集聚形成的影响因素，与以往研究的不同点主要是关注集聚区域对邻近区域集聚的影响。研究要素投入对蔬菜生产空间集聚形成的作用及其对周边地区的溢出效应，检验蔬菜主产县能否通过要素空间溢出效应，带动邻近地区蔬菜生产发展。

第五部分（第 8 章、第 9 章）：蔬菜生产空间集聚对蔬菜产业发展的效应分析。在掌握集聚形成机制的基础上，研究继续推进，分析集聚对蔬菜产业发展的效应，主要分为两个方面，一方面是集聚对生产效率和产量增长的作用，另一方面是集聚对蔬菜市场跨区域整合的作用。集聚对产值的增长效应方面，利用灰色关联分析法，考察蔬菜生产集聚与蔬菜产值的关联程度，集聚对蔬菜产量的增长效应方面，利用 LMDI（对数平均迪式指数分解）将蔬菜产量增长分解为集聚效应、技术效应和规模效应，度量集聚效应对蔬菜产量增长的贡献。集聚对蔬菜生产效率的分析，采用农户蔬菜生产数据，对蔬菜生产效率进行测度，在分析集聚对蔬菜生产效率作用机制的基础上，展开实证分析。集聚的跨区域市场整合效应，以集聚区价格的空间传导为研究对象，分析集聚区在跨区域市场整合中的作用。

1.3.3 研究的技术路线

本研究理论与实证相结合，在对蔬菜生产空间集聚相关理论进行梳理的基础上，应用蔬菜生产数据进行实证分析，对蔬菜生产空间集聚的现状、形成过程、形成机制以及其对产业发展的效应进行研究。

研究主线为：理论基础——现状分析——形成机制——发展效应。

具体研究思路为：首先，对本研究的基础理论和文献进行梳理，对农业区位理论、马歇尔经济区理论、工业区位理论、新经济地理学理论、竞争优势理论、比较优势理论、经济增长理论、市场整合理论等理论进行分析和梳理，构建本研究的理论基础和分析框架。其次，现状分析，集聚是在生产区域差异基础上形成的，所以对蔬菜生产空间集聚的现状分析分为两个方面，一方面是蔬菜生产空间差异的分析，依据中国蔬菜生产发展现状，对蔬菜生产时空变迁进行梳理，总结蔬菜生产发展空间差异与变迁，利用泰尔指数分析得出生产区域差异及其差异的来源；另一方面是蔬菜生产空间集聚的分析，从时间和空间维度，利用空间相关分析、集中度分析、区位基尼系数分析等，分析集聚的现状。再次，蔬菜生产空间集聚是在自然和社会经济多方面因素影响下形成的，是一个动态的发展过程，所以对集聚形成的研究分为三个方面：第一方面基于比较优势理论对蔬菜生产空间集聚形成过程进行分析，研究集聚形成过程中，其比较优势的发展和变化。第二方面从全国层面，考虑蔬菜生产与一般农业生产相比，存在着设施化程度较高、对资本和技术投入要求较高、对交通和物流水平要求较高等特点，基于空间关联视角，分析蔬菜生产空间集聚的形成机制，通过实证分析，对集聚的形成进行检验。第三方面从蔬菜主产县层面，考虑国家对蔬菜主产县的政策支持，使得主产县生产要素投入较多，这对其蔬菜生产集聚是否具有促进作用？同时，县域之间是否存在生产要素的溢出效应？主产县的要素投入能否促进周边地区蔬菜生产发展？最后，考察集聚对蔬菜产业发展的效应，现代化农业生产必须提高生产效率，所以集聚的效应分析，应首先考虑集聚对蔬菜生产效率的作用，同时考察集聚对产量增长的作用。在区域经济发展的背景下，北京作为全国蔬菜最大的主销区，政府采取多种措施保障新鲜蔬菜供给，北京与邻近的主产区山东、河北和辽宁的蔬菜产业存在复杂的联系，集聚区（主产区）在区域市场整合中发挥的作用，表现为集聚的跨区域市场整合效应。

本研究在理论分析的基础上，结合实证分析展开。具体的研究方法为：理论分析涉及相关理论的梳理，对相关文献的分类、梳理和总结，对现状的归纳等；通过理论分析，为本研究的逻辑思路、理论分析、方法选择等提供借鉴。实证分析涉及描述统计分析、比较优势分析、因子分析、计量经济学分析等分析方法。其中，描述统计分析主要应用于对蔬菜生产时空格局的分析和区域蔬菜生产发展的分析，主要是了解中国蔬菜生产的区域差异和变迁以及集聚的现状；比较优势分析主要应用于对不同空间层级蔬菜生产主体的分析；因子分析是对集聚形成过程的综合分析；计量经济学分析主要选择面板空间自回归模型、面板空间误差模型、面板空间杜宾模型、Tobit 模型、向量误差修正模型和格兰杰因果关系检验等计量经济学模型对蔬菜生产空间集聚形成机制和对产业发展的效应进行分析，同时采用灰色关联分析和 LMDI 方法，分析集聚对蔬菜产值和产量的增长效应。

具体研究思路参见技术路线图（图 1－1）。

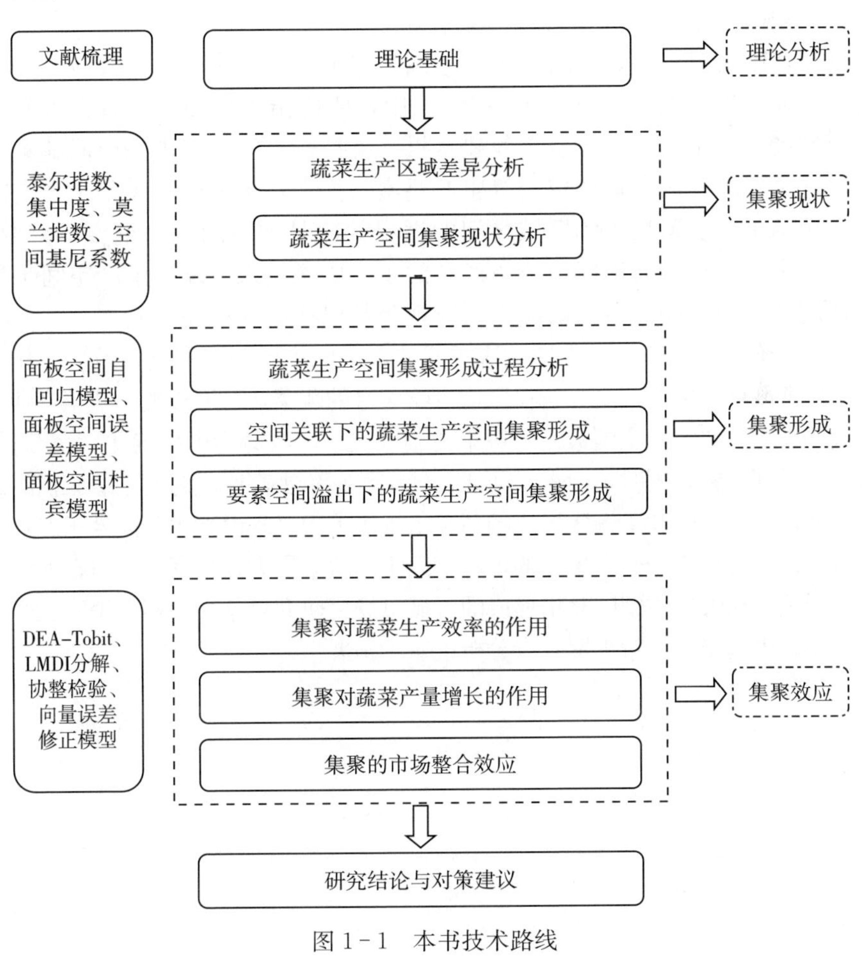

图 1－1　本书技术路线

1.4 可能的创新点

本书在相关理论基础上，对中国蔬菜生产空间差异、空间集聚的形成和集聚对蔬菜产业发展的效应进行研究，可能的创新点主要体现为如下三个方面：

第一，本书基于空间关联视角，研究蔬菜生产空间集聚形成，是对农业生产集聚理论研究的补充。与其他农业生产相比，蔬菜生产具有设施化程度高、技术和劳动密集程度高、对交通条件要求高等特点，这些特点使得蔬菜生产区位选择对农业基础、地区经济发展水平、市场邻近等方面的要求更高，同时，蔬菜集聚区域呈现空间连片特征，表现为主产省与主产省、主产县与主产县的空间邻近，这种空间连片分布，体现了在集聚形成过程中地区之间的关联，结合蔬菜生产特点，本书从空间关联视角，研究集聚的形成和地区之间集聚的相互影响，是对集聚形成研究的进一步丰富。

第二，本书考察要素在蔬菜生产空间集聚形成过程中的溢出效应。在《全国蔬菜产业发展规划（2011—2020 年）》中，明确指出加强主产省、主产县蔬菜产业发展，对主产区给予资金等要素投入支持，目的是促进主产区蔬菜产业发展，这种对主产区大量的资金等生产要素的投入对于主产区蔬菜生产空间集聚的作用结果和要素投入的区域之间的溢出效应是本书的一个重要研究内容。所以，本书考察环渤海地区蔬菜主产县的生产要素投入对蔬菜生产空间集聚形成的作用和区域之间的溢出效应，研究视角与以往研究存在不同。

第三，对蔬菜生产空间集聚效应的研究，考虑集聚的市场整合效应。作为蔬菜生产集聚区域的主产区，为所在区域供给大量的蔬菜，对周边地区蔬菜产业发展产生重要影响。北京是全国最大的蔬菜主销区之一，政府为了稳定北京蔬菜供给，采取了一系列措施，同时，山东、河北、辽宁等蔬菜主产区成为北京蔬菜供给的重要来源地，在主产区和主销区形成的蔬菜市场供求中，理论上主产区处于产业链上游，对主销区蔬菜市场会产生影响，本书以全国蔬菜最大的集聚区山东、河北和辽宁与全国蔬菜最大的主销区北京形成的区域市场为研究对象，考察集聚区在区域蔬菜市场整合中的作用，对集聚效应分析进一步拓展。

2 概念界定与理论基础

各地区蔬菜产业发展水平不同，形成了中国蔬菜生产的区域差异，产生蔬菜生产集聚区域，蔬菜生产集聚的形成对于当地农业产业的增长具有促进作用（吕超，2011）。本研究基于空间关联视角，研究蔬菜生产空间集聚的形成机制及其效应，本章的主要作用是对本研究的重要概念进行界定，对本研究的理论基础进行梳理，为后续研究奠定理论基础，建立本研究的研究框架。

2.1 相关概念界定

本部分对空间集聚、空间关联、农业生产区域分工、农业生产空间集聚、蔬菜生产空间集聚、地域专业化生产、空间溢出效应等本研究中涉及的重要概念进行界定，以便加强对全书的理解。

2.1.1 空间集聚

空间集聚，也称为地理集聚、区位集聚。关于集聚，最早的解释是会合、聚会。出自汉代焦赣《易林・讼之咸》。从经济学的角度考察，空间集聚（agglomeration）是指经济活动者为达到某种目的而向特定区域聚集的过程（贺亚亚，2016）。或者是指经济活动产生的在空间分布上的趋同的特征或向某一地区靠近的向心力（吴文劼，2015）。经济学中最早关于集聚的研究是 1890 年出版的《经济学原理》一书，马歇尔认为产业集聚的效应体现在：集聚带来中间品专业化效应；集聚带来劳动力市场的规模效应；集聚带来技术溢出等外部效应。在马歇尔之后，很多经济学家对产业集聚进行了深入的研究，包括韦伯的工业区位理论，克鲁格曼和藤田昌久的新经济地理学理论等。

产业集聚来源于生产要素的集聚，生产中土地、劳动、资本和生产技术的集聚，导致集聚区域吸引具有相同或相似的企业集聚，或者导致与企业有前向关联或后向关联的企业集聚。从经济外部性角度来看，规模经济效应可以提高企业的生产效率。对产业集聚的研究多应用于工业，而农业产业集聚与工业产业集聚存在诸多不同。

2.1.2 空间关联

近年来，关于空间关联的研究很多，涉及的研究方面比较广泛，但是对于空间关联并没有明确的定义，结合相关文献，对空间关联的概念总结为：空间或区域之间的关系和联系，区域之间的互相影响与密切关系。才国伟、钱金保（2013）认为O-D（Origin-Destination Model）模型中的交互作用类似于物理学中合力的概念，如果存在三个物体，第三个物体受到的作用是其他两个物体的合力结果。在经济领域，两个地区的资源流动会受到第三方的影响，这是对空间关联的一种解释。白俊红、蒋伏心（2015）认为创新要素具有的择优选择的特性使得其在各个区域的创新系统间流动，进而产生空间关联。从这个角度出发，可以理解为要素在区域之间按照经济活动原则进行配置，使得区域之间形成的相互影响和联系，为空间关联（刘华军等，2016；刘瑞翔等，2017；李敬等，2014）。空间关联考察在所研究的范围内，各个区域之间的相互关系和彼此的密切程度，以及由此带来的互相影响，与一般意义上的经济学研究的最主要区别在于，一般的计量经济学分析是在假设样本互相独立的基础上进行研究的，而不考虑区域之间的互相影响，但是人们发现，如果所研究的地区之间存在空间关联，而研究没有充分考虑这种空间关联，将会导致计量分析结果出现有偏的问题。所以，长期以来，经济活动的空间性被低估，近些年，越来越多的研究考虑空间关联。

具体到中国蔬菜生产，各个地区之间存在明显的空间关联性（纪龙等，2015）。

2.1.3 农业生产区域分工与农业生产空间集聚

农业生产很大程度上受自然条件约束，所以各个区域都存在适合其生产的农产品，各个区域农业生产存在区域差异，比如香蕉多生产在海南等地区，而榛子、松子等林产品生产主要在大兴安岭地区，从而形成依据自然条件的农业生产区域分工。经济学理论中认为这种农业生产的区域分工是在资源禀赋比较优势的基础上形成的。伴随着农业现代化的发展，生产技术的提高，生产设施的改进，甚至是交通条件的发展等，农业生产分工发生相应的改变，这种改变主要来源于生产技术的进步，比如设施农业的发展，使得农业生产受季节影响的程度大大改善，在这样的情况下，各个区域农业生产的差异不断发展，进而导致农业区域分工不断发展和变化。

由于各个区域农业生产差异的存在，形成农业生产区域分工，这种分工主要根据各个地区农业生产资源禀赋的比较优势而形成。在自然禀赋基础上，经济发展、科学技术发展、基础设施建设、市场需求变化和政策等因素，对这种基于资源禀赋的区域分工产生影响，表现为农业生产区域分工的变化。

农业生产空间集聚是在区域分工的基础上形成并发展起来的，所以自然条件是农业生产集聚的基础。随着农业生产技术的进步，市场需求以及政府政策和农业产业化的发展，建立在自然条件基础上的农业产业集聚发生变化。关于农业产业集聚的概念，OECD（经济合作与发展组织）给出的概念为：以农产品的生产基地为中心，由于具有共性或互补性，使相当数量的相关企业和关联支撑机构与农产品生产基地相对集中在一起，从而形成的一个有机群体（Eaton & Kortun，1996）。毛军（2006）对农业产业集聚的界定为：农业产业集聚是一种新的产业空间组织形式，是包含农户、中介、市场、企业和政府等在内的农业生产相关主体在空间上形成的柔性网络合作有机体。王艳荣等（2011）总结农业产业集聚的定义为：基于自然条件和规模报酬的农业生产相关主体在空间上的集中现象。与工业生产相比，农业生产受自然条件的影响更为明显，不同区域自然条件存在差别，在农业生产发展的历史过程中，形成了与其适应的农业发展模式，逐渐形成具有地方特色的优势农产品生产区域。在区域农产品生产不断发展的过程中，推动与该优势农产品生产关联产业向该区域集中，在相关产业不断集中的过程中，随着规模报酬递增和经济外部性的作用，进一步吸引优势农产品及相关联产业集中，形成农业产业集聚。基于空间经济学向心力的分析，联系农业生产实际，农业生产空间集聚是在自然禀赋比较优势基础上，结合社会经济因素的以农业区域分工为基础的农业生产相关主体在空间上的集中现象。比如山东寿光的蔬菜产业集聚、安徽黄山的茶叶产业集聚等。本研究侧重于蔬菜产业生产方面的集聚研究，而产业中销售、加工方面的研究较少涉及。图 2-1 反映了农业生产区域差异、区域分工和空间集聚的关系。

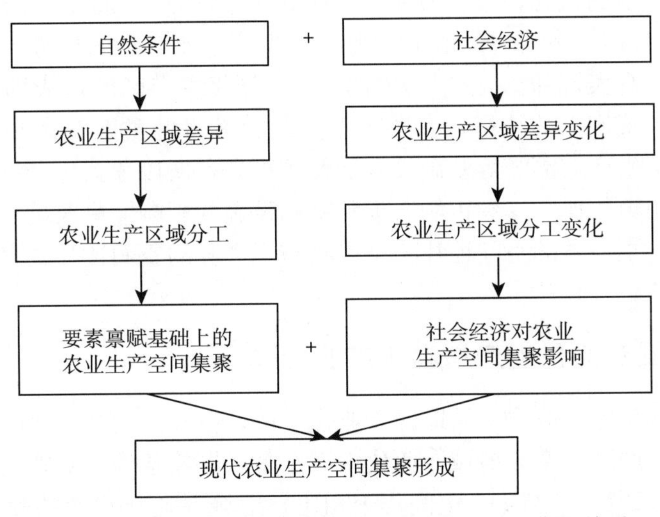

图 2-1 农业生产区域差异、区域分工、空间集聚关系

从概念的梳理中可以发现，农业生产由于自然条件等因素，存在一定的区域差异，这种区域差异是农业生产区域分工的基础，从空间角度来看，在分工的基础上，形成农业生产及相关产业在空间上的集中，进而形成农业生产集聚。

2.1.4 蔬菜生产空间集聚、蔬菜主产地和蔬菜生产空间连片

在农业生产空间集聚概念界定的基础上，结合蔬菜生产实际，对本研究的蔬菜生产空间集聚进行概念界定。蔬菜生产属于农业生产范畴，所以蔬菜生产空间集聚同样是在自然禀赋比较优势基础上，结合社会经济因素的以区域分工为基础，以蔬菜生产为中心，蔬菜生产相关主体在空间上的集中现象。蔬菜生产空间集聚的重要表现就是蔬菜主产区、主产省和主产县的形成。蔬菜品种众多，按照不同的品类，蔬菜生产空间集聚也表现出不同的特点。首先，从生产方式角度，蔬菜生产分为露地生产和设施生产，露地生产与设施生产相比，受自然条件的约束较大，在适宜的气候、光照等条件下形成露地蔬菜生产集聚区域；设施蔬菜由于生产在设施内进行，与露地生产相比，设施蔬菜生产受自然条件约束较小，可以实现反季节生产，设施蔬菜生产集聚受自然条件约束相对较小，与露地生产相比，需要较多的设施建设费用。总之，不论是露地蔬菜生产还是设施蔬菜生产，均具有资本密集、技术密集和劳动密集的特点。同时，叶类蔬菜由于不适合长途运输，其集聚区域多位于离城市较近的区域，而茄果类蔬菜由于其本身的特点，可以进行长途运输，所以其集聚区域往往是蔬菜主产区。

关于主产地的概念，来自日本学者对农产品产地之间竞争的研究（卢凌霄，2008）。日本学者将主产地定义为生产某项主要产物的地方。蔬菜生产的空间集聚，宏观表现即为主产地或主产区。蔬菜主产区的形成即为集聚的表现。考虑到蔬菜产品的特征，多数蔬菜产品尤其是叶类蔬菜产品不宜长途运输，以及蔬菜生产对灌溉等基础设施的要求更高，所以蔬菜生产空间集聚与农业生产空间集聚相比，受到市场需求和基础设施的影响会更明显。

主产省与主产省的空间连片、主产县与主产县的空间连片，表现出集聚区域的空间关联。

2.1.5 地域专业化生产和农业产业集群

地域专业化生产或农产品地区专业化生产，主要是指各个地区专门从事某种或某几种农产品生产。地域专业化生产也是以自然条件为基础逐步发展起来的（蔡源元，1979），与生产空间集聚相比，地域专业化生产的政府支持更加明显，而生产集聚是在专业化的基础上，进一步通过集聚的向心力，吸引相关

产业和产业链的上下游相关主体逐渐集中的过程。从这个角度上看，集聚以专业化生产为基础，生产要素和相关主体不断集中，形成生产集聚区。从概念的内涵上讲，集聚的范畴大于地域专业化生产。

产业集群的概念来源于对工业企业的研究，表示产业相关经济主体出于降低交易成本、实现资源共享等目的，集中于特定地理区域的现象。国内的农业产业集群概念，主要是指农业生产相关经营主体包括农业生产者、农产品流通和加工企业在地理区域上的集中（韩振兴，2019）。产业集群的概念与生产空间集聚相比，涵盖的范围更加广泛。

2.1.6 空间溢出效应

对溢出效应的研究，最早是基于马歇尔经济外部性，即集聚经济通过劳动力池效应，公共设施共享和技术、知识的传播形成集聚区域规模经济递增的效果，促进集聚区域生产提升。本研究的空间溢出效应主要是指蔬菜集聚区域对邻近区域的影响和作用，比如探究蔬菜主产省对周边省份蔬菜生产集聚是否具有促进作用，同时，探究本地区影响集聚的因素是否影响周边区域集聚的发展。

2.1.7 蔬菜生产和蔬菜产业

本研究涉及的蔬菜是指生鲜蔬菜，采摘后未经过任何加工的新鲜蔬菜（但包括简单的清洗和包装）（吕超，2011），本研究关于蔬菜产量和蔬菜播种面积的数据来源于《中国农村统计年鉴》和国家统计局，根据《中国农村统计年鉴》中关于蔬菜播种面积的说明，蔬菜包括：叶菜类、白菜类、甘蓝类、根茎类、瓜菜类、菜用豆类、茄果类、葱蒜类、水生菜类和其他蔬菜。本研究涉及的蔬菜，与《中国农村统计年鉴》中关于蔬菜的统计口径一致。蔬菜与粮食相比，具有突出的特点，主要表现为：首先，蔬菜品种众多，可以分为十几个不同的大类，在这些不同的大类中，又可以进行细分，所以与粮食、油料等农作物相比，蔬菜品种众多。其次，蔬菜生产遍布全国各地，虽然全国各个地区气候、日照、降水等自然条件不同，由于蔬菜品种众多，适宜的生长环境也不尽相同，所以全国各个地区都有蔬菜种植，不同地区主要种植的品种存在差别。再次，由于本研究中定义的蔬菜是生鲜蔬菜，以鲜食为主，所以蔬菜产品对交通运输要求条件较高，尤其是叶类蔬菜，由于其不宜长途运输，运输过程中的损耗较多等问题，使得我国叶类菜的产地与销地距离比较近，对交通运输条件的要求较高。另外，蔬菜与粮食产品相比，具有较高的经济收益，蔬菜生产成为很多地区提高农民收入，打造地区农业品牌的重要内容。

本书所指的蔬菜生产是指蔬菜从育苗、定植、生长过程直至采收的蔬菜种植过程，包括蔬菜从播种到收获的过程，化肥的使用、农药的喷洒、蔬菜病虫害的防治等都包括在蔬菜生产过程中。对于新鲜蔬菜的生产过程，主要包括蔬菜从播种到收获的过程，采摘后的简单加工，至于后续蔬菜产品的加工过程，比如将新鲜蔬菜加工成脱水蔬菜，将新鲜蔬菜加工成蔬菜罐头等则不属于本研究的蔬菜生产范畴。

蔬菜产业，涉及蔬菜的种植、开发、加工、销售等环节，蔬菜产业的范围包括蔬菜生产，蔬菜产业涉及蔬菜生产、服务、销售的所有内容。蔬菜产业在中国农业中的地位不断提升，同时，蔬菜产业发展呈现出专业化的特点，且随着农业产业化的不断推进，蔬菜产业发展的专业化特点不断凸显。从全国层面看，通过蔬菜产业布局，全国出现蔬菜生产的重点省份和蔬菜生产的重要县域，各个地域依照蔬菜生产的地域和品牌优势，发展具有地域特色的蔬菜产业。随着生产规模扩大，与当地蔬菜生产相配套的农资供给、蔬菜销售等服务部门不断壮大。同时，依托当地专业化的特色蔬菜生产，出现蔬菜深加工企业，实现蔬菜产业的深度发展。

2.2 相关理论分析

农业区位理论是研究农业生产空间集聚的基础，除了农业区位理论还包括工业区位理论、同时又包括新经济地理学理论、国际贸易理论等。从理论发展的历史来看，最早的产业集聚的思想可以追溯到亚当·斯密关于分工的思想。产业集聚的概念是由马歇尔在其经济学原理中提出的，杜能的农业区位理论、韦伯的工业区位理论、克鲁格曼的新经济地理学理论等理论，对产业集聚理论进行了有效的补充和丰富。本研究正是基于上述理论，对中国蔬菜生产空间集聚进行研究，同时，产业集聚理论与区域生产差异、区域分工联系密切，所以贸易理论和竞争优势理论是本研究分析中国蔬菜生产空间集聚的重要理论基础。关于集聚对蔬菜产业发展的效应研究，本书以经济增长理论和市场整合理论为基础。下面对本研究的理论基础进行梳理。

2.2.1 新经济地理学理论

新经济地理学研究的对象为资源的空间配置和经济活动的空间区位问题。长期以来，区位问题一直被排除在主流经济学研究以外，主要的原因是在处理收益递增时关于市场结构问题的建模技术制约，也就是经济分析中的规模递增和不完全竞争问题的建模。直到 1977 年，迪克西特（Avinash Dixit）和斯蒂格利茨（Joseph Stiglitz）建立的迪克西特-斯蒂格利茨垄断竞争模型，开启了

经济学研究对规模递增和不完全竞争的研究。迪克西特-斯蒂格利茨垄断竞争模型由于考虑的是垄断竞争的情况，即行业中有大量的买者和卖者，产品存在差异等，在垄断竞争的分析中，可以有效地避开寡头垄断由于只有少数几个厂商的复杂策略依存关系的分析，使得一般均衡分析成为可能。而将迪克西特-斯蒂格利茨垄断竞争模型引入贸易理论，并讨论经济活动的集聚和专业化的是克鲁格曼（Krugman，1979，1980）。在垄断竞争模型中，假定存在“内部规模经济”，即随着企业生产规模的扩大，其平均成本会降低，而且消费者更喜欢消费多种类产品，在这样的假设条件下，各个企业考虑消费者的偏好，会选择生产与其他企业不一样的专门化的产品，如果在模型基础上加上商品的运输费用，那么，企业为了节约运费，自然选择市场规模较大的区域，结果是这些市场规模较大的区域成为报酬递增产业的净出口地，即产生本地市场效应（home market effect，HME），也就产生了企业的集聚力。在垄断竞争模型中加入劳动力的移动，则模型转为分析企业和家庭的区域间移动领域，结合本地市场效应，企业会选择市场需求大的区域选址，从而形成集聚；家庭偏好多样性的产品，如果劳动力可以在区域间流动，则家庭也会选址于企业集聚的区域，这样就揭示了企业集聚和家庭集聚互相强化的区域集聚的形成过程（Krugman，1991）。

新经济地理学理论在古典区位理论的基础上，在考虑规模报酬递增、不完全竞争和路径依赖条件下，通过经济模型讨论企业区位选择问题，对现实经济活动中的空间集中现象进行了解释。新经济地理学基本模型涉及区域模型、城市体系模型和国际模型，其中涉及中心-外围模式，劳动力池和劳动力匹配模型，区域专业化模型和全球化模型等。新经济地理学对知识和技术的溢出讨论得并不多，原因并不是知识溢出对区域选择不重要，而是因为知识溢出本身是一个动态过程，从经济学建模角度考虑知识溢出还需要进一步的研究。新经济地理学内容体系见图 2-2。

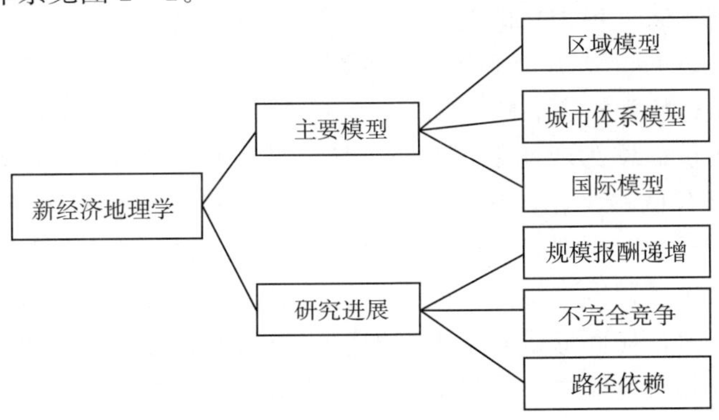

图 2-2 新经济地理学内容体系

Behrens 与 RoBert - Nicoud（2015）分析了区位基础、异质主体空间分类及其选择效应对城市规模和生产效率的影响，研究讨论了异质性主体在城市模型中的分类和选择。

新经济地理学理论通过规模报酬递增、不完全竞争和路径依赖假设，对企业、生产要素，甚至城市和国际生产的区位选择进行分析，解释其区位选择和集聚现象，农业生产和蔬菜生产在市场经济的作用下，通过本地市场效应促进生产集聚，在初始情况下，蔬菜生产向市场需求较大的区域集聚，通过不断积累和发展，在规模报酬递增的作用下，形成生产要素的进一步集聚，从而形成蔬菜生产集聚区域。

2.2.2 区位理论

2.2.2.1 杜能农业区位理论

人类经济活动以空间或区位为重要基础，但是，相当长的时间内，经济学对于人类经济活动的空间研究一直比较匮乏，其中有技术方面的原因，也有其他方面的原因，但是，经济活动的空间区位对经济发展的重要作用越来越明显。理论上对于区位的研究，可以追溯到 18 世纪末到 19 世纪初的德国。当时的德国仍然是一个封建割据的农业国，与欧洲已经走上工业化道路的英国和法国相比，德国的农产品价格较低，所以当时德国的农场主通过与英国和法国的农产品贸易而获得大量利润，同时，刺激德国农业向大型化、商品化过渡。在这样的背景下，约翰·冯·杜能为了研究德国农业经营模式和产业化问题在 1826 年撰写著作《孤立国同农业和国民经济的关系》，书中对地租与土地利用的问题是农业区位的经典论述。

杜能的理论是在考虑运输成本的情况下，根据利润最大化的原则，分析地租与运输成本的替代关系，从而得到了“杜能圈”。研究假设运输的费用与运输的距离和商品的重量呈一定的比例关系，不同的农作物，其运费率是不同的，在追求地租收入最大化的情况下，一般的地租收入公式为：

$$R = P \times Q - C \times Q - KtQ = (P - C - Kt) \times Q \quad (2-1)$$

R 为地租；P 为农产品的市场售价；C 为农产品的生产费用；Q 为农产品的产量或销售量；K 为产地距离中心市场（城市）的距离；t 为运费率。理性的农场主追求 R 的最大化，在这样的情况下，农场主根据不同农产品的价格、成本、距离和运费率来选择农产品的生产，从而形成“杜能圈”。“杜能圈”根据商品运输的难易程度，画出不同斜率的运费率，一般越难以运输的商品，运费率的斜率越大，从而形成 6 个不同圈层，距离中心最近的为蔬菜等生鲜食品生产地，因为其对运输的要求较高，运费率大，所以放在离中心最近的区域，最外一层是畜牧业，因为饲养的牛羊可以自己移动到中心，运费率较低。可以

看出，杜能的农业区位是市场竞争的结果：对于任何产业来说，距离中心近会更加有利，但是地租也会提高，所以只有可以确保足够利益的产业，才会选择离中心近的区位。

2.2.2.2 韦伯工业区位理论

工业区位理论由韦伯在其1909年出版的《工业区位论》中提出，当时，西欧的工业化蓬勃发展，特别是钢铁和机械制造业不断发展，随着工业化的发展，出现了人口的大范围跨地域移动，此时，生产和人口向城市集中的情况凸显，在这样的背景下，出现了以研究成本和运输费用为主要内容的工业区位论。韦伯对工业生产中的生产、流通和消费进行研究，通过对企业区位选择问题的研究，试图解释与说明劳动力资源跨越地域的大规模移动和城市的人口与产业集聚的形成机制。韦伯工业区位理论的核心思想就是将企业吸引到生产成本最小、节约费用最多的地点，即区位因子决定生产场所。韦伯将决定企业生产场所的区位因子确定为：运费、劳动费、集聚和分散。韦伯的工业区位理论首先假定在考虑最有利的运费基础上（运费最小），各个区域工业呈现出一个基本的格局，工厂的地点在考虑运费的时候，应该选择在原料产地与消费地之间的运费最小的地点，在这个基本格局的基础上，工厂选址还需要考虑劳动力费用最低，在原来考虑运费最低格局的基础上，加上单位产出品的工资数量，这样使得原来的工业区位格局可能向着劳动力费用最低的格局修正；另外，集聚或分散的力量可以使得工厂从运费最小的地点转向工厂集聚的地区或者分散的地区，这种格局是否发生变化，主要取决于工厂向集聚或者分散地点迁移所获得的利益是否大于工厂从最小运费点迁出的成本。

2.2.2.3 马歇尔产业区理论

马歇尔的产业区理论是其在1890年出版的《经济学原理》中阐述的，马歇尔将工业集聚的现象描述为产业区，因此，马歇尔是最早关注工业集聚的经济学家。19世纪末20世纪初，英国还处在工业革命的过程中，当时的马歇尔通过对英国纺织业和刀具工业的观察，认为同一产业中众多小企业的地理集中形成产业区，他认为，这种小企业的地理集中，能够给其带来大规模生产的好处，这种大规模生产的好处的来源为外部规模经济。集聚对外部经济区的好处主要来源于如下3个方面：首先，位于集聚区域的企业，由于位置邻近，运输距离短，可以降低交易成本和运输成本，同时，集聚区的企业可以通过生产要素的集聚获得更加专业的劳动投入、技术投入等。其次，产业区的企业集聚可以促进企业专业化生产，企业通过专业化生产可以提高生产效率，同时企业可以在产业区内获得相应的产品和服务，也就是集聚通过促进专业化的分工生产而提高企业的生产效率。再次，同一产业的区域专业化能够刺激外部经济，通过经济的外部性使企业更好地融入相互依赖的地方生产系统，并为其提供必要的市场机会。

马歇尔的产业区理论，从地理邻近、经济外部性以及要素集聚与专业分工角度阐述集聚对产业区增长的促进作用，对研究产业集聚的理论产生了深远的影响。后续很多研究产业集聚的文献，都以马歇尔的产业区理论为重要基础。张哲晰（2018）在对黄淮海与环渤海地区设施蔬菜专业村产业集聚对农民增收效应的研究中，认为蔬菜产业集聚通过经济外部性对本地农民收入产生促进作用；专业村的产业集聚与地理距离的共同作用对本地农民收入产生空间溢出效应。但也有研究发现，在工业生命周期后期，马歇尔的区域集聚降低了企业的效益，出现了收益递减现象（Potter A. & Watts H. D.，2011）。

2.2.3 传统贸易理论

这里的传统贸易理论主要指古典贸易理论和新古典贸易理论，也就是基于比较优势的贸易理论，其中主要包括绝对优势理论、比较优势理论和资源禀赋理论。与新经济地理学理论的明显区别是传统贸易理论是基于完全竞争的基本假设。

关于产业区位选择与集聚的理论，分析的重点是企业和劳动力的区位选择问题。传统贸易理论分析的是各个区域的产业构成和贸易模式。

绝对优势理论是亚当·斯密 1776 年在其出版的著作《国民财富的性质和原因的研究》中提出的，是最早的主张自由贸易的理论。绝对优势理论以一个国家内部的不同职业和工种的专业化分工为基础，将专业化分工推广到不同国家和地区，以论述专业化分工对劳动生产效率的提高为核心，认为专业化分工能够提高社会财富，通过自由贸易可以使得各个国家获利，而分工的基础是绝对优势，也就是与其他国家相比，具有有利的自然禀赋和有利的后天条件。因此，亚当·斯密认为：每一个国家都应该根据自身与其他国家相比有利的条件来生产其生产成本最低的产品，然后进行交换，通过自由贸易，使全社会财富增加。

亚当·斯密论述了按照绝对优势理论进行分工生产，可以使各个国家在分工中获得好处，但是，如果某个国家与其他国家相比，在各个产品的生产上都不具有绝对优势，是不是就意味着这个国家应该完全放弃生产呢？在绝对优势理论的基础之上，大卫·李嘉图在 1817 年出版的《政治经济学及赋税原理》著作中，提出了比较优势理论，对上述问题进行了回答。比较优势理论认为：在参与国际分工的过程中，由于每个国家在产品生产上的劳动生产率不同，表现为不同国家在不同产品生产上具有比较优势或具有比较劣势，每个国家应该集中生产并出口其具有比较优势的产品，进口其具有比较劣势的产品，这样可以提高全社会的总产出。当然，比较优势理论是建立在严格的假设基础之上

 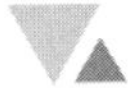

的，关于假设条件，这里不再赘述。需要强调的一点是，不论是绝对优势理论还是比较优势理论，讨论的都是专业化生产分工问题，从这个角度来说，某个国家或地区从事某种产品的专业化生产，也就是生产集聚问题。同时，在经济全球化的今天，选址行为已经全球化，所以研究国际贸易理论某种程度上也不能回避区位问题。

赫克歇尔和俄林在1933年出版的著作《地区间贸易与国际贸易》一书中提出资源禀赋国际贸易理论，该理论认为国际贸易产生的基础一方面来源于各个国家禀赋的差异，各个国家拥有的土地、劳动力、资本等生产要素的丰富程度不同，另一方面来源于生产不同商品要素投入的比例差异，有的产品生产过程中需要投入较高比例的劳动力生产要素，而其他要素投入的比例较低，这种产品为劳动密集型产品。在如上两方面的作用之下，赫克歇尔-俄林理论提出各个国家在商品生产上的比较优势是国际贸易的基础，这种基于资源禀赋的国际贸易形式主要表现为：各个国家根据各自的资源禀赋，生产并出口密集使用其丰富的资源的产品，进口密集使用其相对稀缺的资源的产品。资源禀赋理论建立在比较优势理论基础之上，使其得到进一步发展。

比较优势是各个区域生产专业化分工产生的基础，对于农业生产，比较优势理论的作用会更加突出，这是农业生产受自然条件约束的必然结果。但是，随着生产要素的流动、规模报酬递增以及不完全竞争等问题的出现，需要结合区位理论和新经济地理学理论共同解释产业空间集聚的现象。

2.2.4 波特竞争优势理论

国家竞争优势理论是迈克尔·波特尝试从新的视角解释贸易而产生的理论。迈克尔·波特认为国际贸易的产生并不仅仅受到生产要素比较优势的影响，影响贸易产生的更为重要的因素是一国的产业创新和升级的能力。竞争优势的产生和发展并不是一个企业能完成的，而是由一个国家或者一个经济体的众多因素共同作用的结果。所以，分析产业竞争力是要分析一个国家或一个区域的区域经济发展的各种因素，包括产业集聚、区位优势等。波特在其著作《国家竞争优势》一书中，提出影响一个国家产业竞争力的重要影响因素，影响产业竞争力的因素为4个直接因素和2个辅助因素，其中4个直接因素为：生产要素、需求状况、相关与支持产业以及企业战略、组织结构与竞争状况；2个辅助因素为：企业发展的机遇和政府的相关政策。这6个因素构成非常著名的“钻石模型”。

波特的竞争优势理论，从产业竞争力的角度阐述了产业集聚的形成，认为产业竞争力的形成是区域整体相互关联的结果。该理论为区域产业集聚的形成原因提供了分析框架。

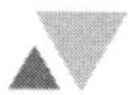

2.2.5 经济增长理论

经济增长理论是经济学研究的重要内容，主要是通过建立经济增长模型，考察长期经济发展的动态过程中，经济要实现稳定状态的均衡增长的均衡条件。对于经济增长的度量一般有两种：一种是关于实际经济总产出的增加，一种是按照人口数量平均计算的人均实际总产出的增加。经济增长理论的发展，以 1928 年拉姆齐的经典论文为界，在此之前为古典增长理论，之后为现代经济增长理论。经济增长理论的模型多以经济学的生产函数为基础，将经济中的产出与生产要素投入、技术水平等联系在一起，分析经济增长的源泉。对于经济增长的研究，从静态均衡研究逐步扩展到动态均衡研究，拉姆齐、哈耶克、缪尔达尔、索洛、哈罗德、多马、希克斯、卢卡斯、普雷斯科特、罗默等经济学家对经济增长理论展开研究。

关于集聚与增长的关系，学者们做了大量研究，较早涉及集聚对经济增长效应的研究，可以追溯到马歇尔（1890）的经济外部性理论，同时，Baldwin 和 Martin（2004）认为集聚通过空间溢出效应带动周边区域经济发展。经济增长和地理集聚是相互促进、联合发生的，Martin 和 Ottaviano（2001），Fujita 和 Thisse（2002）根据新古典经济增长理论，认为经济增长主要来源于生产要素投入，除了要素投入外，还来源于不能被生产要素投入所解释的那部分产出，也就是生产效率的提高。所以，集聚的生产增长的效应，既包括集聚的产量增长效应，又包括集聚的生产效率增长效应（郝晓燕，2018）。集聚的生产效率增长效应，新新经济地理学认为来自集聚效应和选择效应。集聚效应主要来自集聚区域带来的基础设施共享、技术和知识溢出以及交易成本降低等带来的生产效率的提高，集聚效应对生产效率起到正向促进作用。选择效应从企业异质性角度解释生产效率差异的形成，生产效率高的企业为了获得更多的市场份额和机会，倾向于选择大市场，而生产效率低的企业为了回避与高效率企业的竞争，选择效率较低的市场集聚，选择效应的结果是效率高的企业集聚在一起，在相互竞争中效率不断增长，而效率低的企业集聚在一起，效率增长缓慢甚至下降。

2.2.6 市场整合理论

市场整合理论是在生产实践过程中不断发展和完善的。市场整合理论以完全竞争市场为基本假设，在一个完全竞争市场上，存在大量的买者和卖者，任何一个买者或卖者的购买行为或购买的份额都不能影响价格，价格是根据市场上众多的买者和卖者的共同行为决定的，即供给与需求相等的均衡价格。在完全竞争市场上，以均衡价格形成的资源配置效率是最高的。市场整合理论根据

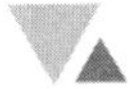

研究对象不同，分为空间市场整合、营销阶段的市场整合和相关产品间的市场整合（武拉平，1999），空间市场整合研究对象为：位于不同地区的空间市场之间的相互影响程度，多数研究以价格为对象，即不同空间市场价格的相互影响程度；营销阶段的市场整合以相同商品的营销阶段价格对下一营销阶段价格的影响为研究对象，比如相同产品的零售价格如果等于其批发价格与营销成本之和，则说明该商品的营销阶段是整合的；相关产品间的市场整合以相关产品价格变化的相互影响程度为研究对象，比如原材料与其产成品之间的价格影响关系。市场整合程度越高，资源配置效率越高，反之，资源配置就缺乏效率。所以，市场整合是反映资源配置效率、地区市场化水平的重要指标（潘方卉、李翠霞，2016）。通过市场之间价格的相互影响反映市场整合程度，是市场整合理论的重要内容。

2.3 关于蔬菜生产空间集聚及其效应的研究框架

根据对相关理论和概念的梳理，本研究认为，蔬菜生产作为农业生产的重要组成部分，具有农业生产的基本特征，同时，相对于粮食生产而言，蔬菜生产又具有对农业基础设施和交通条件等要求更高的特点，结合蔬菜生产的特点，建立蔬菜生产空间集聚及其效应的研究框架。蔬菜生产以地区农业资源禀赋为基础，各个地区在农业资源禀赋的基础上，形成以自然条件为基础的蔬菜生产，在长期的发展过程中，形成其蔬菜生产的比较优势，吸引土地、资本、劳动力等生产要素集中，随着蔬菜生产规模的扩大，相关蔬菜生产的农资供给企业、蔬菜种子公司、蔬菜采购商等纷纷向生产中心集聚，形成以自然资源禀赋为基础的蔬菜生产空间集聚。随着蔬菜生产集聚和经济的发展，更多社会和经济基础条件会进一步影响这种基于自然资源禀赋而形成的集聚状态，比如地区农业投资水平的提高、地区交通设施的改善，都会促进当地蔬菜产业发展进而形成集聚，同时，当地的经济发展速度、城镇化水平、蔬菜生产机会成本等，使得蔬菜生产空间集聚进一步发展和变化。蔬菜生产空间集聚通过规模效应、经济外部性，技术和知识的溢出效应等，提高蔬菜产量和蔬菜生产效率，增强集聚区域对蔬菜产业发展的影响力，促进蔬菜产业发展。但如果聚集过度，可能出现集聚的“拥挤效应”，即经济中由于过度集聚造成集聚区域拥挤而降低蔬菜生产效率。针对以上分析，以“蔬菜生产区域差异”为基础，分析“蔬菜生产集聚现状”“蔬菜生产空间集聚形成”，在厘清集聚形成影响因素的基础上，进一步讨论集聚对蔬菜产业发展的效应。鉴于以上的逻辑思路，建立蔬菜生产空间集聚及其效应的研究框架，如图 2－3 所示。

基于图 2－3 的研究思路，本研究在系统梳理关于集聚相关理论的基础上，

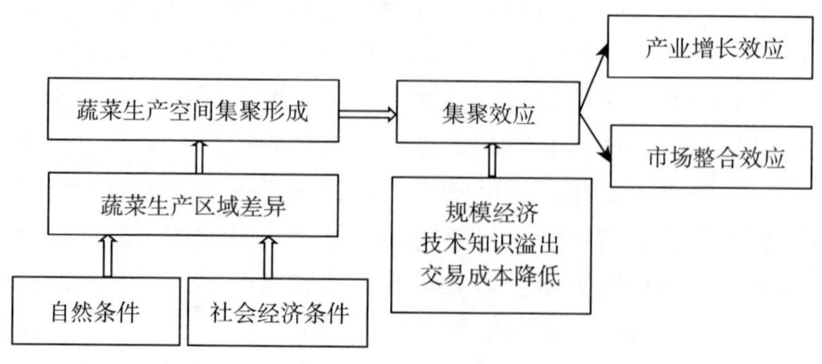

图 2-3　研究思路

以蔬菜生产区域差异为出发点，结合区域空间连片的特点，着重从空间关联视角对蔬菜生产空间集聚形成机制进行分析，检验集聚对蔬菜产业的增长效应。通过如上分析，掌握蔬菜生产空间集聚形成机制和作用，为国家和各个地区蔬菜产业政策制定、助力乡村蔬菜产业振兴提供参考。

根据理论梳理，本研究的理论支撑框架见图 2-4。首先，基于农业区位理论、比较优势理论、资源禀赋理论，分析蔬菜生产空间集聚的形成过程，在农业区位理论、新经济地理学理论、经济外部性理论、比较优势理论等理论基础上，分析中国蔬菜生产空间集聚的形成机制。以经济增长理论和市场整合理论为基础，分析蔬菜生产集聚对蔬菜产业的增长效应。

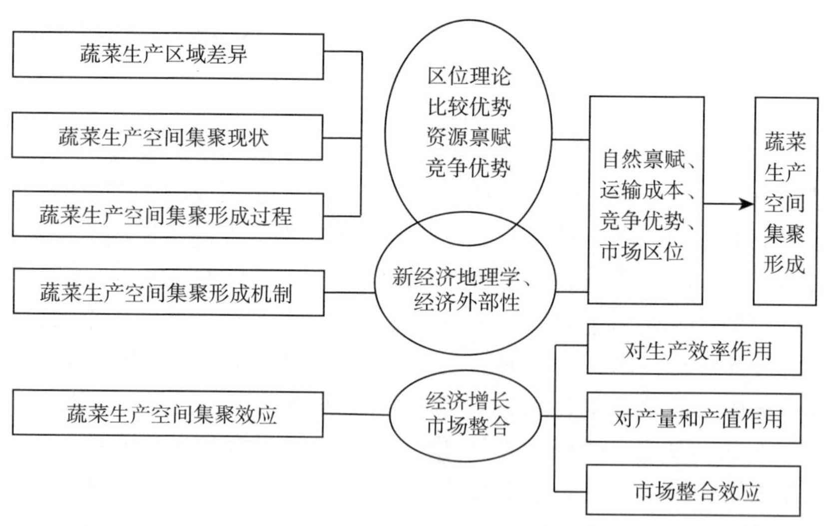

图 2-4　研究的理论基础

根据如上的理论框架和研究思路，提出本书的详细研究框架和检验方法，如图 2-5 所示。

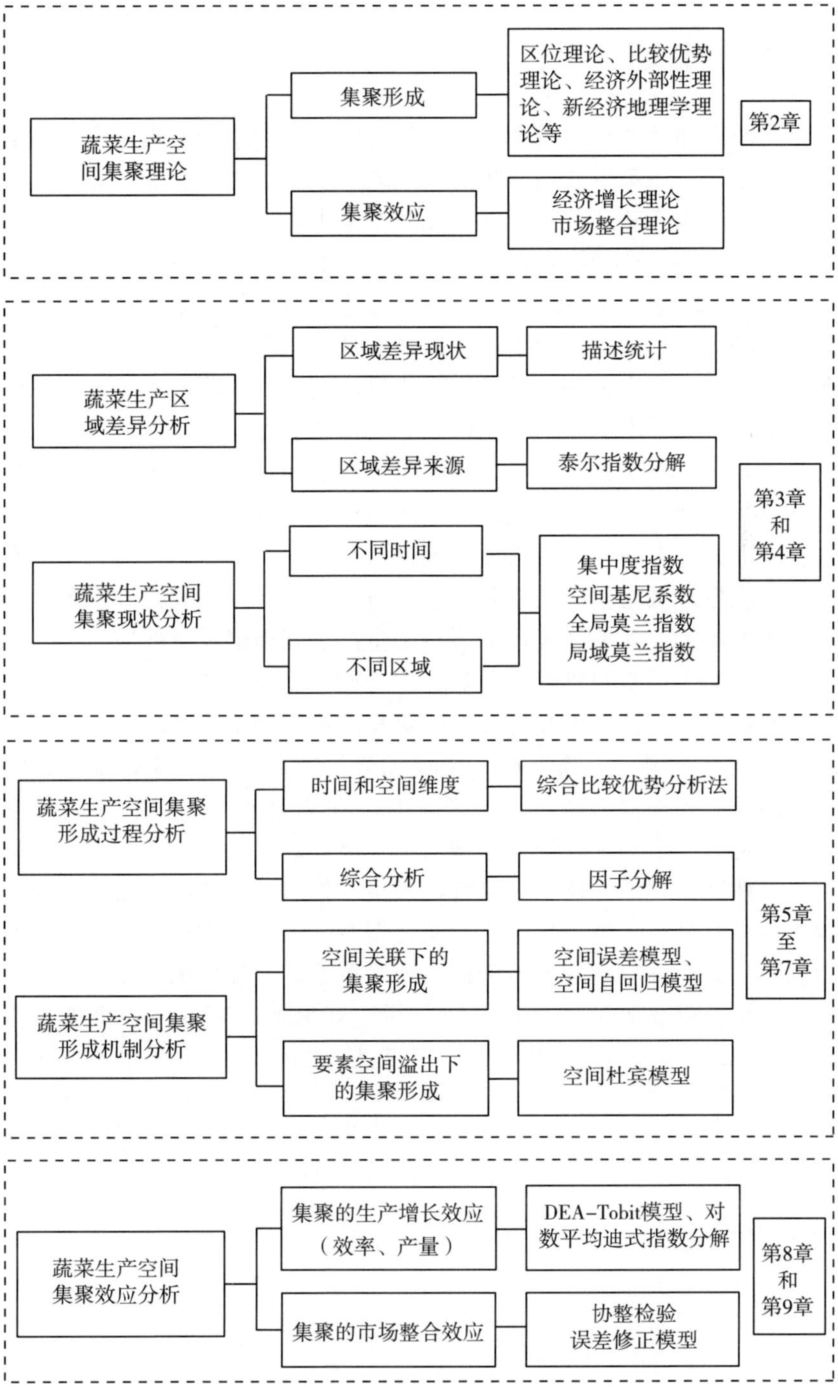

图 2-5　蔬菜生产空间集聚及其效应研究框架

2.4 本章小结

本章对研究涉及的重要概念——空间关联与空间集聚、农业生产区域分工与农业空间集聚、蔬菜生产空间集聚、地域专业化生产和农业产业集群、空间溢出效应、蔬菜生产和蔬菜产业的内涵和范围进行界定。同时，系统梳理了本研究的基础理论——杜能的农业区位理论、韦伯的工业区位理论、马歇尔的产业区理论、新经济地理学理论、传统贸易理论、波特的竞争优势理论、经济增长理论和市场整合理论的主要内容。通过对重要概念的界定和对重要理论的梳理，明确本研究的内容和理论基础，主要目的是为后续研究奠定理论基础，并在此基础上，构建了本研究的理论框架。具体总结如下：

第一，本研究涉及的研究对象是蔬菜生产空间集聚，蔬菜生产空间集聚是基于自然禀赋基础，结合社会经济因素的，以区域分工为基础的蔬菜生产相关主体在空间上的集中现象。其重要表现就是蔬菜主产区、主产省、主产县的形成。空间关联指地区之间的关系和联系，蔬菜生产区域空间连片现象表现出空间关联，本书基于空间关联视角分析蔬菜生产空间集聚及其效应。

第二，蔬菜生产空间集聚及其效应的研究，以中国蔬菜生产的区域差异为出发点，根据农业区位理论和传统国际贸易理论等理论，蔬菜生产由于自然条件、地租、运输费用、资源禀赋、比较优势等因素，形成区域差异和区域分工，进而出现生产集聚，新经济地理学对产业集聚的向心力和离心力进行研究，分析不完全竞争和规模报酬递增情况下产业选址问题。考虑在上述理论基础上，以农业区位理论为核心，结合蔬菜生产特点，对中国蔬菜生产空间集聚的形成机制进行分析。进一步考察空间集聚对蔬菜产业发展的作用，在经济增长理论和市场整合理论基础上，分析集聚对蔬菜产业发展的作用。

第三，结合概念界定和理论基础分析，列出本研究的主要框架，构建了“蔬菜生产区域差异——蔬菜生产空间集聚形成——蔬菜生产集聚效应”的研究框架。

3 蔬菜生产区域差异分析

蔬菜已经成为中国仅次于粮食的第二大农作物，随着国家供给侧结构性改革的进一步推进，中国蔬菜生产的规模和结构正在发生变化，同时，中国蔬菜生产的地区结构也在发生变化，突出表现为西部地区蔬菜播种面积的快速增长。从区域视角将中国 31 个省份划分为东部地区 10 个省份（北京、天津、山东、河北、上海、福建、浙江、江苏、广东、海南）；中部地区 6 个省份（山西、安徽、江西、河南、湖北、湖南）；西部地区 12 个省份（内蒙古、重庆、四川、云南、西藏、广西、贵州、甘肃、青海、陕西、宁夏、新疆）；东北地区 3 个省份（辽宁、黑龙江、吉林）。根据国家统计局数据，2000 年西部地区蔬菜播种面积为 361 万公顷，2017 年为 731.3 万公顷，上升了 102%。2000 年东部地区蔬菜播种面积为 628.3 万公顷，2017 年为 645.8 万公顷，上升了 3%。可见，在近 20 年的时间里，中国各个区域蔬菜生产发展不平衡，中国蔬菜生产格局在 21 世纪已经发生了较大变化。由于蔬菜的商品化率较高，蔬菜生产受到区位因素、交通条件、市场条件等多种因素的影响，中国各个省份的自然条件和经济条件不同，造成长期以来蔬菜生产主要集中于东部地区的局面。随着农业生产技术、交通条件的发展，中国蔬菜生产格局出现了向西部地区转移的趋势，中国蔬菜生产区域发生变化。

由于各个地区自然条件不同，造成农产品生产的区域差异，农业生产区域分工正是在这种区域差异基础上形成的，在分工的基础上，形成农业生产及相关产业在空间上的集中，形成农业生产集聚。所以，本章从蔬菜生产区域差异方面，分析全国蔬菜生产发展和变迁及其差异的现状。

3.1 蔬菜生产的区域分布与变迁

3.1.1 蔬菜生产的发展

根据国家统计局数据，1990 年，中国蔬菜播种面积为 633.8 万公顷，1995 年为 951.5 万公顷，2017 年为 1 998.1 万公顷，1995 年到 2017 年蔬菜播种面积增长了 10%；1995 年中国蔬菜产量为 25 726.7 万吨，2017 年为 69 192.7万吨，其间增长了 169%，2018 年中国蔬菜产量为 70 346.7 万吨。

1995 年到 2017 年，中国蔬菜总产量和中国蔬菜播种面积如图 3－1 所示。可以看出，1995 年到 2017 年，中国蔬菜总产量和播种面积均呈现出上涨的总体趋势，蔬菜产量从 1995 年到 2005 年，持续上涨，2006 年和 2007 年蔬菜产量小幅下降，2008 年和 2009 年又出现小幅度上涨，2010 年相对于 2009 年出现下降，2010 年之后呈现连续上涨趋势。中国蔬菜播种面积从 1995 年到 2003 年呈现连续上涨的趋势，2004 年到 2007 年出现下降，2008 年和 2009 年上升，2010 年出现小幅度波动，2010 年到 2017 年，蔬菜播种面积总体又呈现连续上升的趋势。总体来看，中国蔬菜生产从 20 世纪末到现在，一直呈现不断上升的趋势，全国蔬菜产量和蔬菜播种面积不断增加。根据农业农村部和国家统计局数据，从品种来看，叶菜类播种面积 2008 年为 635.06 万公顷，2012 年为 515.05 万公顷；瓜菜类播种面积 2008 年为 198.16 万公顷，2012 年为 228.82 万公顷；茄果类播种面积 2008 年为 255.91 万公顷，2012 年为 333.94 万公顷。

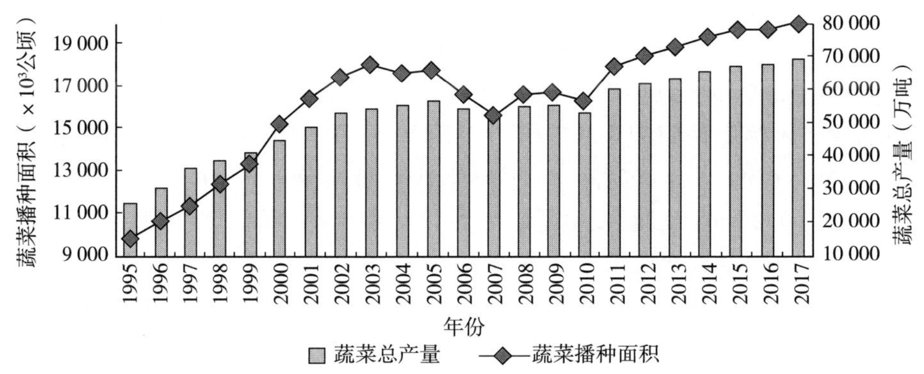

图 3－1 1995—2017 年中国蔬菜总产量和蔬菜播种面积

资料来源：《中国农村统计年鉴》（1996—2018 年），国家统计局。

图 3－2 左侧坐标轴反映主要经济作物播种面积占农作物总播种面积比例，右侧坐标轴反映粮食播种面积占农作物总播种面积比例。从播种面积来看，1990 年，全国农作物总播种面积为 14 836.227 万公顷，其中粮食播种面积为 11 346.587 万公顷，占农作物总播种面积的 76.5%，蔬菜播种面积为 633.8 万公顷，占农作物总播种面积的 4.3%，油料播种面积占农作物总播种面积的 7.4%，棉花占农作物总播种面积的 3.8%，糖料占比 1.1%。2017 年，全国农作物总播种面积为 16 633.191 万公顷，粮食播种面积为 11 798.906 万公顷，占农作物总播种面积的 70.94%，蔬菜播种面积为 1 998.107 万公顷，占农作物总播种面积的 12%，油料播种面积占农作物总播种面积的 7.95%，棉花播种面积占农作物总播种面积的 1.92%，糖料占比 0.93%。图 3－2 描绘了从

1990 年到 2017 年，中国粮食和主要经济作物播种面积占农作物总播种面积的比重，其中，粮食所占比重最大，都在一半以上。在研究期内，粮食所占比重呈现“U”形变化，但变化幅度不大；油料和糖料所占比重比较稳定，变化幅度不大；棉花和麻类呈现波动下降的趋势；而蔬菜播种面积占农作物播种面积的比例却不断上升，从 1990 年到 2017 年，全国蔬菜播种面积占比呈现稳步上升的趋势。

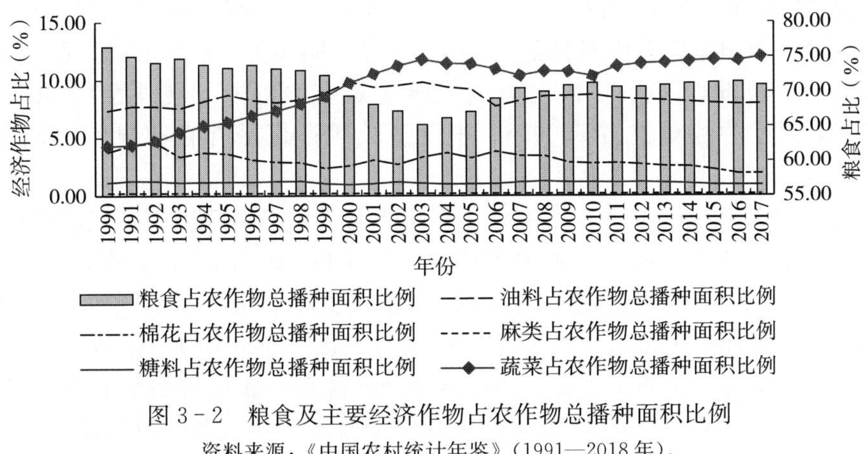

图 3－2　粮食及主要经济作物占农作物总播种面积比例

资料来源：《中国农村统计年鉴》（1991—2018 年）。

3.1.2　蔬菜生产的区域分布与变迁

从各个地区来看，表 3－1 反映了中国蔬菜生产的区域变迁。1990 年，中国蔬菜产量位于前 10 位的省份为：山东、四川、河南、河北、江苏、广东、湖北、湖南、辽宁和黑龙江，其合计蔬菜产量占全国蔬菜总产量的 68.5%；其中东部地区蔬菜产量占全国蔬菜总产量的比例为 41%，中部地区为 25%，西部地区为 23%，东北地区为 11%；1990 年，全国蔬菜产量最多的省份是山东，占全国蔬菜总产量的 13.6%，最少的是西藏，仅占全国的 0.06%。1995 年，中国蔬菜产量前 10 位的省份合计蔬菜产量占全国总产量的 68.3%；东部地区占比为 46.3%，中部地区为 26.5%，西部地区为 18.9%，东北地区为 8.3%；全国蔬菜产量最多的山东占全国蔬菜总产量的 14.4%，最少的西藏占比仅为 0.04%。2000 年，位于中国蔬菜产量前 10 位的省份合计产量占全国总产量的 73.7%；东部地区蔬菜产量占全国蔬菜总产量的比例为 46.7%，中部地区为 26.2%，西部地区为 18.5%，东北地区为 8.6%；全国蔬菜产量最多的山东占全国蔬菜总产量的 14.4%，最少的西藏仅占 0.04%。2005 年全国蔬菜产量前 10 位的省份合计蔬菜产量占全国蔬菜总产量的 69.5%；东部地区蔬菜产量占全国总产量的比例为 46.3%，中部地区为 26.4%，西部地区为

20.3%，东北地区为7%；全国蔬菜产量最多的山东占全国蔬菜总产量的15.2%，最少的西藏仅占0.08%。2010年全国蔬菜产量前10位的省份合计蔬菜产量占全国蔬菜总产量的67.8%；东部地区蔬菜产量占全国总产量的比例为42.9%，中部地区为26.2%，西部地区为24%，东北地区为6.9%；全国蔬菜产量最多的山东占全国蔬菜总产量的13.91%，最少的西藏仅占0.09%。2016年全国蔬菜产量前10位的省份为：山东、河北、河南、江苏、四川、湖南、湖北、广东、广西和安徽，合计蔬菜产量占全国蔬菜总产量的67.4%；东部地区占全国蔬菜总产量的比例为41.4%，中部地区为26.9%，西部地区为26.7%，东北地区为5%；全国蔬菜产量最多的山东占全国蔬菜总产量的12.9%，最少的西藏仅占0.09%。中国蔬菜生产区域存在明显的空间连片特征。

结合表3-1和图3-3，从1990年到2018年，从区域来看，东部地区是中国蔬菜主产区，产量几乎占中国蔬菜总产量的40%以上，其中，2000年，东部地区10个省份蔬菜产量占全国蔬菜总产量的近一半，2000年以后，随着时间推移，东部地区蔬菜生产在全国的地位逐渐下降，中部地区表现比较稳定，占全国蔬菜产量的1/4多一些，西部地区蔬菜产量呈现稳步上升的趋势。2000年以后，西部地区蔬菜产量占全国蔬菜总产量的比例逐渐上升，东北地区则呈现下降趋势，1990年东北三省蔬菜产量占全国蔬菜总产量的11%，2018年，其仅占全国蔬菜总产量的4.2%，下降明显。结合图3-4，1997年到2016年，全国蔬菜产量年均增长率为9%，其中西部地区的新疆、宁夏、甘肃等地区蔬菜产量年均增长率大于15%。图3-4反映了从1997年到2016年的20年间，全国各个省份蔬菜产量的年均增长率，其中，东部地区的北京、天津、上海，东北地区的黑龙江，蔬菜产量年均增长率为负，而西部地区的新疆、宁夏、甘肃蔬菜产量年均增长率表现突出，西部地区蔬菜产量增长明显。

表3-1　全国各地区蔬菜产量占全国蔬菜总产量的比例（%）

年份	前10位省份	东部地区	中部地区	东北地区	西部地区	山东	西藏
1990	68.5	41	25	11	23	13.6	0.06
1995	68.3	46.3	26.5	8.3	18.9	14.4	0.04
2000	73.7	46.7	26.2	8.6	18.5	14.4	0.04
2005	69.5	46.3	26.4	7	20.3	15.2	0.08
2010	67.8	42.9	26.2	6.9	24	13.9	0.09
2016	67.4	41.4	26.9	5	26.7	12.9	0.09
2017	67.6	38.3	27.9	4.3	29.5	11.8	0.1
2018	68	38.3	27.7	4.2	29.8	11.6	0.1

资料来源：《中国农村统计年鉴》（1991—2018年），国家统计局网站。

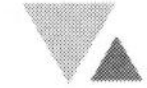

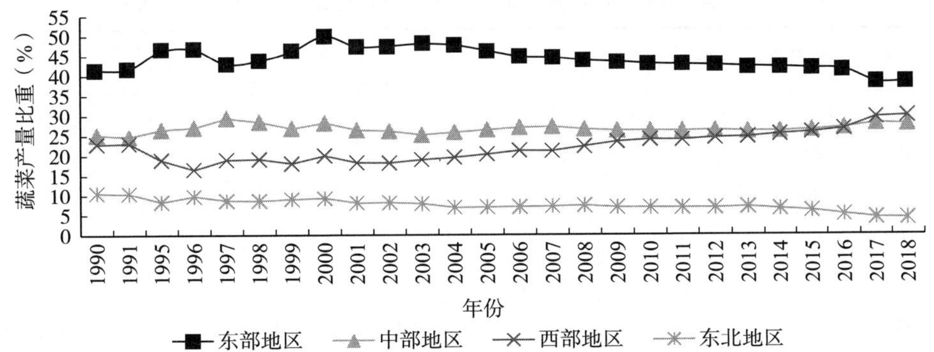

图 3-3 全国各地区蔬菜产量占全国蔬菜总产量比例

资料来源：根据《中国农村统计年鉴》（1991—2018 年）和国家统计局网站数据计算得到。

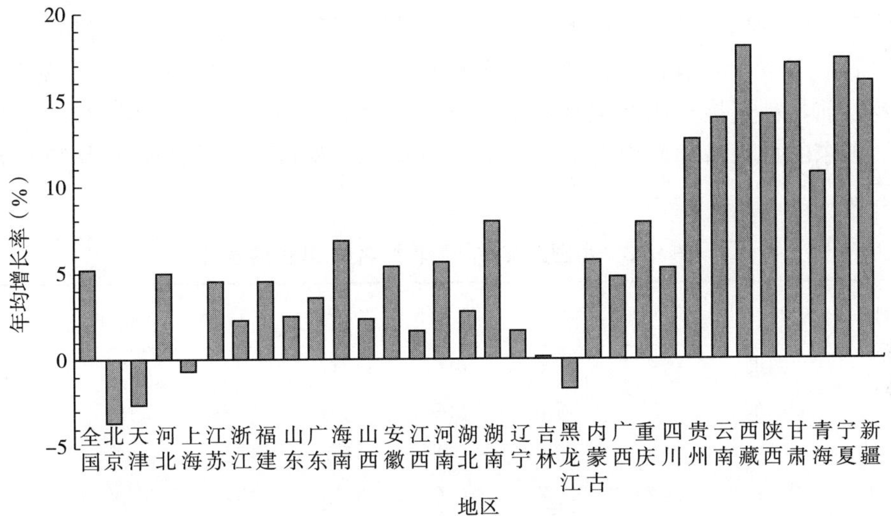

图 3-4 1997—2016 年全国及各省份蔬菜产量年均增长率

资料来源：《中国农村统计年鉴》（1998—2017 年）。

从蔬菜播种面积来看（表 3-2），从 1990 年到 2017 年，中国蔬菜播种面积位于前 10 位的省份合计蔬菜播种面积占全国蔬菜总播种面积的比例一直维持在 60%以上，2017 年最高，近 67%。分地区来看，东部地区蔬菜播种面积占比在 40%左右，在 2000 年以后，东部地区的占比不断下降，降到 30%左右，中部地区占比比较稳定，东北地区占比下降明显，1990 年占全国比例为 10.4%，2017 年下降到 3.0%，西部地区增长比较明显，由 1990 年的 25.7%上升到 2017 年的 36.6%。蔬菜主产省山东的蔬菜播种面积占全国的比例在 2000 年以后呈现下降趋势。

表 3－2　全国各地区蔬菜播种面积占全国蔬菜总播种面积的比例（%）

年份	前 10 位省份	东部地区	中部地区	东北地区	西部地区	山东	西藏
1990	60.6	36.0	27.9	10.4	25.7	5.7	0.13
1995	64.4	39.2	27.3	8.6	24.9	9.0	0.07
2000	65.1	41.2	27.7	7.4	23.7	11.7	0.05
2005	65.8	40.2	28.5	5.4	25.9	10.4	0.10
2010	63.8	37.4	28.3	4.5	29.8	9.3	0.11
2015	62.9	35.6	27.6	4.3	32.5	8.6	0.11
2016	63.1	35.2	27.9	3.9	33.0	8.4	0.10
2017	66.8	32.3	28.1	3.0	36.6	7.3	0.12

资料来源：《中国农村统计年鉴》（1991—2018 年）。

表 3－3 列出了从 1990 年开始，中国蔬菜播种面积前 10 位的省份，2000 年以后，山东、河南和江苏蔬菜播种面积位于全国前三位，其中山东在 2016 年及以前，一直是全国蔬菜播种面积最大的省份，2017 年被河南超越。2017 年，山东的蔬菜播种面积为 146.204 万公顷，河南的蔬菜播种面积为 173.614 万公顷。

表 3－3　中国蔬菜播种面积排名前 10 位的省份

排名	1990 年	1995 年	2000 年	2005 年	2010 年	2015 年	2016 年	2017 年
1	四川	山东	山东	山东	山东	山东	山东	河南
2	广东	四川	河南	河南	河南	河南	河南	山东
3	河南	广东	江苏	江苏	江苏	江苏	江苏	江苏
4	湖北	河南	广东	广东	广东	广东	湖南	广西
5	湖南	湖北	湖北	河北	四川	湖南	广东	四川
6	山东	江苏	广西	广西	河北	四川	四川	湖南
7	江苏	广西	河北	湖北	湖南	河北	广西	贵州
8	河北	湖南	四川	湖南	湖北	广西	湖北	广东
9	江西	江西	湖南	四川	广西	湖北	河北	湖北
10	广西	河北	江西	浙江	安徽	云南	贵州	云南

资料来源：《中国农村统计年鉴》（1991—2018 年）。

从时间趋势来看（图 3－5），东部地区蔬菜主产区地位在逐渐降低，西部地区蔬菜生产在全国的地位逐渐上升；从蔬菜播种面积的年均增长率上也可以看出（图 3－6），东部地区和东北地区蔬菜生产的年均增长率较低甚至为负，

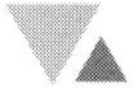

而西部地区蔬菜生产的年均增长率较高。具体到省份，2000 年和 2005 年，山东蔬菜播种面积占全国蔬菜总播种面积的比例在 10%以上，之后逐步下降，北京、天津、吉林、黑龙江、上海明显下降，西南地区和西北地区明显上升，其他地区相对稳定。

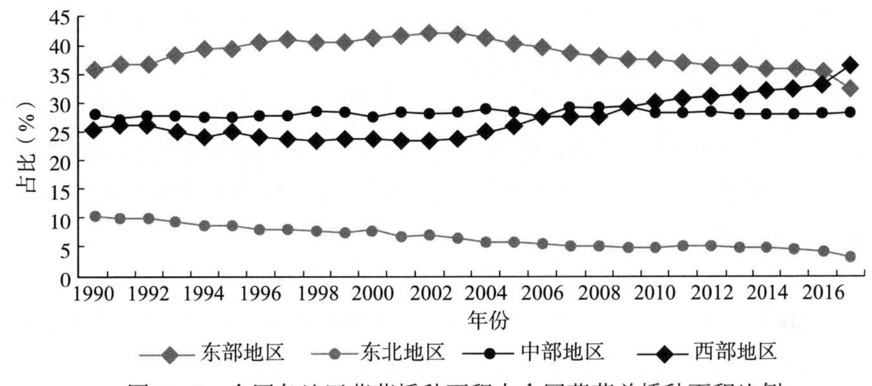

图 3-5　全国各地区蔬菜播种面积占全国蔬菜总播种面积比例

资料来源：《中国农村统计年鉴》（1991—2018 年）。

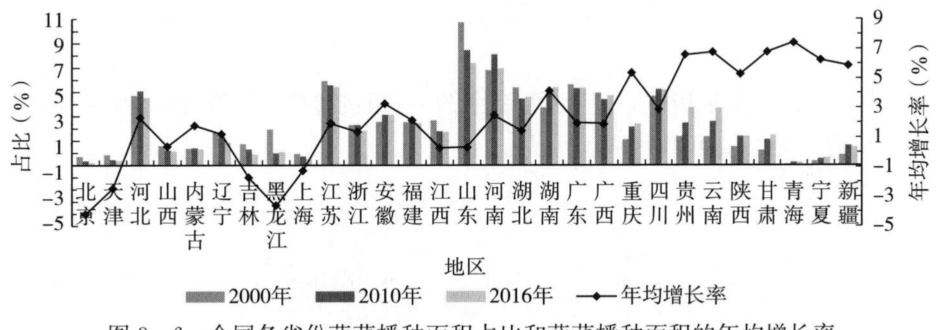

图 3-6　全国各省份蔬菜播种面积占比和蔬菜播种面积的年均增长率

资料来源：《中国农村统计年鉴》（2001—2017 年）。

3.2　蔬菜生产区域差异来源分析

根据相关文献，关于区域差异的分析多使用泰尔指数分析法，泰尔指数分析能够分解出差异和差异的来源（秦天等，2018）。所以，本章关于中国蔬菜生产区域差异的分析采用泰尔指数及其分解来测度。

3.2.1　泰尔指数及其分解

泰尔指数及其分解被用于分析不同产业区域差异及差异来源。曾杰杰、聂影（2015）运用泰尔指数法，对中国家具产业地区差异进行了综合测算。李博（2016）采用泰尔指数测度碳排放约束下中国农业投入产出效率的区域差异，并按地区进行分解。李兆亮等（2017）利用泰尔指数对中国农业绿色生产效率的地区差异进行测度。宋彩平等（2018）利用泰尔指数对中国家具产业发展的地区差异进行测度。本书结合中国蔬菜生产特点，考虑泰尔指数能够反映区域间和区域内差异，度量蔬菜生产的地区差异及其来源，采用泰尔指数及其分解方法分析中国蔬菜生产的地区差异及其来源。

泰尔指数来源于泰尔利用信息论中熵概念计算收入不平等。泰尔指数是熵指数中一个应用最广泛的特例，作为收入不平等程度的测度指标具备良好的可分解性质，即将样本分为多个群组时，泰尔指数可以分别衡量组内差距与组间差距对总差距的贡献。

假设包含 k 个个体的样本被分成 n 个群组，其中每组分别为 g_n（$n=1$，2，…，n），第 n 组 g_n 中的个体数目为 k_n，则所有组的个体数目之和为样本个数 K。y_i 表示个体 i 占总体的份额，y_n 表示第 n 组占总体的份额，则泰尔指数的具体形式为：

$$T = T_B + T_W = \sum_{n=1}^{n} y_n \ln\left(\frac{y_n}{k_n/k}\right) + \sum_{n=1}^{n} y_n \left(\sum_{i \in g_n} \frac{y_i}{y_n} \ln \frac{y_i/y_n}{1/k_n}\right) \tag{3-1}$$

其中，T 为泰尔指数，是组间差距 T_B 与组内差距 T_W 的和，则组间差距 T_B 与组内差距 T_W 可以分别表示为：

$$T_B = \sum_{n=1}^{n} y_n \ln\left(\frac{y_n}{k_n/k}\right) \tag{3-2}$$

$$T_W = \sum_{n=1}^{n} y_n \left(\sum_{i \in g_n} \frac{y_i}{y_n} \ln \frac{y_i/y_n}{1/k_n}\right) \tag{3-3}$$

3.2.2 蔬菜生产区域差异及其分解

通过对中国蔬菜生产时空格局的分析，发现中国蔬菜生产在近 20 年内呈现出明显的区域变化特征，通过泰尔指数及其分解可以分析中国蔬菜生产区域布局差异。选取蔬菜播种面积和蔬菜产量作为蔬菜生产的度量指标，数据来源于《中国农村统计年鉴》（2001—2017 年）。表 3-4 和表 3-5 反映了中国蔬菜生产从 2000 年以来整体差异以及东部地区、东北地区、中部地区和西部地区之间的差异；表 3-6 和表 3-7 反映了中国蔬菜生产地区差异的贡献率。

从东部地区、东北地区、中部地区和西部地区的区域内差异来看，东部地区蔬菜播种面积的区域内差异最大，其蔬菜生产地区差异泰尔指数贡献率多数年份都在 40%左右，究其原因，主要是东部地区 10 个省份蔬菜生产情况差别

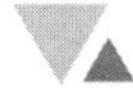

较大，其中有蔬菜主产省山东和河北，同时又有像北京、上海这样蔬菜生产规模较小的直辖市，所以造成东部地区省份之间的差异是全国蔬菜生产地区差异的主要来源。

根据泰尔指数的定义，整体泰尔指数等于组间差距与组内差距的和，而组内差距等于各个组内的和，由表 3－4 可知，中国蔬菜播种面积区域内综合泰尔指数远远大于区域间泰尔指数，东部、中部、西部和东北地区区域内部之间各个省份蔬菜播种面积的差异更大，而四个区域之间的差异与其内部的差异相比较小。在各个区域内部，东部地区内部各个省份之间蔬菜播种面积的差异最大，西部地区内部差异仅次于东部地区，然后是中部地区和东北地区。在2008 年到 2011 年，东部地区和西部地区内部差异很大，造成全国整体差异较大。从时间维度来看，蔬菜播种面积区域差异呈现“∩”形变化。表 3－5 描述了中国蔬菜产量的区域差异，蔬菜产量的区域差异与播种面积的区域差异相似，区域内部差异大于区域之间差异，东部地区内部产量差异较大，而与播种面积差异不同的是，西部地区产量的差异与播种面的差异相比较小。从时间维度看，蔬菜产量区域差异呈现小幅度下降的情况。

表 3－4 蔬菜播种面积泰尔指数及其分解

年份	区域内				区域内综合	区域间	整体
	东部地区	东北地区	中部地区	西部地区			
2000	0.142	0.002	0.028	0.1	0.271	0.064	0.335
2001	0.139	0.002	0.031	0.1	0.272	0.071	0.342
2002	0.142	0.001	0.029	0.097	0.27	0.071	0.34
2003	0.145	0.002	0.033	0.095	0.275	0.071	0.346
2004	0.144	0.002	0.038	0.095	0.278	0.071	0.349
2005	0.137	0.002	0.038	0.098	0.276	0.063	0.339
2006	0.138	0.001	0.037	0.101	0.276	0.055	0.331
2007	0.134	0.001	0.042	0.094	0.272	0.059	0.331
2008	0.351	0.031	0.146	0.328	0.856	0.056	0.912
2009	0.35	0.055	0.142	0.308	0.855	0.055	0.911
2010	0.349	0.064	0.145	0.299	0.857	0.05	0.908
2011	0.348	0.061	0.145	0.299	0.852	0.046	0.899
2012	0.128	0.003	0.039	0.092	0.261	0.044	0.305
2013	0.128	0.003	0.038	0.095	0.265	0.043	0.308
2014	0.129	0.06	0.134	0.307	0.63	0.041	0.671
2015	0.13	0.004	0.037	0.101	0.271	0.042	0.313
2016	0.13	0.002	0.037	0.103	0.272	0.045	0.317

资料来源：《中国农村统计年鉴》(2001—2017 年)。

表 3-5 蔬菜产量泰尔指数及其分解

年份	区域内				区域内综合	区域间	整体
	东部地区	东北地区	中部地区	西部地区			
2000	0.208	0.004	0.035	0.068	0.314	0.105	0.42
2001	0.211	0.005	0.039	0.066	0.321	0.113	0.434
2002	0.215	0.005	0.036	0.064	0.321	0.112	0.433
2003	0.223	0.006	0.036	0.063	0.328	0.106	0.433
2004	0.228	0.007	0.045	0.062	0.341	0.105	0.446
2005	0.224	0.004	0.053	0.063	0.344	0.096	0.44
2006	0.227	0.007	0.056	0.061	0.351	0.088	0.439
2007	0.226	0.007	0.059	0.059	0.351	0.086	0.437
2008	0.225	0.008	0.058	0.06	0.351	0.075	0.426
2009	0.221	0.011	0.054	0.059	0.345	0.068	0.413
2010	0.216	0.01	0.054	0.058	0.339	0.064	0.403
2011	0.214	0.011	0.051	0.059	0.336	0.062	0.398
2012	0.214	0.012	0.051	0.058	0.335	0.061	0.396
2013	0.215	0.013	0.048	0.058	0.334	0.058	0.392
2014	0.216	0.012	0.046	0.059	0.333	0.057	0.39
2015	0.217	0.01	0.046	0.06	0.334	0.057	0.39
2016	0.215	0.005	0.048	0.062	0.33	0.06	0.39

资料来源：《中国农村统计年鉴》（2001—2017 年）。

表 3-6 蔬菜播种面积泰尔指数贡献率（%）

年份	区域内				区域内综合	区域间
	东部地区	东北地区	中部地区	西部地区		
2000	42.3	0.5	8.3	29.8	80.9	19.1
2001	40.7	0.4	9.0	29.2	79.3	20.7
2002	41.9	0.4	8.5	28.4	79.2	20.8
2003	42.0	0.5	9.7	27.3	79.4	20.6
2004	41.2	0.5	10.8	27.3	79.8	20.2
2005	40.5	0.6	11.2	29.0	81.3	18.7
2006	41.5	0.3	11.3	30.4	83.5	16.5
2007	40.6	0.4	12.8	28.3	82.1	17.9
2008	38.5	3.4	16.0	35.9	93.9	6.1
2009	38.5	6.0	15.6	33.8	93.9	6.1

（续）

年份	区域内				区域内综合	区域间
	东部地区	东北地区	中部地区	西部地区		
2010	38.5	7.1	16.0	32.9	94.4	5.6
2011	38.7	6.8	16.1	33.2	94.8	5.2
2012	41.9	0.9	12.8	30.1	85.7	14.3
2013	41.8	1.0	12.4	31.0	86.1	13.9
2014	19.2	9.0	19.9	45.7	93.8	6.2
2015	41.6	1.1	11.8	32.2	86.7	13.3
2016	40.9	0.6	11.7	32.6	85.9	14.1

资料来源：《中国农村统计年鉴》（2001—2017年）。

表3-7　蔬菜产量泰尔指数贡献率（%）

年份	区域内				区域内综合	区域间
	东部地区	东北地区	中部地区	西部地区		
2000	49.6	0.9	8.2	16.2	74.9	25.1
2001	48.6	1.0	9.1	15.3	74.0	26.0
2002	49.8	1.2	8.3	14.7	74.1	25.9
2003	51.5	1.3	8.3	14.6	75.6	24.4
2004	51.1	1.5	10.1	13.9	76.5	23.5
2005	51.0	1.0	12.0	14.3	78.3	21.7
2006	51.7	1.6	12.7	14.0	80.0	20.0
2007	51.6	1.7	13.5	13.5	80.2	19.8
2008	52.8	1.9	13.6	14.1	82.4	17.6
2009	53.4	2.7	13.1	14.3	83.5	16.5
2010	53.6	2.6	13.5	14.5	84.1	15.9
2011	53.8	2.9	12.9	14.8	84.4	15.6
2012	54.1	2.9	12.8	14.6	84.5	15.5
2013	54.8	3.4	12.2	14.8	85.2	14.8
2014	55.5	3.0	11.8	15.2	85.5	14.5
2015	55.7	2.6	11.7	15.5	85.5	14.5
2016	55.0	1.4	12.4	15.9	84.6	15.4

资料来源：《中国农村统计年鉴》（2001—2017年）。

对中国蔬菜生产地区差异进一步细分，发现蔬菜生产地区差异主要来源于区域内差异，区域间差异次之。从表3-6和表3-7可以看出，中国蔬菜生产地区差异泰尔指数贡献率区域内多数年份达到80%以上，个别年份达到90%以上，而区域间泰尔指数贡献率一般在25%以下。

综合蔬菜播种面积和蔬菜产量泰尔指数分析的结果，中国蔬菜生产的区域差异呈现波动性变化，东部、中部、西部和东北地区内部各个省份蔬菜生产之间的差异是中国蔬菜生产差异的主要来源，其中，东部地区内部的差异最大。

3.3 本章小结

本章对中国蔬菜生产现状进行总结和梳理，分析了蔬菜生产的区域分布，对东部、中部、西部和东北地区及其地区内部省份之间的蔬菜生产差异进行分析，主要研究结论为：

第一，通过对中国蔬菜生产时空变迁的分析，发现中国蔬菜生产随着时间推移，产量和播种面积不断增加。蔬菜生产增长呈现空间发展的不均衡局面，东部地区是中国蔬菜的主产区，但其地位在不断下降；西部地区蔬菜生产增长较快，其地位在不断上升。2000年以来，东部地区蔬菜生产增长速度相对于西部地区明显偏低，西部地区蔬菜生产增长突出。

第二，通过对中国蔬菜生产地区差异及其分解的分析，发现蔬菜生产整体上区域内差异较大。蔬菜播种面积和蔬菜产量区域内综合泰尔指数远远大于区域间泰尔指数，东部、中部、西部和东北地区区域内部各个省份之间蔬菜生产差异较大，而四个区域之间的差异与其内部的差异相比较小，东部地区内部各个省份之间差异最大，西部地区内部差异仅次于东部地区。从时间维度来看，蔬菜播种面积区域差异呈现“∩”形变化趋势，蔬菜产量差异比较平稳，并有小幅下降。

总之，通过对全国蔬菜生产区域分布和差异的分析，发现蔬菜生产存在区域发展不均衡现象，全国四大区域（东部地区、西部地区、中部地区和东北地区）之间存在不均衡。同时，各个地区内部省份之间也存在不均衡现象，这种不均衡是后续对蔬菜生产空间集聚分析的基础。

4 蔬菜生产空间集聚现状分析

通过第 3 章对中国蔬菜生产区域分布和时空变迁的分析，发现蔬菜生产呈现区域发展不均衡的局面，长期以来，东部地区一直是中国蔬菜的主产区，东部地区的 10 个省份中，蔬菜生产空间分布存在差异，同时，从时间维度分析，蔬菜生产空间分布发生变迁，东部地区主产区的地位在不断下降，蔬菜生产进一步向西部地区转移。本章将在第 3 章的基础上，对蔬菜生产空间集聚现状进行分析，进一步明晰中国蔬菜生产空间集聚的现状和发展。

4.1 蔬菜生产空间集聚的测度方法

在对产业集聚进行研究的过程中，发展出众多产业集聚的测度方法，使用比较广泛的是：产业集中度、空间基尼系数、探索式空间数据分析等。参考相关文献，本书采用如上指数从规模集中度和空间集中度两个角度考察中国蔬菜生产空间集聚及其发展规律（张哲晰，2019；郝晓燕，2018）。

4.1.1 产业集中度指数

产业集中度指数在经济学中是用来衡量某个行业或某个市场集聚程度或偏好程度的指标，以行业排名前 n 位的厂商占有市场份额的和表示（吴建寨等，2015；彭亚君等，2016）。集中度指数的公式为：

$$CR_n = \sum_{i=1}^{n} k_i \quad (4-1)$$

其中 CR_n 表示行业的集中度指数，具体到本研究中表示全国蔬菜生产排名前 n 位的蔬菜主产省其蔬菜产量占全国蔬菜总产量的比例之和，k_i 表示排名第 i 位的省份蔬菜产量占全国总产量的比例。

4.1.2 区位基尼系数

基尼系数最初是反映社会收入不均等的指标，区位基尼系数是借用基尼系数的概念，用来反映产业区域分布的差异程度，最早出现在克鲁格曼的《地理和贸易》（1991）一书中。随着新贸易理论的发展，学者们将区位基尼系数作为研究产业集聚的重要工具。

关于区位基尼系数的计算，本研究参考戴平生（2015）以产业份额为属性值的区位基尼系数的简化计算方法，具体推导过程参见戴平生（2015）关于区位基尼系数的推导，公式为：

$$G = \sum_{i=1}^{k} y_i \frac{2i-(k+1)}{k} \tag{4-2}$$

具体到本研究中，G 表示蔬菜产量的区位基尼系数，y_i 表示 i 地区蔬菜产量占全国蔬菜总产量的比例，i 为各地区的排序，k 为研究区域所有地区的数目，本书选取的研究区域为全国 31 个省份。区位基尼系数是介于 0 和 1 之间的数值，数值越接近 0 表示分布越均匀，越接近于 1 表示分布越集中。

4.1.3 探索式空间数据分析

探索式空间数据分析，包括全局空间自相关分析和局域空间自相关分析，全局空间自相关分析主要用于分析判断空间中的变量是否相互影响。度量空间自相关的指数包括全局莫兰指数和局域莫兰指数。

全局莫兰指数，Global Moran's I。全局莫兰指数能够计算空间变量的自相关性，即位于不同空间单元的变量在空间上表现的相关性。Global Moran's I 统计量的计算原则是以所有观测值的平均值为标准，测算两个地区对应观测值与总体平均值的离散程度，与皮尔逊相关系数（Pearson's Correlation Coefficient）类似。全局莫兰指数的计算公式为：

$$I = \frac{\sum_{j=1}^{n}\sum_{i=1}^{n} W_{ji}(x_i-\bar{x})(x_j-\bar{x})}{s^2\sum_{j=1}^{n}\sum_{i=1}^{n} W_{ji}} \tag{4-3}$$

其中：

$$s^2 = \frac{\sum_{i=1}^{n}(x_i-\bar{x})^2}{n} \tag{4-4}$$

s^2 是样本方差，W_{ji} 是空间权重矩阵中的（j，i）元素，用于度量区域 j 与区域 i 之间的距离，$\sum_{j=1}^{n}\sum_{i=1}^{n} w_{ji}$ 是所有空间权重之和。空间权重矩阵依据研究问题的不同，可以有不同的选择。本书研究蔬菜生产区域之间的相关性，选择地理距离空间权重矩阵。其中，x_j 和 x_i 分别表示地区 j 和地区 i 的观测值，$\bar{x}$ 为所有地区的平均值，根据公式（4-3），当地区 j 和地区 i 均大于均值或小于均值时，全局莫兰指数 I 为正数，表现为空间高值与高值集聚或空间低值与低值集聚的空间正自相关。相反，如果 j 地区和 i 地区一个大于均值，另一个小于均值，则出现全局莫兰指数 I 为负数的情况，表现为空间低值被高值包围或高值被低值包围的空间负自相关。同时，根据公式（4-3），全

局莫兰指数值在［−1，1］内，其绝对值小于或等于1，莫兰指数的绝对值越高，表示空间的自相关程度越高（陈强，2013）。

关于莫兰指数的检验，可以证明在不存在空间自相关的条件下，“H_0：$Cov(x_j, x_i)=0$，$\forall j\neq i$”标准化的莫兰指数服从渐进正态分布，所以，可以使用标准正态的临界值进行检验。

地理距离空间权重矩阵：根据地理学第一定律，一般认为地理邻近区域的相互影响大于地理距离较远地区的相互影响，所以以地区之间地理距离的倒数或倒数的平方构建地理距离空间权重矩阵。其中 d_{ji} 为地区 j 与地区 i 的地理距离。

$$w_{ji}=\begin{cases}\dfrac{1}{d_{ji}} & \text{当 } j\neq i \text{ 时}\\ 0 & \text{当 } j=i \text{ 时}\end{cases} \tag{4-5}$$

邻阶空间权重矩阵是根据地理位置是否相邻，创建空间权重矩阵，最常使用的为邻阶二进制空间权重矩阵，根据相邻区域有共同的边界（车相邻），或者只有共同的顶点，没有共同的边界（象相邻），或区域与区域之间有边界相邻或顶点相邻（后相邻）构建空间权重矩阵。

$$w_{ji}=\begin{cases}1 & \text{地区 } j \text{ 与地区 } i \text{ 相邻}\\ 0 & \text{地区 } j \text{ 与地区 } i \text{ 不相邻}\end{cases} \tag{4-6}$$

局域莫兰指数，Local Moran's I。全局莫兰指数考察整体的空间相关性，局域莫兰指数关注某个具体地区，反映特定地区的空间集聚情况。局域莫兰指数的计算公式为：

$$I_i=\frac{(x_i-\bar{x})}{s^2}\sum_{j=1}^{n}w_{ji}(x_j-\bar{x}) \tag{4-7}$$

根据公式（4-7），局域莫兰指数反映某一地区周围的集聚情况，局域莫兰指数对全局莫兰指数的影响程度越大，并且通过了显著性检验，则判断该地区存在空间自相关，表示该地区可能是空间聚集区（王金田，2013）。

4.2 蔬菜生产空间集聚的时空分析

利用2000年到2017年《中国农村统计年鉴》中关于蔬菜播种面积和蔬菜产量的数据，利用集中度指数、区位基尼系数、全局莫兰指数和局域莫兰指数，全面分析中国蔬菜生产空间集聚状况。

4.2.1 蔬菜生产的集中度分析

关于集中度中 n 的选取：沈辰（2015）分别选择 CR_4 和 CR_8 作为集中度的指标，反映中国蔬菜生产集聚；张哲晰（2018）选择 CR_4，CR_8 和 CR_{10} 度量中国蔬菜生产集聚；彭亚军等（2019）运用 CR_5 度量获批地理标志农产品类型所占份额。本部分选择中国 31 个省份 2001—2017 年蔬菜生产 CR_4 和 CR_8 作为度量中国蔬菜生产集聚的指标，反映蔬菜生产集聚情况。

图 4-1 描述了中国蔬菜产量前 4 位和前 8 位的省份蔬菜产量占全国蔬菜总产量的比例之和，图 4-2 描述了中国蔬菜播种面积前 4 位和前 8 位的省份蔬菜播种面积占全国蔬菜总播种面积的比例之和。整体上，全国蔬菜生产集中度 CR_4 和 CR_8 比较稳定，2000 年以后，蔬菜生产集中度没有大幅度的波动，蔬菜产量的 CR_4 多数年份都在 0.4 以上，2016 年为 0.4，2017 年为 0.38，2018 年为 0.37；蔬菜产量 CR_8 在 2001—2017 年，均在 0.6 以上。蔬菜播种面积 CR_4 多数年份在 0.3 以上，CR_8 均在 0.53 以上，随着时间的推移，集中度指数有小幅度下降，但是蔬菜生产集聚程度仍然较高。关于集聚区域，2001 年到 2018 年，蔬菜产量排名前四位的省份为：山东、河北、河南和江苏，蔬菜产量集聚区域比较稳定。蔬菜播种面积排名前四位的省份，2005 年为山东、

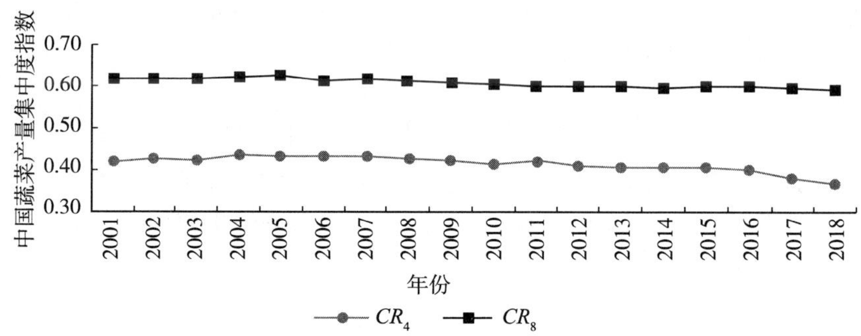

图 4-1　中国蔬菜产量集中度指数

资料来源：根据《中国农村统计年鉴》（2002—2018 年）和国家统计局数据计算得到。

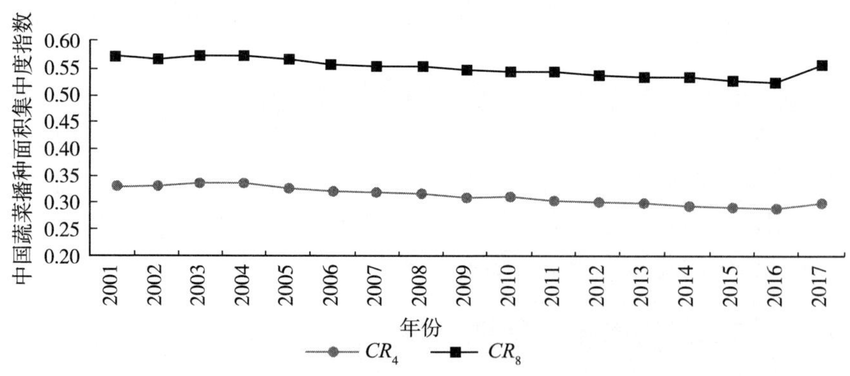

图 4-2　中国蔬菜播种面积集中度指数

资料来源：根据《中国农村统计年鉴》（2002—2018 年）数据计算得到。

河南、江苏和广东，2006 年为山东、河南、广东和河北，随后又变为山东、河南、江苏和广东。从蔬菜播种面积来看，除了山东和河南以外，江苏、广东、湖南、四川、河北和湖北蔬菜播种面积较大，为中国蔬菜主产区。

4.2.2 蔬菜生产的空间基尼系数分析

基尼系数最早是用来衡量收入不均等的指标，后来经过发展，区位基尼系数用来反映产业或区域经济发展不均衡状态（王惊雷等，2017；冯颖等，2017；李婵娟等，2017）。区位基尼系数近些年也被用于反映农业空间集聚程度（陈秧分等，2013；赵向豪等，2016；杨清等，2017）。陈秧分等（2013）测度中国 1990 年到 2011 年粮食产量的区位基尼系数，其中 2011 年最高，为 0.46。

对蔬菜产量和蔬菜播种面积的区位基尼系数进行测算，分析全国蔬菜生产的空间集聚情况。从图 4－3 中可以看出，全国蔬菜生产存在较强的空间集聚现象，蔬菜产量的区位基尼系数从 2001 年到 2018 年均在 0.47 以上，蔬菜播种面积的区位基尼系数从 2001 年到 2017 年均在 0.42 以上。从整体上来看，根据区位基尼系数的定义，其数值越接近于 0 表示分布越均匀，越接近于 1 表示分布越集中，不论是蔬菜产量还是蔬菜播种面积，区位基尼系数均在 0.42 以上，蔬菜生产呈现空间集聚状况。

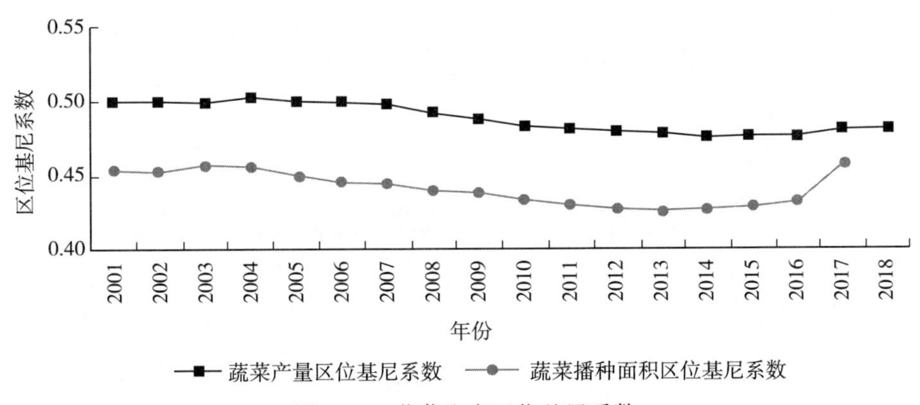

图 4－3 蔬菜生产区位基尼系数

资料来源：根据《中国农村统计年鉴》（2002—2019 年）和国家统计局数据计算得到。

4.2.3 蔬菜生产的空间相关分析

如前文所述，全局莫兰指数反映指标的空间相关性，通过测算全局莫兰指数，得到中国蔬菜生产的空间相关性，见表 4－1 和表 4－2。

表 4－1 和表 4－2 为以地理距离为空间权重矩阵测算的全局莫兰指数，反

映蔬菜生产地区之间的空间相关性。从表4-1中可以看出，中国蔬菜产量的全局莫兰指数数值在0.1上下波动。从表4-2中可以看出，反映蔬菜播种面积空间相关性的全局莫兰指数数值呈现明显上升趋势，从2005年开始，莫兰指数数值均通过10%显著性检验，呈现显著的空间正相关，蔬菜播种面积全局莫兰指数随着时间的推移逐渐增加，空间正相关情况越来越显著。

表4-1 地理距离空间权重矩阵测算的蔬菜产量全局莫兰指数

年份	1997	1998	1999	2000	2001	2002	2003
Moran's I	0.133*	0.126*	0.114	0.109	0.107	0.111	0.101
	(1.759)	(1.665)	(1.568)	(1.512)	(1.473)	(1.514)	(1.425)
年份	2004	2005	2006	2007	2008	2009	2010
Moran's I	0.105	0.106	0.105	0.104	0.099	0.098	0.096
	(1.460)	(1.440)	(1.407)	(1.418)	(1.356)	(1.352)	(1.315)
年份	2011	2012	2013	2014	2015	2016	2017
Moran's I	0.105	0.097	0.096	0.097	0.098	0.103	0.093
	(1.394)	(1.311)	(1.296)	(1.315)	(1.319)	(1.366)	(1.247)

资料来源：《中国农村统计年鉴》(1998—2018年)。

注：***、**、*分别表示在1%、5%、10%水平下显著，括号内为z值。

表4-2 地理距离空间权重矩阵测算的蔬菜播种面积全局莫兰指数

年份	1997	1998	1999	2000	2001	2002	2003
Moran's I	0.144*	0.142*	0.142*	0.124	0.134	0.129	0.126
	(1.734)	(1.698)	(1.699)	(1.542)	(1.626)	(1.582)	(1.548)
年份	2004	2005	2006	2007	2008	2009	2010
Moran's I	0.134	0.138*	0.14*	0.146*	0.15*	0.163*	0.161*
	(1.625)	(1.647)	(1.657)	(1.732)	(1.764)	(1.878)	(1.858)
年份	2011	2012	2013	2014	2015	2016	2017
Moran's I	0.165*	0.17*	0.175**	0.182**	0.188**	0.199**	0.223**
	(1.888)	(1.931)	(1.975)	(2.036)	(2.090)	(2.187)	(2.407)

资料来源：《中国农村统计年鉴》(1998—2018年)。

注：***、**、*分别表示在1%、5%、10%水平下显著，括号内为z值。

表4-3和表4-4是以是否邻阶为空间权重矩阵，测算得到的各个省份蔬菜生产的全局莫兰指数。从表4-3和表4-4的测算结果中可以看出，按照邻

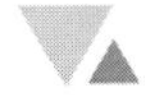

阶空间权重矩阵测算得到的蔬菜产量和蔬菜播种面积呈现显著的空间正相关，全局莫兰指数的数值在不断上升，相邻省份蔬菜生产呈现显著的空间正相关。

表 4-3 邻阶空间权重矩阵测算的蔬菜产量全局莫兰指数

年份	1997	1998	1999	2000	2001	2002	2003
Moran's I	0.320***	0.325***	0.313***	0.298***	0.301***	0.304***	0.281***
	(3.228)	(3.410)	(3.409)	(3.352)	(3.207)	(3.189)	(3.235)
年份	2004	2005	2006	2007	2008	2009	2010
Moran's I	0.296***	0.293***	0.287***	0.295***	0.284***	0.279***	0.269***
	(3.047)	(3.090)	(2.978)	(3.084)	(2.977)	(2.926)	(2.810)
年份	2011	2012	2013	2014	2015	2016	2017
Moran's I	0.264***	0.267***	0.268***	0.264***	0.262***	0.258***	0.255**
	(2.745)	(2.761)	(2.762)	(2.731)	(2.708)	(2.664)	(2.593)

资料来源：《中国农村统计年鉴》(1998—2018 年)。

注：***、**、* 分别表示在 1%、5%、10%水平下显著，括号内为 z 值。

表 4-4 邻阶空间权重矩阵测算的蔬菜播种面积全局莫兰指数

年份	1997	1998	1999	2000	2001	2002	2003
Moran's I	0.345***	0.336***	0.338***	0.317***	0.325***	0.32***	0.324***
	(3.368)	(3.261)	(3.285)	(3.142)	(3.183)	(3.135)	(3.165)
年份	2004	2005	2006	2007	2008	2009	2010
Moran's I	0.335***	0.331***	0.306***	0.33***	0.322***	0.331***	0.328***
	(3.270)	(3.204)	(2.961)	(3.198)	(3.117)	(3.184)	(3.153)
年份	2011	2012	2013	2014	2015	2016	2017
Moran's I	0.33***	0.331***	0.344***	0.351***	0.36***	0.369***	0.408***
	(3.161)	(3.159)	(3.267)	(3.321)	(3.389)	(3.465)	(3.790)

资料来源：《中国农村统计年鉴》(1998—2018 年)。

注：***、**、* 分别表示在 1%、5%、10%水平下显著，括号内为 z 值。

结合以上 4 个表格，可以得出如下结论：从省域层面来看，中国各个省份之间蔬菜生产呈现正的空间自相关，蔬菜产量和蔬菜播种面积较高的地区集聚显著，2000 年以后，这种空间正相关的数值在不断增大。

表 4-5 和表 4-6 是以地理距离作为空间权重矩阵的中国蔬菜产量和蔬菜播种面积的局域莫兰指数，局域莫兰指数反映某省份附近的空间集聚情况。从

蔬菜产量空间集聚地区来看，1997 年存在显著集聚的地区为：河北、山东、河南、江西、西藏，2017 年存在显著集聚的地区为山西和河南。1997 年，蔬菜播种面积存在显著空间集聚的地区为河南、广东、海南、湖北、西藏、青海、宁夏、甘肃、新疆等，2017 年蔬菜播种面积存在显著集聚的地区为：湖北、湖南、广东、广西、海南、贵州、云南。表 4-7 和表 4-8 是以是否邻阶作为空间权重矩阵，测算得到的各个省份蔬菜产量和蔬菜播种面积的局域莫兰指数。从结果可以看出，1997 年，蔬菜产量存在显著空间集聚的地区为：河北、江苏、山东、河南、甘肃和新疆；2017 年，蔬菜产量存在显著空间集聚的地区为：河北、江苏、山东和河南。1997 年，蔬菜播种面积存在显著空间集聚的地区为：山东、河南、广东、四川、甘肃、青海、宁夏和新疆；2017 年蔬菜播种面积存在显著空间集聚的地区为：北京、吉林、内蒙古、山东、河南、湖北、广东、湖南、广西、贵州和云南。

表 4-5 地理距离空间权重矩阵测算的蔬菜产量局域莫兰指数

地区	1997 年			2017 年		
	局域莫兰指数	z	p 值	局域莫兰指数	z	p 值
河北	0.509*	1.895	0.058	0.151	0.608	0.272
山西	−0.230	−0.645	0.519	−0.494*	−1.423	0.077
内蒙古	−0.177	−0.575	0.565	−0.070	−0.14	0.444
辽宁	−0.002	0.093	0.926	0.072	0.288	0.387
吉林	−0.071	−0.082	0.934	0.307	0.686	0.246
黑龙江	0.009	0.079	0.937	0.382	0.711	0.238
上海	−0.151	−0.268	0.789	−0.211	−0.374	0.354
江苏	0.168	0.559	0.576	0.006	0.101	0.46
浙江	0.005	0.097	0.923	0.01	−0.134	0.459
安徽	0.121	0.445	0.656	−0.083	−0.134	0.447
福建	−0.028	0.025	0.874	−0.057	−0.109	0.456
江西	−0.074**	2.195	0.028	−0.155	−0.45	0.326
山东	0.536**	2.195	0.028	0.115	0.542	0.294
河南	0.589***	3.194	0.001	0.746***	3.934	0.000
湖北	0.230	1.057	0.290	0.232	1.018	0.154
湖南	0.073	0.426	0.67	0.159	0.738	0.230
广东	−0.05	−0.08	0.936	0.032	0.316	0.376
广西	0.376	0.014	0.989	−0.034	−0.004	0.498
海南	−0.167	−0.436	0.663	−0.252	−0.666	0.253

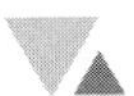

（续）

地区	1997年			2017年		
	局域莫兰指数	z	p值	局域莫兰指数	z	p值
重庆	0.018	0.177	0.86	−0.054	−0.066	0.474
四川	−0.16	−0.432	0.665	−0.117	−0.269	0.394
贵州	0.074	0.406	0.685	0.003	0.129	0.449
云南	0.085	0.515	0.606	−0.009	0.104	0.458
西藏	0.203*	1.656	0.098	0.037	0.525	0.300
陕西	−0.080	−0.300	0.764	−0.068	−0.23	0.409
甘肃	0.401	1.139	0.255	0.252	0.693	0.244
青海	0.886	1.082	0.279	0.824	0.922	0.178
宁夏	0.886	1.081	0.280	0.824	0.921	0.179
新疆	0.153	1.341	0.180	0.033	0.513	0.304

资料来源：《中国农村统计年鉴》(1998年和2018年)。

注：***、**、*分别表示在1%、5%、10%水平下显著。

表4-6 地理距离空间权重矩阵测算的蔬菜播种面积局域莫兰指数

地区	1997年			2017年		
	局域莫兰指数	z	p值	局域莫兰指数	z	p值
河北	0.048	0.266	0.395	−0.036	−0.009	0.496
山西	−0.208	−0.53	0.296	−0.172	−0.413	0.34
内蒙古	−0.015	0.072	0.471	0.149	0.678	0.249
辽宁	0.004	0.103	0.459	0.337	0.979	0.164
吉林	0.037	0.141	0.444	0.611	1.246	0.106
黑龙江	0.058	0.154	0.439	0.618	1.071	0.142
江苏	0.153	0.479	0.316	0.002	0.087	0.465
浙江	0.007	0.095	0.462	0.000	0.076	0.47
安徽	0.121	0.411	0.340	−0.023	0.027	0.489
福建	0.083	0.542	0.294	−0.054	−0.095	0.462
江西	0.259	1.079	0.140	−0.028	0.021	0.492
山东	−0.311	−1.01	0.155	−0.350	−1.131	0.129
河南	0.376**	2.066	0.019	0.098	0.659	0.255
湖北	0.472**	1.928	0.027	0.412**	1.668	0.048
湖南	0.288	1.230	0.109	0.498**	1.994	0.023
广东	0.346**	1.831	0.034	0.373**	1.94	0.026

（续）

地区	1997年			2017年		
	局域莫兰指数	z	p值	局域莫兰指数	z	p值
广西	0.038	0.265	0.396	0.397*	1.552	0.060
海南	−0.562*	−1.605	0.054	−0.623**	−1.744	0.041
重庆	−0.069	−0.116	0.454	0.108	0.447	0.328
四川	−0.234	−0.639	0.261	0.188	0.687	0.246
贵州	−0.028	0.019	0.492	0.537**	2.001	0.023
云南	−0.049	−0.064	0.475	0.424**	1.887	0.030
西藏	0.185*	1.643	0.050	−0.094	−0.471	0.319
陕西	−0.079	−0.306	0.380	−0.072	−0.264	0.396
甘肃	0.560*	1.433	0.076	0.340	0.874	0.191
青海	1.310*	1.434	0.076	1.132	1.199	0.115
宁夏	1.310*	1.432	0.076	1.132	1.198	0.115
新疆	0.240**	2.131	0.017	0.107	1.134	0.128

资料来源：《中国农村统计年鉴》（1998年和2018年）。

注：***、**、*分别表示在1%、5%、10%水平下显著。

表4-7　邻阶空间权重矩阵测算的蔬菜产量局域莫兰指数

地区	1997年			2017年		
	局域莫兰指数	z	p值	局域莫兰指数	z	p值
河北	1.062***	3.303	0.000	0.624**	1.852	0.032
上海	−0.267	−0.388	0.349	−0.684	−0.99	0.161
江苏	0.686**	1.726	0.042	0.670*	1.563	0.059
浙江	0.001	0.093	0.463	0.006	0.100	0.460
安徽	0.248	0.848	0.198	−0.126	−0.26	0.397
福建	−0.034	−0.001	0.500	−0.045	−0.026	0.490
江西	−0.059	−0.085	0.466	0.092	−0.182	0.428
山东	3.872***	9.377	0.000	3.913***	8.767	0.000
河南	1.226***	3.796	0.000	1.709***	4.906	0.000
湖北	0.062	0.287	0.387	0.309	0.963	0.168
湖南	0.036	0.209	0.417	0.143	0.496	0.310
广东	0.014	0.115	0.454	0.052	0.190	0.425
广西	0.002	0.085	0.466	0.141	0.387	0.349
海南	0.000	—	—	0.000	—	—

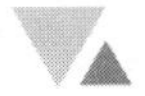

（续）

地区	1997 年			2017 年		
	局域莫兰指数	z	p 值	局域莫兰指数	z	p 值
贵州	0.068	0.244	0.404	0.007	0.090	0.464
云南	0.033	0.110	0.456	−0.038	−0.006	0.497
西藏	0.458	1.179	0.119	0.08	0.253	0.400
陕西	0.030	0.226	0.410	−0.048	−0.051	0.480
甘肃	0.398*	1.543	0.061	0.222	0.862	0.194
青海	0.476	1.224	0.111	0.193	0.504	0.307
宁夏	0.577	1.255	0.105	0.352	0.729	0.233
新疆	0.620*	1.343	0.090	0.171	0.386	0.350

资料来源：《中国农村统计年鉴》（1998 年和 2018 年）。

注：***、**、* 分别表示在 1%、5%、10%水平下显著。

表 4-8　邻阶空间权重矩阵测算的蔬菜播种面积局域莫兰指数

地区	1997 年			2017 年		
	局域莫兰指数	z	p 值	局域莫兰指数	z	p 值
北京	0.211	0.460	0.323	0.704*	1.341	0.090
天津	0.061	0.142	0.443	0.539	0.835	0.202
河北	0.222	0.716	0.237	−0.003	0.082	0.467
内蒙古	0.312	1.162	0.123	0.521**	1.818	0.035
辽宁	0.005	0.073	0.471	0.358	0.712	0.238
吉林	0.163	0.369	0.356	0.814*	1.541	0.062
黑龙江	0.145	0.269	0.394	0.785	1.194	0.116
江苏	0.479	1.130	0.129	0.172	0.439	0.330
浙江	−0.022	0.029	0.488	0.000	0.081	0.468
安徽	0.228	0.732	0.232	−0.031	0.005	0.498
福建	0.230	0.580	0.281	−0.132	−0.211	0.416
江西	0.355	1.196	0.116	−0.031	0.007	0.497
山东	2.422***	5.420	0.000	1.437***	3.144	0.001
河南	0.901***	2.617	0.004	0.534*	1.544	0.061
湖北	0.322	0.995	0.160	0.524*	1.516	0.065
湖南	0.375	1.143	0.127	0.963***	2.713	0.003
广东	1.157***	2.627	0.004	0.657*	1.476	0.070
广西	0.483	1.140	0.127	1.543***	3.371	0.000

（续）

地区	1997 年			2017 年		
	局域莫兰指数	z	p 值	局域莫兰指数	z	p 值
海南	0.000	—	—	0.000	—	—
重庆	−0.125	−0.23	0.409	0.137	0.416	0.339
四川	−0.538*	−1.413	0.079	0.024	0.156	0.438
贵州	−0.035	−0.004	0.498	1.007**	2.226	0.013
云南	−0.153	−0.181	0.428	1.026*	1.546	0.061
西藏	0.516	1.212	0.113	−0.099	−0.141	0.444
陕西	0.019	0.174	0.431	−0.049	−0.052	0.479
甘肃	0.560**	1.993	0.023	0.344	1.239	0.108
青海	0.614*	1.429	0.076	0.322	0.760	0.224
宁夏	0.834*	1.631	0.051	0.569	1.096	0.137
新疆	1.024**	1.988	0.023	0.632	1.21	0.113

资料来源：《中国农村统计年鉴》（1998 年和 2018 年）。

注：***、**、* 分别表示在 1%、5%、10%水平下显著。

正的局域莫兰指数表示某区域的高值或低值被周围的高值或低值包围，负的局域莫兰指数表示某区域的高值或低值被周围的低值或高值包围。全局莫兰指数反映全国整体的空间集聚情况，局域莫兰指数反映某地区与周围低值或高值的空间集聚情况。不论从全局莫兰指数还是从局域莫兰指数来看，中国蔬菜生产都存在空间集聚现象。

4.2.4 环渤海地区蔬菜生产空间集聚现状

关于主产县空间集聚的现状分析，选择环渤海地区北京、天津、河北、山东和辽宁的各县蔬菜产量进行分析（2012 年县域数据缺失）。表 4－9 是以地理距离倒数为空间权重矩阵测度的环渤海地区县域蔬菜产量的全局莫兰指数。从表 4－9 中可以看出，环渤海地区县域蔬菜产量的全局莫兰指数均为正数而且均通过显著性检验，说明从 2002 年到 2016 年，环渤海地区各个县域蔬菜产量存在显著的空间正相关关系。从系数来看，2002 年，全局莫兰指数为 0.091，2005 年为 0.127，而后出现下降，2007 年为 0.092，2016 年为 0.119。结合图 4－4，从 2002 年到 2016 年，环渤海地区蔬菜生产存在显著的空间正相关关系，蔬菜生产的高值区域与高值区域集聚，低值区域与低值区域集聚。图 4－5 和图 4－6 显示了蔬菜生产连片化的特点。根据全局莫兰指数，这种空间相关存在较小幅度的波动，整体比较稳定，近年蔬菜生产的空间相关性有上升趋势。

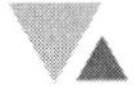

表 4-9 环渤海地区蔬菜产量的空间相关性

年份	2002	2003	2004	2005	2006	2007	2008
Moran's I	0.091***	0.11***	0.117***	0.127***	0.107***	0.092***	0.104***
p 值	(4.202)	(5.011)	(5.297)	(5.765)	(4.856)	(4.247)	(4.752)
年份	2009	2010	2011	2013	2014	2015	2016
Moran's I	0.092***	0.087***	0.081***	0.079***	0.091***	0.097***	0.119***
p 值	(4.215)	(3.995)	(3.718)	(3.626)	(4.158)	(4.405)	(5.378)

资料来源：《北京区域统计年鉴》(2003—2017 年)，《天津统计年鉴》(2003—2017 年)，《河北农村统计年鉴》(2003—2017 年)，《山东统计年鉴》(2003—2017 年)，《辽宁统计年鉴》(2003—2017 年)。

注：***、**、* 分别表示在 1%、5%、10%水平下显著。

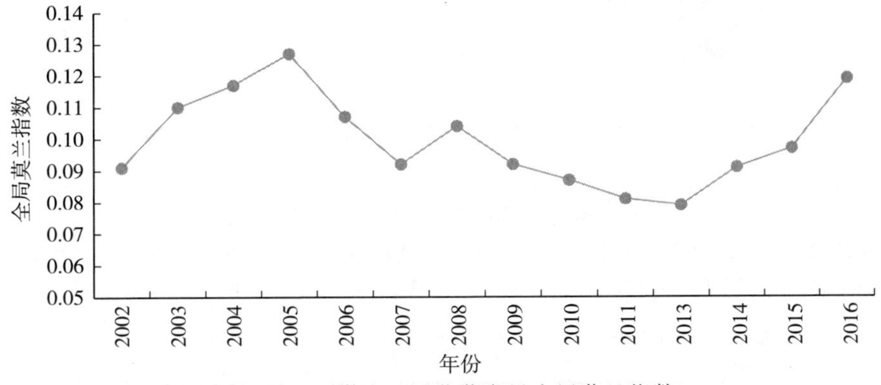

图 4-4 环渤海地区蔬菜产量全局莫兰指数

资料来源：《北京区域统计年鉴》(2003—2017 年)，《天津统计年鉴》(2003—2017 年)，《河北农村统计年鉴》(2003—2017 年)，《山东统计年鉴》(2003—2017 年)，《辽宁统计年鉴》(2003—2017 年)。

根据区位基尼系数测算公式，对环渤海地区县域蔬菜生产集聚情况进行分析，为了形成明确对比，选择蔬菜产量和当地同一时期粮食产量的区位基尼系数进行分析，以更加清楚地认识环渤海地区蔬菜生产集聚情况。测算结果见表 4-10。

表 4-10 环渤海地区蔬菜和粮食产量区位基尼系数

年份	2002	2003	2004	2005	2006	2007	2008
粮食	0.411	0.415	0.411	0.419	0.418	0.431	0.422
蔬菜	0.572	0.551	0.552	0.549	0.546	0.559	0.549
年份	2009	2010	2011	2013	2014	2015	2016
粮食	0.44	0.433	0.433	0.436	0.447	0.445	0.452
蔬菜	0.55	0.55	0.546	0.544	0.542	0.545	0.553

资料来源：《北京区域统计年鉴》(2003—2017 年)，《天津统计年鉴》(2003—2017 年)，《河北农村统计年鉴》(2003—2017 年)，《山东统计年鉴》(2003—2017 年)，《辽宁统计年鉴》(2003—2017 年)。

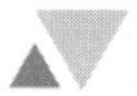

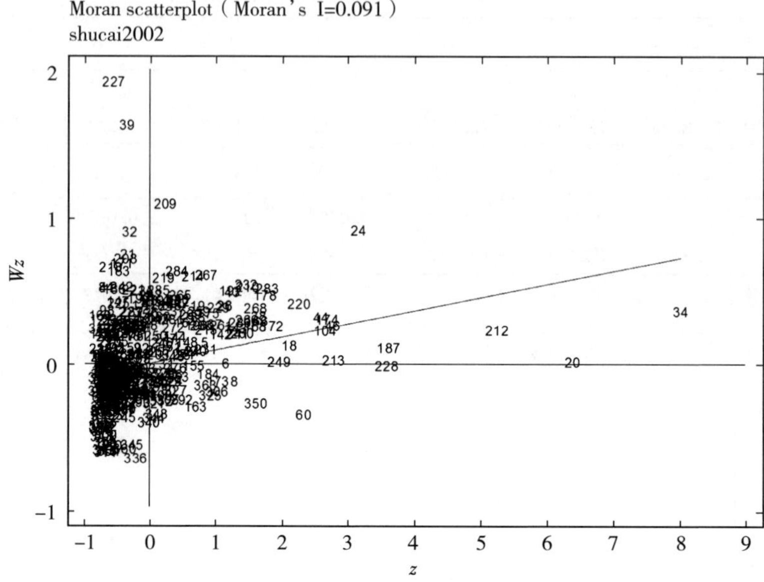

图 4－5 环渤海地区 2002 年蔬菜产量莫兰散点

资料来源：《北京区域统计年鉴》(2003—2017 年)，《天津统计年鉴》(2003—2017 年)，《河北农村统计年鉴》(2003—2017 年)，《山东统计年鉴》(2003—2017 年)，《辽宁统计年鉴》(2003—2017 年)。

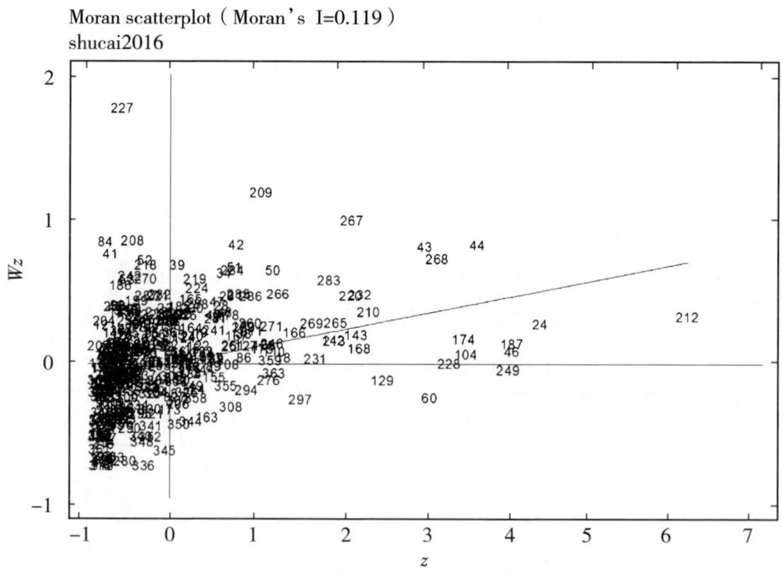

图 4－6 环渤海地区 2016 年蔬菜产量莫兰散点

资料来源：《北京区域统计年鉴》(2003—2017 年)，《天津统计年鉴》(2003—2017 年)，《河北农村统计年鉴》(2003—2017 年)，《山东统计年鉴》(2003—2017 年)，《辽宁统计年鉴》(2003—2017 年)。

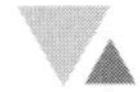

将环渤海作为一个整体区域，从表 4-10 中可以看出，环渤海地区蔬菜产量的区位基尼系数在 0.5 以上，结合图 4-7，蔬菜生产的地区差异较大，空间集聚特征明显，主要是因为环渤海地区各个县域农业生产专业化和规模化的格局已经逐步形成，根据市场需求和当地资源禀赋等条件，近些年打造出一批蔬菜主产县，蔬菜生产的区域特色明显。同时，蔬菜产量的区位基尼系数均高于粮食，表现为与粮食生产的空间集聚相比，蔬菜的集聚程度更高。从时间维度上看，近年来，蔬菜生产的空间集聚特征基本保持稳定。

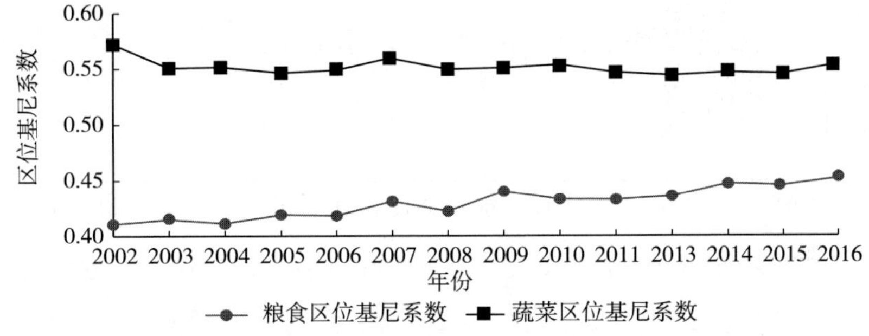

图 4-7　环渤海地区蔬菜和粮食产量区位基尼系数

资料来源：《北京区域统计年鉴》（2003—2017 年），《天津统计年鉴》（2003—2017 年），《河北农村统计年鉴》（2003—2017 年），《山东统计年鉴》（2003—2017 年），《辽宁统计年鉴》（2003—2017 年）。

图 4-8 是将每一个省市作为一个区域单元，测算的环渤海区域 5 省市蔬菜生产空间集聚情况。从图 4-8 中可以看出，在各个省市内部，县域之间蔬菜整体上表现出比较平稳的空间集聚特征。从 2002 年到 2016 年，北京市内部蔬菜产量区位基尼系数值均高于 0.5，显示北京蔬菜生产集聚程度较高，而且基尼系数比较平稳，说明北京蔬菜生产空间集聚比较稳定。进一步分析其原因为：北京蔬菜生产主要集中于大兴、顺义和通州，大兴的蔬菜产量远高于其他区县，表现出较强的空间集聚特点。天津整体来看从 2002 年到 2016 年，蔬菜生产集聚程度较低；在研究的 5 省市中，天津蔬菜生产的区位基尼系数最低。天津蔬菜生产集中于武清区，而其他农业区县，比如宝坻、宁河、西青等也有大量蔬菜生产。所以，从整体来看，相对于北京的蔬菜生产集聚，天津各个区县之间的差异较小。天津蔬菜生产区位基尼系数从 2002 年到 2007 年存在较大幅度的下降，之后整体呈上升趋势。河北蔬菜生产的集聚程度较高，而且比较稳定。2016 年，河北蔬菜产量前 10 位的区县合计蔬菜产量占整个河北 136 个县蔬菜总产量的 31%。山东蔬菜生产的集聚程度呈现平稳增长，2016 年，山东蔬菜生产前 10 位的区县合计蔬菜产量占全省蔬菜总产量的 30%。辽宁蔬菜集聚程度与其他区域相比偏高，并呈现平稳增长，2016 年，辽宁蔬菜生产前 10 位的区县合计蔬菜产量占全省蔬菜总产量的 43%，表现出较高的空间集聚

特征。通过5省市内部蔬菜生产集聚和粮食生产集聚的对比，可以发现，蔬菜生产集聚程度高于粮食，除天津外，其他地区蔬菜生产集聚随着时间的推移，变化不大，表现出平稳而且较高程度的空间集聚特征。

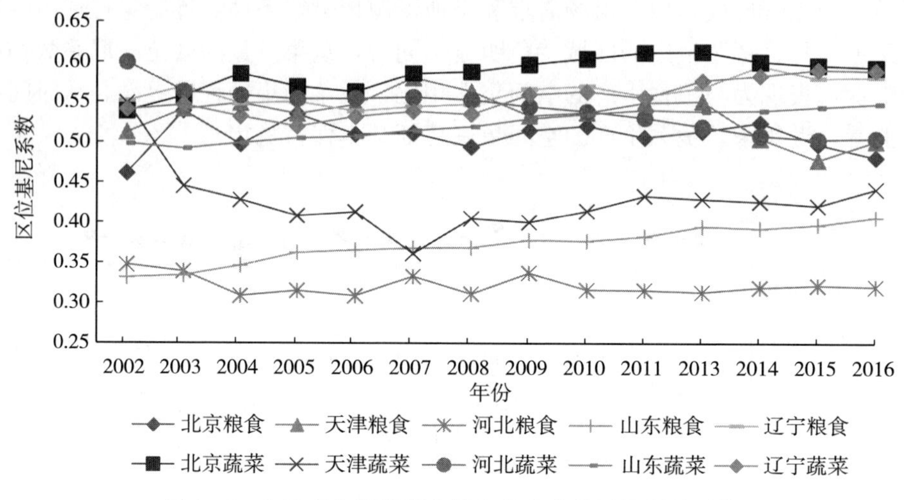

图4-8 5省市内部蔬菜产量和粮食产量区位基尼系数

资料来源：《北京区域统计年鉴》（2003—2017年），《天津统计年鉴》（2003—2017年），《河北农村统计年鉴》（2003—2017年），《山东统计年鉴》（2003—2017年），《辽宁统计年鉴》（2003—2017年）。

4.3 蔬菜生产空间集聚典型比较

如前所述，农业生产受到自然条件影响较大，蔬菜亦然，同时，蔬菜绝大多数以鲜食为主的特点又使得蔬菜生产受到市场需求和交通运输条件的制约。长期以来，中国蔬菜生产区域主要位于人口密集的大城市的郊区和主要蔬菜生产省份，随着交通运输和设施农业的发展，蔬菜生产受自然条件和市场邻近的约束越来越小，蔬菜生产地区发生变化和转移，中国蔬菜生产空间集聚呈现出新特点。

4.3.1 山东寿光——生产优势推动的蔬菜生产空间集聚

提到蔬菜生产集聚，以山东寿光为典型代表。寿光的蔬菜生产集聚是优良基础和悠久历史形成的生产优势推动的空间集聚。寿光蔬菜的生产集聚，是在其优越的农业生产条件的基础上，经过长时间的积累不断发展起来的。早在20世纪80年代，寿光蔬菜生产规模就不断扩大，大田蔬菜播种面积由1979年的8.9万亩*增加到1984年的18.4万亩，为以后蔬菜的大面积生产奠定了

* 亩为非法定计量单位，1亩=1/15公顷。——编者注

一定的产业基础。随着蔬菜生产规模的不断扩大，寿光蔬菜流通体系不断完善，1984 年 3 月 1 日，寿光蔬菜批发市场正式建成运营，如今，寿光已经建成全国最大的农产品物流园，寿光蔬菜价格指数成为全国蔬菜价格的晴雨表。寿光在 20 世纪 80 年代末实验成功的冬暖式大棚技术，带动了蔬菜播种面积的进一步扩大，同时实现了蔬菜种植结构由普通蔬菜生产转向“精细蔬菜”生产的方向，在提高蔬菜产品质量的同时，促进了农民收入的提高，实现寿光蔬菜产业集聚的发展。之后，寿光蔬菜产业进一步发展，在蔬菜生产过程中，注重科学技术的使用，同时打造地区品牌，使寿光成为文明中外的蔬菜之乡。2017 年，寿光市农作物总播种面积为 140 259 公顷，其中，蔬菜（含菜用瓜）播种面积为 43 915 公顷，蔬菜播种面积占农作物总播种面积的近 1/3。如图 4－9 所示，2017 年，寿光蔬菜总产量为 398.2 万吨（《潍坊统计年鉴 2018》）。寿光蔬菜产业集聚发展，坚持“一村一品”“一镇一品”的集聚发展形式，打造具有地方特色的蔬菜品牌，目前蔬菜生产呈现出按品种分类的万亩韭菜、芹菜、辣椒等生产基地，生产蔬菜专业品种的专业村镇达 500 多个。寿光蔬菜生产基本实现现代化、机械化和专业化，同时实现信息化，与蔬菜生产相关的种子培育、肥料供应、设施建设、种植技术、蔬菜物流、供求信息和政策信息等，都能够在寿光蔬菜网上获得。在蔬菜品牌建设方面：2016 年，全市通过审定、鉴定的蔬菜品种达到 46 个，获国家地理标志认证的产品有 16 个，有“乐义蔬菜”“七彩庄园”“寿光蔬菜”“燎原蔬菜”等中国十大著名蔬菜商标。在蔬菜生产基础上，发展蔬菜物流产业，目前，寿光是全国最大的蔬菜物流中心，年交易额 600 多亿元，依托全国最大的农产品交易园，寿光成为全国蔬菜集散中心。同时，全市建成 100 多家蔬菜园区，蔬菜产业成为寿光的支柱产业。总之，寿光依托蔬菜生产，已经形成了集蔬菜生产、蔬菜流通和育种、农资等蔬菜产业链上的相关产业集聚，成为中国蔬菜产业集聚的典范。

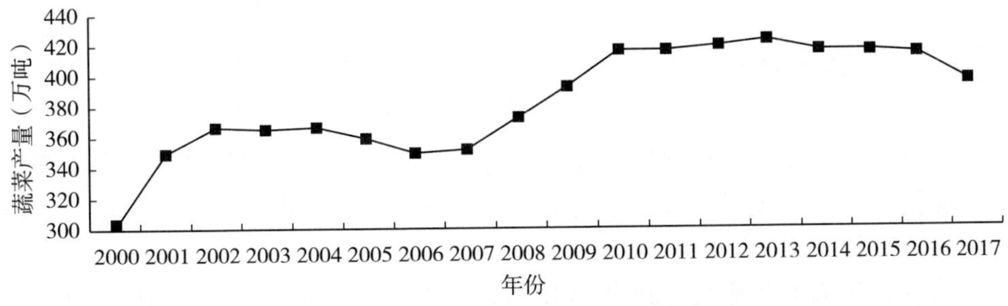

图 4－9　2000—2017 年寿光市蔬菜产量

资料来源：《山东统计年鉴》（2001—2018 年）。

4.3.2 河北张家口——市场拉动的蔬菜生产空间集聚

蔬菜产业是张家口农业的重要支柱，张家口蔬菜生产以高原菜、冷凉菜、错季菜为标志，是我国夏秋主要淡季蔬菜生产基地（杨万军等，2017）。张家口蔬菜生产发展，除了依托其优越的地理位置和良好的自然条件，大城市蔬菜需求市场拉动是张家口蔬菜生产集聚的重要推力。张家口是北京重要的蔬菜供给地，在京津冀协同发展的背景下，张家口承接了大量北京蔬菜生产基地的转移，呈现出蔬菜生产的空间集聚。2016 年，张家口蔬菜播种面积为 10.409 万公顷，蔬菜产量为 738.5 万吨。张家口蔬菜播种面积超过 10 万亩的县包括：赤城、沽源、张北、康保、尚义、宣化、崇礼、蔚县。全国蔬菜产业规划蔬菜重点生产县张家口有 5 个：崇礼、尚义、沽源、康保、张北。全市拥有市级以上蔬菜生产龙头企业 68 家，蔬菜种植龙头企业 33 家，蔬菜专业合作组织达到 1 189 家，大型蔬菜专业批发市场 10 家，产地批发交易市场 90 多个，蔬菜产业年产值达 110 亿元（杨万军等，2017）。张家口有 50 多个蔬菜注册品牌，其中，“大青沟佳禾蔬菜”“坝上蔬菜”和“崇和蔬菜”等是河北省著名蔬菜品牌。由于张家口地区具有海拔较高、昼夜温差较大、光照充足等特点，使得张家口蔬菜品质优良，优越的自然条件是张家口蔬菜生产集聚的基础，便利的交通和与市场的邻近，成为张家口蔬菜产业集聚的新动力。北京很多大型农业公司在京津冀协同发展的背景下，纷纷在张家口建设蔬菜生产基地，形成张家口蔬菜生产特色。比如，北京天安农业公司，以“公司＋合作社＋农户”形式，在河北省张北县和崇礼区建成 1 800 亩夏季冷凉蔬菜生产基地。基地主要供应球生菜、圆白菜、菠菜、香菜、奶白菜、娃娃菜、西芹、黄瓜、青椒、尖椒、圆茄、番茄等多种蔬菜。借助天安成熟的加工配送物流体系，基地生产的蔬菜成功销往北京 150 多家中高端商场超市专柜，受到北京市民的广泛好评。2019 年，天安农业与河北尚义县南壕堑镇官村签订了扶贫协议，在该村建设 1 000 亩的蔬菜现代信息化生产园区，主要生产绿色蔬菜。

4.4 本章小结

本章对中国蔬菜生产集聚的现状进行分析，从规模和空间维度，利用产业集中度指数、区位基尼系数、全局莫兰指数和局域莫兰指数测度中国蔬菜生产空间集聚现状。主要研究结论为：

第一，从蔬菜产业集中度指数中可以发现：全国蔬菜生产集中度比较稳定，2000 年以后，蔬菜生产集中度没有大幅度的波动。蔬菜产量位于全国前 4 位的省份，合计蔬菜产量占全国总产量的比例多数年份都在 40％以上；蔬菜产量位于全国前8位的省份，合计蔬菜产量占全国的比例在60%以上。蔬菜播种面积位于全国前4位的省份，合计蔬菜播种面积占全国的比例在30%以上，蔬菜播种面积位于全国前8位的省份，合计蔬菜播种面积占全国的比例在53%以上。随着时间的推移，集中度指数有小幅度下降，但是蔬菜生产集聚程度仍然较高。

第二，从蔬菜生产区位基尼系数中可以发现：全国蔬菜生产存在较强的空间集聚现象，2000年以后，蔬菜产量的区位基尼系数从2001年到2018年均在0.47以上，蔬菜播种面积的区位基尼系数从2001年到2017年均在0.42以上，与粮食生产空间集聚相比，蔬菜生产空间集聚更为显著。

第三，从蔬菜生产全局莫兰指数中可以发现：中国各个省份蔬菜生产呈现正的空间自相关，蔬菜产量和蔬菜播种面积较高的地区集聚更加显著，2000年以后，这种空间正相关的数值在不断增大。根据邻阶空间权重矩阵测算的结果，蔬菜产量和蔬菜播种面积均呈现出显著的空间正自相关。以地理距离作为空间权重矩阵测算的全局莫兰指数结果也反映出，随着时间的推移，全国蔬菜生产的空间相关性越来越显著，蔬菜播种面积的全局莫兰指数值不断增加。

第四，从蔬菜生产局域莫兰指数中可以发现：不同年份，蔬菜生产集聚区域会有一定变化，研究对比1997年和2017年全国31个省份蔬菜生产空间集聚状况，以邻阶和地理距离作为空间权重矩阵分别考察蔬菜产量和蔬菜播种面积区域集聚情况，主产省山东和河南表现出显著的高高集聚，广东、湖北、湖南等地区，也表现出蔬菜生产的高值与高值集聚的状况。

第五，对环渤海地区县域蔬菜生产空间集聚的研究结论为：通过对全局莫兰指数、空间基尼系数和局域莫兰指数的测算，反映出环渤海地区县域之间蔬菜生产存在空间集聚现象。

中国蔬菜生产表现出比较稳定而且明显的空间集聚状况。集中度指数和区位基尼系数反映出蔬菜生产空间分布不均衡，蔬菜生产地区比较集中。全局莫兰指数反映出蔬菜生产存在正的空间相关性，存在蔬菜生产规模较大的地区在空间上邻近，蔬菜生产规模较小的地区在空间上邻近的现象，即高值与高值集聚，低值与低值集聚。局域莫兰指数测算结果表明，蔬菜主产省山东、河南、广东等地区，均存在显著的空间自相关，即主产省周边环绕的是生产高值地区。中国蔬菜生产存在显著的空间集聚现象。

5 蔬菜生产空间集聚的形成过程分析

中国是全球最大的蔬菜生产国和消费国（包玉泽，2014），随着中国蔬菜产业的发展，蔬菜生产的区域布局不断发展和变化。作为农产品，蔬菜生产受到自然条件约束，同时，作为生鲜农产品，蔬菜生产地要求与消费地距离较近。20 世纪八九十年代，中国蔬菜生产积聚于大城市周边地区。但是，随着科技水平的提高，设施农业技术的推广以及运输技术和交通的发展，中国蔬菜出现了“大生产，大流通”的格局，出现了山东、河南、江苏、河北和四川等蔬菜主产省，2018 年，上述五个省份蔬菜产量占全国蔬菜总产量的 43.6%。中国的蔬菜生产表现出明显的空间集聚特征，这种空间集聚特征是在自然生产条件基础上，由经济发展、技术进步、需求变化等众多因素共同作用的结果。蔬菜生产空间集聚的发展变化过程是一个漫长的过程。对于蔬菜生产空间集聚过程进行研究，有助于认识蔬菜生产空间集聚的形成和演变。

5.1 蔬菜生产空间集聚形成过程的特点分析

与制造业空间集聚相比，农业生产空间集聚有其自身的特点，农业生产受到自然因素的影响更大，不同纬度和气候条件下，适宜生产的农作物完全不同，在自然因素影响下，中国形成长江中下游的水稻主产区以及北方和中原地区的大田作物主产区。但是，随着经济发展和市场需求等因素的变化，农业生产集聚又受到经济发展水平、经济收益等因素的影响，主要表现为：随着农业生产机会成本的增加，微观经济主体从事农业生产的积极性下降，而选择放弃农业生产，导致农业生产空间集聚发生转移和变化。同时，蔬菜生产与一般农业生产相比，既具有农业生产集聚以自然因素为基础的特点，又具有蔬菜生产设施化和集约化的特点，蔬菜生产空间集聚形成过程是以自然资源为基础，融合社会因素发展的复杂过程。不同层级空间单元，蔬菜主产省、主产县甚至蔬菜生产专业村集聚的形成过程表现出不同的特点。

5.1.1 自然资源与蔬菜生产空间集聚形成

蔬菜生产空间集聚是以自然条件为基础形成的。蔬菜生产作为农业生产的

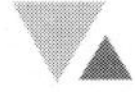

组成部分，与农业生产相同，依赖于自然条件。农作物由于自身生长的特点，最初会受到光照、降水、气候和土壤等自然因素的影响，根据自然因素的适应程度，形成最初的自然选择，表现为：在适宜气候条件下，农作物得以生长和延续，而在不适宜的气候条件下，农作物被自然淘汰。在自然条件长期“选择”下，形成地方的种植习俗，在长期的农业生产过程中，通过代际或空间邻近关系遗传、扩散和继承，进而形成该类农作物在该区域生产上的集聚。蔬菜生产与农业生产相同，在这样的自然选择过程中，形成蔬菜生产的专业化地带，形成蔬菜生产集聚地区。

5.1.2 社会因素与蔬菜生产空间集聚形成

显然，蔬菜生产集聚地区的形成是以自然条件为基础，同时，随着设施技术等因素的发展，现代蔬菜生产空间集聚的形成受到社会因素的影响较大。根据杜能农业区位理论，农场主根据农产品的价格、成本、距离和运费率来选择农产品生产区位，从而形成“杜能圈”，新经济地理学更是将规模报酬递增和不完全竞争因素引入对集聚的研究。同时，蔬菜生产与一般农业生产相比，设施化和集约化程度更高，对运输条件的要求更高，所以，现代蔬菜生产空间集聚形成过程是以自然资源为基础，而社会因素发挥作用不断提高的过程。

比较优势理论是综合自然资源与社会因素的生产集聚形成理论。根据比较优势理论，一个国家或地区拥有的自然资源、生产要素、技术条件等形成其资源禀赋，资源禀赋决定了其在产品生产方面相比其他国家或地区的比较优势。这种比较优势的存在，使得该国或该地区在具有比较优势的产品生产上存在优势，进而形成这种产品的生产格局。

5.1.3 综合自然和社会的不同空间层级蔬菜生产空间集聚形成

蔬菜生产以地区的资源禀赋为基础，同时，受到市场需求和其他因素影响。各个地区在土地、劳动力、资本和技术方面的差异，是影响地区蔬菜生产的重要基础，在此基础上，形成蔬菜生产空间集聚（王刘坤等，2019）。中国蔬菜主产省、主产县甚至专业村的形成，是集聚的表现，整体形成蔬菜生产空间格局（张哲晰，2018）。

（1）蔬菜主产省中的主产县。根据前面对蔬菜生产区域差异和空间集聚现状的分析，在全国和区域层面，蔬菜生产存在明显的区域差异和空间集聚现象，下面对空间层级进一步细分，分析主产省中蔬菜主产县的集聚形成。

县域是中国农业生产的重要单元（杨春，2009），县域农业生产是其所在省农业生产的重要组成部分，蔬菜主产省的形成，与其内部主产县有密切的关系。蔬菜主产县组成蔬菜主产省。首先，自然基础，县域与省域相比，由于其所辖面积适中，气候条件和农业生产资源禀赋相近，更容易形成专业化的蔬菜生产，形成蔬菜生产集聚。其次，社会因素，县域农业生产由于规模适中，促进蔬菜生产的政策执行效率更高，同时，县域单元有利于蔬菜生产政策执行的监督和调整，使促进蔬菜生产的相关政策措施能够及时有效地发挥作用，从而促进整个县域蔬菜产业发展，形成蔬菜生产集聚。再次，以县为单位的农业管理部门、农业技术部门等对于其所管辖区域的蔬菜生产技术、农业生产资料等的管理由于管理层级较少，效率更高。最后，县域蔬菜生产的空间溢出效应明显。一方面，同一县域，蔬菜生产技术和经验更容易交流和扩散，另一方面，由于空间溢出效应，主产县带动相邻县域蔬菜生产，从而形成蔬菜主产省以县域为单元的生产空间集聚。蔬菜主产县的形成是自然基础与社会条件综合作用的结果（图 5－1）。

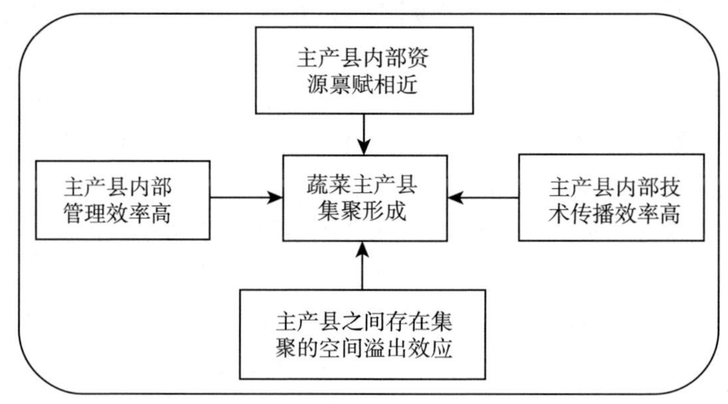

图 5－1　蔬菜主产县形成过程

（2）主产县中的专业村。专业村是主产县最基本的组成单元，由于村级单元规模较小，使得信息传递效率更高，在蔬菜生产专业村，蔬菜生产技术的传播效率很高，同村农户在蔬菜育苗、培育、定植、生产管理直到拉秧甚至闷棚、病虫害防治等方面，信息传递顺畅，形成蔬菜生产的外部性特点。同时，专业村中一般建有蔬菜生产合作社或者是订单式农业生产的蔬菜生产基地，专业合作社或蔬菜生产基地通过集中采购农资、统一销售和组织农户定期培训等手段形成规模经济，提高专业村的蔬菜生产效率，降低成本，促进专业村生产发展。

综上所述，蔬菜生产空间集聚的形成，是以蔬菜主产县的自然条件、生产要素优势为核心，向上层级形成蔬菜主产省，向下层级是以专业村为基础的基本单元。

蔬菜主产区、主产省和主产县的形成，是自然条件、资源禀赋、生产技术等共同作用的结果。比较优势理论是基于自然条件和资源禀赋分工专业化和集

聚的重要理论，下面基于比较优势理论分析蔬菜生产空间集聚的形成过程。

5.2 基于比较优势的蔬菜生产空间集聚形成过程

5.2.1 研究方法与数据来源

（1）综合比较优势分析：综合比较优势分析法通过测算综合比较优势指数（AAI）、规模比较优势指数（SAI）和效率比较优势指数（EAI）反映某地区在某种农作物生产方面相对于全国平均水平的比较优势。综合比较优势分析法，是分析比较优势最常用的方法之一（钟鑫，2014；赵芳，2010；吴建寨等，2016），不同文献对综合比较优势的具体计算方法存在差别，本书参考赵芳（2010）的计算方法，对中国蔬菜生产的综合比较优势进行测算。

规模比较优势指数：

$$SAI = \frac{SV_J / SL_J}{SV_G / SL_G} \tag{5-1}$$

SAI 反映蔬菜生产规模比较优势，其中分子 SV_J 代表 J 地区蔬菜的总播种面积，SL_J 代表 J 地区农作物总播种面积，分母 SV_G 代表全国蔬菜的播种面积，SL_G 代表全国农作物总播种面积，所以 SAI 反映了与全国平均水平相比，J 地区在蔬菜生产规模上是否具有比较优势。即如果 SAI 大于 1，表示 J 地区蔬菜生产规模与全国平均水平相比，具有规模比较优势；如果 SAI 等于 1，表示 J 地区蔬菜生产规模与全国平均水平持平；如果 SAI 小于 1，表示 J 地区蔬菜生产规模与全国平均水平相比，不存在比较优势，而是具有比较劣势。

效率比较优势指数：

$$EAI = \frac{AV_J / AL_J}{AV_G / AL_G} \tag{5-2}$$

EAI 反映蔬菜生产效率比较优势，其中分子 AV_J 代表 J 地区蔬菜单位面积产量，AL_J 代表 J 地区主要农作物单位面积产量，分母 AV_G 代表全国蔬菜的平均单位面积产量，AL_G 代表全国主要农作物平均单位面积产量。所以 EAI 反映了与全国平均水平相比，J 地区在蔬菜生产上是否具有效率比较优势。

综合比较优势指数：

$$AAI = \sqrt{SAI \times EAI} \tag{5-3}$$

综合比较优势反映规模比较优势和效率比较优势的共同作用。

（2）资源禀赋系数分析：资源禀赋系数是对某国或地区综合要素情况的反映，计算时一般采用某国或地区某种资源在世界或全国的份额与该国或该地区国内生产总值在全世界或全国的生产总值中的份额之比来度量。本书考虑蔬菜生产的资源禀赋系数，参考王刘坤、祁春节（2018）的研究，将蔬菜生产的资源禀赋系数表达为：

$$EF_J = \frac{V_J/V_G}{Y_J/Y_G} \quad (5-4)$$

EF_J 为蔬菜生产的资源禀赋系数，V_J 代表 J 地区的蔬菜产量，V_G 代表全国蔬菜产量，Y_J 代表 J 地区的农业产值，Y_G 代表全国的农业产值。J 地区蔬菜生产资源禀赋系数 EF_J 反映该地区蔬菜生产资源禀赋比较优势，$0<EF_J<1$，表示该地区蔬菜生产资源禀赋缺乏区域比较优势；$1<EF_J<2$，表示该地区蔬菜生产资源禀赋具有一定的区域比较优势；$EF_J>2$，表示该地区蔬菜生产资源禀赋具有较强的区域比较优势。

蔬菜生产综合比较优势分析中选取 1990—2016 年中国 31 个省份蔬菜生产和农业生产数据，数据来源于《中国统计年鉴》（1991—2017 年）和《中国农村统计年鉴》（1991—2017 年），对蔬菜生产资源禀赋系数的分析选取 1998—2016 年中国 31 个省份蔬菜生产和农业生产数据，数据来源于《中国农村统计年鉴》（1999—2017 年）。对县域蔬菜生产比较优势的分析，选取对应省份的统计年鉴和国家统计局相关数据；对于专业村蔬菜生产比较优势的分析，选取项目组 2018 年对山东、河北、辽宁、天津和北京的关于村级和农户的调研数据。

（3）因子分析。因子分析方法在多元统计中属于一种降维方法，其基本思想是：每一个输入变量的变异性都可以归结于少数潜在的公共因子和一个与这些公共因子无关而只与该变量有关的特殊因子，它的主要目的就是寻找少量公共因子以解释一组输入变量的共同的变异性。公共因子形成的降维数据可用于进一步分析（周颖等，2016）。因子分析的一般模型为：设有 p 个可观测的随机变量 $x=(x_1, x_2, \cdots, x_p)$，每个变量可由一组因子变量 $f_1, f_2, \cdots, f_m$ 的线性组合表示，有：

$$\begin{cases} x_1 = \gamma_1 + \alpha_{11} f_1 + \alpha_{12} f_2 + \cdots + \alpha_{1m} f_m + \varepsilon_1 \\ x_2 = \gamma_2 + \alpha_{21} f_1 + \alpha_{22} f_2 + \cdots + \alpha_{2m} f_m + \varepsilon_2 \\ \cdots \\ x_p = \gamma_p + \alpha_{p1} f_1 + \alpha_{p2} f_2 + \cdots + \alpha_{pm} f_m + \varepsilon_p \end{cases} \quad (5-5)$$

其中 $f_1, f_2, \cdots, f_m$ 为公共因子，$\varepsilon_1, \varepsilon_2, \cdots, \varepsilon_p$ 为特殊因子，它们都是不可观测的随机变量。公共因子出现在每一个原始变量的表达式中，可理解为原始变量共同具有的公共因素。α_{ij} 称为因子载荷，α_{ij} 的绝对值越大，表示公共因子 f_j 与变量 x_i 的相关度越高。因子分析步骤为（杨鑫，2017）：

首先，进行因子分析适合度的检验，对变量进行相关性检验，根据相关性

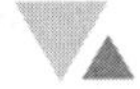

检验标准，来确定所选变量是否适合做因子分析。

其次，构造因子，利用主成分分析方法，确定提取的公共因子和公共因子个数。提取公共因子也可以通过碎石图，根据主成分数与其解释原变量的累加效果，考虑提取公共因子。

再次，提取公共因子变量的命名和解释，因子分析得到的每个公共因子都对原变量中的每一变量作出一定解释。

最后，根据提取的公共因子，计算因子得分，根据因子分析建立每个因子的回归方程，然后将具体个案的原变量分数代入就可以求出该个案的各因子分数。

本研究利用因子分析法，对中国 30 个省份（西藏地区受数据可得性所限，不在研究范围）蔬菜生产综合情况进行评估，相关指标选取见表 5－8，分析年份为 2016 年，数据主要来源于《中国农村统计年鉴 2017》和《全国农产品成本收益汇编 2017》。

5.2.2　时间维度的蔬菜生产空间集聚形成过程分析

本部分选取 1990—2016 年蔬菜生产数据，根据近 30 年来蔬菜生产情况，选择山东、河北、河南、四川、江苏、广东、广西、湖南、湖北、贵州和浙江作为蔬菜主产区代表，对中国蔬菜生产空间集聚形成过程进行分析。这 11 个省份中包含了近些年中国蔬菜生产排名前 10 位的省份，贵州由于增长趋势突出，列入分析。运用规模比较优势指数、效率比较优势指数和综合比较优势指数对 11 个蔬菜主产省近 30 年来比较优势的变化进行分析，刻画其蔬菜生产集聚的形成过程。

根据表 5－1，从蔬菜主产省的规模比较优势发展变化可以看出，河北蔬菜生产的规模比较优势随着时间的推移逐渐增加。1990—2001 年，河北规模比较优势低于全国平均水平，2002 年以后，逐渐超过全国平均水平，2010 年达到最高，为 1.27，随后维持在 1.2 左右。可见，河北作为蔬菜主产省，与全国平均水平相比，存在一定的规模比较优势。江苏蔬菜生产的规模比较优势高于全国平均水平，1990—2003 年，呈现出逐渐增长的特点，随后有所下降，然后又上升，2010 年达到最高，随后稳定在 1.5 左右。可见，江苏作为蔬菜主产省，存在规模比较优势。浙江蔬菜生产的规模比较优势突出，考察期内，呈现波动性变化，总体规模比较优势在 2 以上。山东连续多年蔬菜产量居全国第一位，在其集聚形成过程中，存在明显的规模比较优势，整体规模比较优势在 1.5 左右。全国蔬菜产量排名前三位的河南，在其集聚形成过程中，规模比较优势基本与全国平均水平持平，2004 年以前略低于全国平均水平，之后略高于全国平均水平。湖北、湖南、广东和广西存在一定的规模比较优势，其中广东的规模比较优势突出。四川连续多年来一直是全国的蔬菜主产省，其规模比较优势基本与全国平均水平持平，2006 年之后上升趋势明显。贵州蔬菜生产近年来发展较快，2018 年其蔬菜产量位于全国第 10 位，贵州的蔬菜生产空间集聚形成过程中，规模比较优势呈现波动性变化，2006 年以后增长明显。规模比较优势反映蔬菜生产资源禀赋、种植制度等因素相互作用的结果。

表 5-1　蔬菜主产省的规模比较优势指数

年份	河北	江苏	浙江	山东	河南	湖北	湖南	广东	广西	四川	贵州
1990	0.77	1.01	1.33	0.78	0.80	1.19	1.09	2.14	1.19	1.19	1.39
1995	0.74	1.13	1.20	1.24	0.79	1.24	0.91	2.46	1.52	1.02	1.03
1998	0.93	1.15	1.19	1.51	0.94	1.36	0.93	2.27	1.48	0.89	0.88
1999	0.95	1.27	1.24	1.54	0.97	1.36	0.93	2.14	1.52	0.86	0.82
2000	0.98	1.36	1.44	1.65	0.93	1.31	0.92	2.01	1.47	0.92	0.78
2001	0.98	1.44	1.84	1.56	0.94	1.38	0.99	2.05	1.41	0.93	0.76
2002	1.03	1.48	2.03	1.59	0.92	1.30	1.03	2.04	1.37	0.92	0.75
2003	1.05	1.48	2.10	1.58	0.95	1.29	1.06	2.08	1.36	0.91	0.76
2004	1.09	1.39	2.08	1.62	1.01	1.25	1.07	2.09	1.41	0.90	0.83
2005	1.10	1.37	2.06	1.51	1.01	1.21	1.10	2.12	1.48	0.92	0.86
2006	1.12	1.23	2.45	1.43	1.02	1.08	1.06	2.26	1.52	1.04	1.02
2007	1.20	1.36	2.69	1.54	1.16	1.26	1.29	2.36	1.62	1.09	1.14
2008	1.18	1.36	2.32	1.49	1.13	1.30	1.24	2.36	1.57	1.09	1.13
2009	1.19	1.42	2.31	1.53	1.12	1.34	1.24	2.38	1.57	1.12	1.17
2010	1.27	1.57	2.42	1.59	1.16	1.24	1.34	2.53	1.66	1.19	1.29
2011	1.18	1.47	2.27	1.48	1.08	1.19	1.27	2.37	1.55	1.13	1.26
2012	1.20	1.52	2.35	1.46	1.06	1.23	1.28	2.33	1.55	1.14	1.31
2013	1.21	1.53	2.33	1.45	1.06	1.23	1.29	2.42	1.56	1.15	1.37
2014	1.22	1.54	2.29	1.45	1.03	1.24	1.30	2.45	1.68	1.17	1.44
2015	1.21	1.57	2.30	1.46	1.03	1.30	1.34	2.46	1.69	1.18	1.50
2016	1.21	1.59	2.38	1.45	1.05	1.36	1.38	2.50	1.76	1.21	1.60

资料来源：《中国农村统计年鉴》（1991—2017 年）。

根据表 5-2，河北的效率比较优势指数高于全国平均水平，基本上维持在高于全国平均水平一倍的水平上，存在显著的效率比较优势，在河北蔬菜生产空间集聚形成过程中，效率比较优势突出。与河北相比，江苏的效率比较优势较低，近些年存在逐步上升的趋势。浙江的效率比较优势低于全国平均水

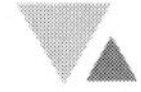

平。山东的效率比较优势高于全国平均水平，1990 年为 2.28，随后逐渐下降，近些年又存在上升的趋势，表现出“U”形变化趋势，山东蔬菜生产集聚形成过程中，表现出效率比较优势。河南在其蔬菜生产集聚形成过程中，效率比较优势与山东相似，表现出“U”形变化趋势，效率比较优势水平略低于山东，但是与全国平均水平相比，存在优势。湖北、湖南、广东、广西、四川和贵州，多数年份蔬菜生产效率比较优势低于全国平均水平，在其蔬菜生产集聚形成过程中，不存在效率比较优势。效率比较优势通过单产反映各个地区的蔬菜生产效率。

表 5-2 蔬菜主产省的效率比较优势指数

年份	河北	江苏	浙江	山东	河南	湖北	湖南	广东	广西	四川	贵州
1990	2.06	0.82	0.47	2.28	1.59	0.70	0.60	0.51	0.79	0.88	0.72
1995	2.05	0.77	0.85	1.30	1.09	0.87	0.75	0.64	0.89	0.60	0.62
1998	1.93	0.68	0.77	1.18	1.08	0.89	0.70	0.56	0.68	0.83	1.33
1999	2.02	0.76	0.80	1.22	1.02	0.82	0.69	0.56	0.59	0.82	0.70
2000	2.14	0.75	0.79	1.19	1.13	0.80	0.69	0.63	0.66	0.84	0.70
2001	2.03	0.72	0.72	1.13	1.02	0.75	0.61	0.60	0.64	0.83	0.69
2002	2.04	0.74	0.65	1.28	1.05	0.78	0.65	0.61	0.64	0.80	0.73
2003	1.98	0.75	0.66	1.16	1.06	0.77	0.64	0.60	0.63	0.79	0.68
2004	2.04	0.75	0.69	1.17	1.02	0.76	0.64	0.66	0.70	0.82	0.68
2005	2.05	0.76	0.72	1.16	1.07	0.76	0.63	0.65	0.67	0.82	0.69
2006	1.98	0.77	0.65	1.21	1.01	0.80	0.61	0.66	0.65	0.84	0.72
2007	1.90	0.77	0.66	1.19	0.97	0.77	0.66	0.62	0.66	0.80	0.62
2008	1.92	0.80	0.70	1.22	1.00	0.75	0.63	0.66	0.67	0.85	0.67
2009	1.90	0.79	0.68	1.20	0.98	0.70	0.64	0.63	0.64	0.83	0.67
2010	1.90	0.82	0.69	1.21	1.01	0.78	0.68	0.64	0.66	0.84	0.74
2011	1.89	0.87	0.70	1.24	1.04	0.81	0.69	0.65	0.69	0.87	0.92
2012	1.89	0.91	0.72	1.26	1.09	0.80	0.70	0.67	0.69	0.89	0.77
2013	1.86	0.93	0.74	1.30	1.10	0.81	0.72	0.70	0.68	0.89	0.82
2014	1.88	0.92	0.74	1.31	1.13	0.80	0.71	0.68	0.68	0.90	0.74
2015	1.94	0.91	0.76	1.33	1.11	0.81	0.74	0.71	0.70	0.90	0.72
2016	1.85	0.94	0.75	1.35	1.16	0.85	0.75	0.71	0.70	0.90	0.71

资料来源：《中国农村统计年鉴》（1991—2017 年）。

表 5-3 是结合规模比较优势和效率比较优势的全国蔬菜主产省蔬菜生产

综合比较优势的测算结果。由表 5－3 可知，在全国蔬菜生产集聚的形成过程中，河北的综合比较优势高于全国平均水平，根据前面的分析，效率比较优势是河北蔬菜生产综合比较优势的主要来源。江苏和浙江在蔬菜生产集聚形成过程中，具有综合比较优势，其综合比较优势主要来源于规模比较优势，不存在效率比较优势，其效率比较优势低于全国平均水平，形成蔬菜主产省的原因是蔬菜播种面积占农作物总播种面积的比例较高。江苏在 2000 年以前，不具有综合比较优势，2000 年以后上升明显。山东蔬菜生产综合比较优势高于全国平均水平，作为蔬菜产量连续多年位居全国首位的主产省，其蔬菜生产既存在规模比较优势，又存在效率比较优势，在山东蔬菜生产空间集聚的形成过程中，种植规模和生产效率均高于全国平均水平。河南综合比较优势略高于全国平均水平，在其蔬菜生产空间集聚的形成过程中，规模比较优势和效率比较优势均衡发展。湖北的综合比较优势与全国平均水平持平，主要来源于其规模比较优势，效率比较优势低于全国平均水平。湖南综合比较优势略低于全国平均水平，2015—2016 年达到全国平均水平，呈现上涨趋势，湖南规模比较优势突出。广东存在较高的综合比较优势，主要来源于规模比较优势。广西的综合比较优势与全国平均水平持平。四川综合比较优势多数年份略低于全国平均水平，但上升趋势明显。贵州近几年蔬菜生产发展迅速，蔬菜产量不断增加，在其蔬菜生产空间集聚形成过程中，规模比较优势不断提高，进而带动了综合比较优势的提高。综合比较优势是蔬菜生产资源禀赋、要素投入与产出效率的综合反映。

表 5－3　蔬菜主产省的综合比较优势指数

年份	河北	江苏	浙江	山东	河南	湖北	湖南	广东	广西	四川	贵州
1990	1.26	0.91	0.79	1.33	1.13	0.91	0.81	1.04	0.97	1.03	1.00
1995	1.23	0.93	1.01	1.27	0.93	1.04	0.82	1.26	1.16	0.78	0.80
1998	1.34	0.89	0.96	1.33	1.01	1.10	0.81	1.13	1.00	0.86	1.08
1999	1.39	0.98	1.00	1.37	1.00	1.06	0.80	1.09	0.95	0.84	0.76
2000	1.45	1.01	1.07	1.40	1.02	1.02	0.80	1.13	0.99	0.88	0.74
2001	1.41	1.02	1.15	1.33	0.98	1.02	0.78	1.11	0.95	0.88	0.72
2002	1.45	1.04	1.15	1.43	0.98	1.01	0.82	1.11	0.94	0.86	0.74
2003	1.44	1.05	1.18	1.35	1.00	1.00	0.82	1.12	0.93	0.85	0.72
2004	1.49	1.02	1.20	1.38	1.01	0.97	0.83	1.17	0.99	0.86	0.75
2005	1.50	1.02	1.22	1.32	1.04	0.96	0.83	1.17	1.00	0.87	0.77
2006	1.49	0.97	1.26	1.31	1.01	0.93	0.80	1.22	1.00	0.93	0.86
2007	1.51	1.02	1.33	1.35	1.06	0.99	0.92	1.21	1.03	0.93	0.84

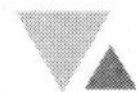

（续）

年份	河北	江苏	浙江	山东	河南	湖北	湖南	广东	广西	四川	贵州
2008	1.50	1.04	1.28	1.35	1.06	0.99	0.88	1.25	1.03	0.96	0.87
2009	1.50	1.06	1.25	1.35	1.05	0.97	0.89	1.22	1.00	0.96	0.89
2010	1.55	1.13	1.29	1.39	1.08	0.98	0.95	1.27	1.05	1.00	0.98
2011	1.49	1.13	1.26	1.35	1.06	0.98	0.94	1.24	1.04	0.99	1.08
2012	1.51	1.17	1.30	1.35	1.08	0.99	0.94	1.25	1.03	1.01	1.00
2013	1.50	1.19	1.31	1.37	1.08	1.00	0.96	1.30	1.03	1.01	1.06
2014	1.51	1.19	1.30	1.38	1.08	1.00	0.96	1.29	1.07	1.03	1.03
2015	1.53	1.20	1.32	1.39	1.07	1.03	1.00	1.32	1.09	1.03	1.04
2016	1.50	1.22	1.34	1.40	1.10	1.07	1.02	1.33	1.11	1.04	1.07

资料来源：《中国农村统计年鉴》（1991—2017年）。

综上，基于规模比较优势、效率比较优势和综合比较优势对全国近30年蔬菜主产省发展进行分析，发现在全国蔬菜生产空间集聚的形成过程中，山东体现出种植规模和效率方面的双重优势，河北在生产效率方面表现出突出优势，河南生产规模和效率与全国平均水平持平，其余蔬菜主产省均表现出突出的规模比较优势。

表5-4是根据蔬菜生产情况测算得到的蔬菜主产省的资源禀赋系数。从表5-4中可以看出，全国蔬菜主产省资源禀赋系数均小于2，山东和河北资源禀赋系数各年份均高于全国平均水平，表现出比较优势。其中，河北呈现出逐渐上升的趋势，而山东则是呈现先下降再上升的“U”形变化趋势。河南和湖北的资源禀赋系数略高于全国平均水平，其中，河南不断上升，湖北则表现为波动性变化。江苏平均水平与全国平均水平持平，但是表现出不断上升的趋势。浙江蔬菜生产资源禀赋系数略低于全国平均水平，近些年基本维持在0.92左右。湖南、广东、广西、四川和贵州蔬菜生产资源禀赋系数略低于全国平均水平，其中，贵州波动较大，其余省份比较稳定。全国蔬菜主产省的资源禀赋系数变化趋势见图5-2。

表5-4　蔬菜主产省的资源禀赋系数

年份	河北	江苏	浙江	山东	河南	湖北	湖南	广东	广西	四川	贵州
1998	1.50	0.68	0.71	1.73	0.99	1.44	0.87	0.92	1.11	0.85	1.38
2000	1.72	0.94	0.85	1.83	1.03	1.44	0.92	0.90	1.26	0.96	0.70
2005	1.79	0.97	0.94	1.47	1.14	1.09	0.88	0.81	1.04	0.91	0.87
2010	1.63	1.06	0.97	1.40	1.06	0.92	0.86	0.88	0.90	0.93	1.16

（续）

年份	河北	江苏	浙江	山东	河南	湖北	湖南	广东	广西	四川	贵州
2014	1.70	1.16	0.92	1.51	1.17	0.96	0.94	0.90	0.94	0.95	0.89
2015	1.76	1.10	0.92	1.53	1.19	1.02	0.96	0.90	0.95	0.93	0.72
2016	1.76	1.12	0.91	1.65	1.27	1.02	0.96	0.85	0.93	0.88	0.74
平均	1.69	1.00	0.93	1.54	1.11	1.11	0.90	0.85	0.99	0.91	0.91

资料来源：《中国农村统计年鉴》（1999—2017 年）。

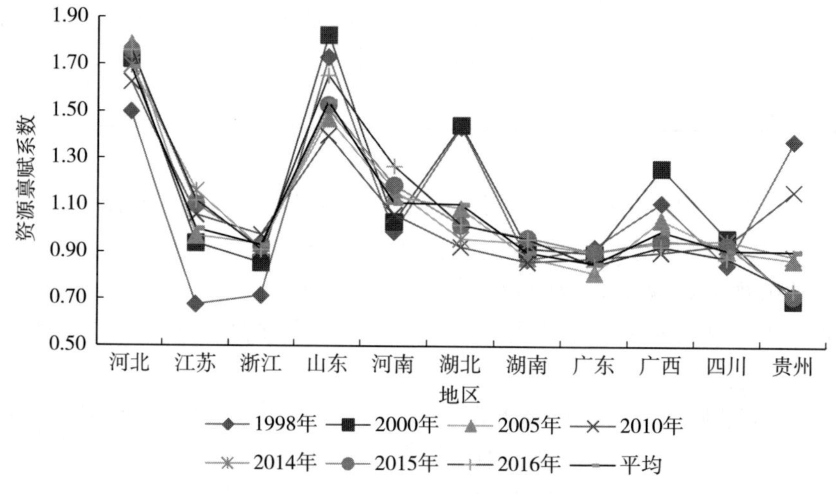

图 5-2　蔬菜主产省的资源禀赋系数变化趋势

资料来源：《中国农村统计年鉴》（1991—2017 年）。

综合以上分析，各蔬菜主产省在综合比较优势和资源禀赋系数方面，山东和河北表现出明显的比较优势，其他主产省表现出不同程度的比较优势。

5.2.3 不同空间层级的蔬菜生产空间集聚形成分析

在全国层面，从时间维度和空间维度考察蔬菜生产空间集聚的形成，发现蔬菜主产省在其集聚形成过程中，表现出不同的比较优势。为探究蔬菜主产省内部主产县的形成过程中，主产县是否具有比较优势，本部分选择蔬菜主产省山东、河北、辽宁的蔬菜主产县的数据，同时，结合北京和天津蔬菜主产县的数据进行分析。按照每个县的蔬菜产量，选择全省蔬菜产量排名前 1/3 的县作为该省蔬菜主产县的代表，根据主产县测度出来的比较优势，对比主产县与全省平均比较优势的情况，反映主产县在主产省内部的比较优势。数据来源于《山东统计年鉴》及山东各市的统计年鉴、《河北农村统计年鉴》和《辽宁统计

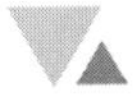

年鉴》以及《天津统计年鉴》和《北京区域统计年鉴》2010年到2017年的数据。对计算结果的分析是以全省平均水平为1，如果计算得到蔬菜主产县的比较优势指数大于1，则说明主产县在全省蔬菜生产中具有比较优势。结果如表5-5所示。

表5-5　蔬菜主产县比较优势

地区	规模比较优势	效率比较优势	综合比较优势
北京	1.18	1.11	1.12
天津	2.95	0.95	1.35
山东	1.18	1.02	1.08
河北	1.52	1.44	1.48
辽宁	1.39	1.26	1.32

资料来源：《山东统计年鉴》（2010—2017年）及山东各市的统计年鉴、《河北农村统计年鉴》（2010—2017年）、《辽宁统计年鉴》（2010—2017年）、《天津统计年鉴》（2010—2017年）和《北京区域统计年鉴》（2010—2017年）。

根据表5-5的结果，蔬菜主产省内部主产县的规模比较优势指数、效率比较优势指数和综合比较优势指数，除天津蔬菜主产县的效率比较优势指数为0.95，略小于1以外，其余主产县的比较优势指数均大于1，说明蔬菜主产县在主产省内部具有比较优势。各省内部蔬菜主产县与全省平均水平相比：规模比较优势方面，天津主产县最高，参照规模比较优势的测算过程，说明天津主产县蔬菜播种面积占农作物播种面积的比例是全市整体平均水平的2.95倍；河北为1.52，辽宁为1.39，北京和山东为1.18。效率比较优势方面，河北的效率比较优势最高，蔬菜单产占主要农作物单产的比例是全省平均水平的1.44倍；辽宁为1.26，北京为1.11，山东为1.02，天津为0.95。综合比较优势是综合规模比较优势和效率比较优势的结果，河北蔬菜主产县最高，山东最低，但结果均大于1，说明在蔬菜主产县的形成过程中，其种植规模和生产效率均高于全省平均水平。

主产县内部的专业村比较优势分析。“一村一品”“一县一业”是打造中国农村特色产品的重要内容，在打造中国农村特色产品过程中，蔬菜专业村得到长足发展，成为蔬菜主产县的重要组成单元，对中国农村特色产业打造做出了突出贡献（张哲晰，2018）。到2018年7月，农业农村部已经公布8批全国“一村一品”示范村，示范村具体分布和蔬菜专业村数量见表5-6。“一村一品”示范村是中国农业生产集聚的典型代表，除了“一村一品”示范村，还有很多农业生产专业村，在主产县内形成农业生产的主力和核心，在农产品生产技术扩散、农作物培育以及农产品市场形成等多方面形成一村带多村、集点成片的农业生产集聚格局，形成对主产县的重要支撑（张哲晰，2018）。

表 5-6 农业农村部“一村一品”示范村累计数量

省份	“一村一品”示范村（个）	蔬菜“一村一品”示范村（个）	占比（%）
北京	74	28	37.84
天津	38	20	52.63
河北	99	34	34.34
山东	161	62	38.51
辽宁	53	17	32.08
合计	425	161	37.88

资料来源：根据农业农村部首批到第 8 批通知名单整理获得。

在农业农村部公布的 8 批“一村一品”示范村建设名单中，5 省市建立示范村 425 个，其中蔬菜示范村 161 个，蔬菜示范村占总体的近四成。从绝对数量上来看，山东的蔬菜示范村最多，为 62 个，河北 34 个，其后依次为北京、天津和辽宁。从蔬菜示范村占各省示范村的比例来看，天津占比最高，其后依次为山东、北京、河北和辽宁。

蔬菜主产省内部除了农业农村部公布建设的示范村以外，还存在大量蔬菜生产专业村，这些专业村从事蔬菜生产历史悠久，特色鲜明。鉴于此，课题组对河北、山东和辽宁蔬菜生产专业村情况进行调研，在调研数据基础上，对蔬菜生产专业村在主产县的比较优势进行测算。本次调研时间是 2018 年，针对专业村 2017 年的生产情况展开调研，调研范围为上述 3 个蔬菜主产省的蔬菜主产县，河北为固安和高邑，辽宁为凌源、海城和北镇，山东为青州和寿光。根据调研数据，基于比较优势理论，分析蔬菜专业村集聚的形成。与前面主产省和主产县计算比较优势的一点不同是，蔬菜专业村效率比较优势的计算方法是将专业村蔬菜单位面积产量与专业村所在主产县蔬菜单位面积产量作比，同样，如果效率比较优势大于 1，说明专业村与主产县相比存在比较优势，否则不具有比较优势。

根据表 5-7，蔬菜专业村在其主产县中具有比较优势。首先，从综合比较优势来看，调研的所有农户所在的蔬菜专业村的综合比较优势均大于 1，说明专业村与其所在主产县的平均水平相比，具有综合比较优势，其中，辽宁北镇专业村综合比较优势最高，山东青州的综合比较优势最小。其次，专业村的规模比较优势均较高，最高的是辽宁海城，规模比较优势达到 3.34，最低的辽宁凌源也达到了 1.43，充分反映出专业村在规模上的优势。最后，山东青州的效率比较优势为 0.93，也就是说，青州蔬菜专业村的蔬菜单产水平不及

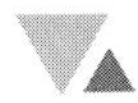

全县平均水平，其他专业村的效率比较优势均大于1。综合来看，蔬菜专业村在主产县蔬菜生产中具有比较优势。

表5-7　蔬菜专业村在其主产县中的比较优势

省份	主产县	规模比较优势	效率比较优势	综合比较优势
山东	青州	2.15	0.93	1.41
	寿光	2.68	1.54	2.04
辽宁	海城	3.34	2.83	3.07
	北镇	2.90	3.99	3.41
	凌源	1.43	5.64	2.84
河北	固安	2.36	2.73	2.54
	高邑	1.54	2.23	1.85

资料来源：调研数据、对应省份统计年鉴（2018年）。

综上所述，不同空间层级蔬菜生产集聚区域均存在比较优势，在集聚的形成过程中，主产省表现出不同的比较优势，主产县和专业村表现出明显的比较优势。

5.2.4　蔬菜生产空间集聚形成的综合分析

以上是针对主产区蔬菜生产比较优势的分析，结合对蔬菜生产空间集聚形成的理论分析，考虑自然条件和社会经济因素，本部分选择农业基础、蔬菜生产条件、蔬菜市场需求等影响集聚的因素，对集聚的形成过程进行综合分析。具体研究思路为：根据理论分析，选择自然禀赋指标和社会经济发展指标，利用因子分析，通过因子得分考察主产区在全国的排名，反映集聚形成过程中，自然因素和社会经济因素的作用。选择指标包括：①蔬菜生产要素。蔬菜作为农产品，其生产要素投入与一般工业生产不同，虽然与粮食生产相比，蔬菜生产表现为较高程度的集约化，但是土地仍然是蔬菜生产必不可少的投入要素。同时，蔬菜生产过程中，劳动力的投入也是十分必要的，在现代蔬菜生产过程中，资金和技术投入，已经成为蔬菜生产的重要要素投入，农药和化肥的投入亦必不可少。②市场需求方面，蔬菜的商品化率较高，所以市场需求是影响蔬菜生产发展的重要因素。③蔬菜生产的基础条件也是影响当地蔬菜生产的重要因素，比如，当地农业基础设施建设情况，当地耕地条件等，对农业生产影响较大。同时，基础设施建设也是影响蔬菜生产的重要因素，商品化蔬菜，从产地到销地依靠运输，当地交通设施的建设情况，很大程度上影响当地蔬菜生产。④蔬菜产业自身的发展水平也是影响蔬菜生产的重要因素，主产省蔬菜产量和播种面积较大，在蔬菜生产集聚区域，存在生产技术的溢出效应等。根据以上分析，本章选择15个指标综合分析蔬菜生产空间集聚的形成，详见表5－8。

表5－8 蔬菜生产相关指标与描述统计

指标名称及单位	指标说明	极小值	极大值	均值	标准差
蔬菜播种面积（$\times 10^3$ 公顷）	反映蔬菜生产规模	47.5	1 869.3	743.5	553.6
农机动力（万千瓦）	反映资本和技术投入	122.3	9 855.0	3 220.4	2 652.4
化肥施用量（万吨）	反映资本和技术投入	8.8	715.0	199.3	151.8
农药施用量（吨）	反映资本和技术投入	1 939.0	148 640.0	57 978.9	42 706.4
人均社会消费品总额（元）	反映市场对消费品需求	10 433.2	50 644.7	23 411.8	10 539.0
城镇化率（%）	城镇人口占总人口比例	44.2	87.9	58.8	11.5
耕地面积（$\times 10^3$ 公顷）	反映农业基础	190.8	15 850.0	4 482.6	3 304.3
农业总产值（亿元）	反映农业生产规模	145.2	4 641.3	1 974.5	1 287.3
有效灌溉面积（$\times 10^3$ 公顷）	反映农业生产基础	128.5	5 932.7	2 229.6	1 732.0
人均GDP（元）	反映经济基础	27 643.0	118 198.0	57 485.6	25 841.8
蔬菜产量（万吨）	反映蔬菜生产规模	17.0	10 327.0	2 656.9	2 486.8
公路里程（千米）	反映交通便利情况	13 292.0	324 138.0	153 805.6	81 394.4
蔬菜净利润（元）	每亩蔬菜经济效益	831.5	4 532.7	2 545.8	1 014.8
现金收益（元）	每亩蔬菜经济效益	1 231.0	7 519.5	5 157.9	1 378.1
成本利润率（%）	每亩蔬菜经济效益	12.0	117.3	57.3	24.0

资料来源：《中国统计年鉴2017》《中国农村统计年鉴2017》《全国农产品成本收益汇编2017》。

基于因子分析，首先，根据确定的指标体系，进行因子分析适合度检验，见表5－9。根据KMO检验的机理，KMO数值越大，越适合做因子分析。本书的KMO度量数值为0.719，Bartlett球形度检验显著度为0.000，根据Kaiser标准和相关文献，本研究所构建的指标体系适合做因子分析。

表5－9 KMO和Bartlett的检验结果

Kaiser－Meyer－Olkin检验	度量	0.719
Bartlett球形度检验	近似卡方	537.593
	自由度	105.000
	显著度	0.000

资料来源：spss计算结果。

其次，利用主成分分析法提取公共因子，从表5－10和表5－11中可以看

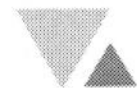

出，提取 3 个公共因子，3 个公共因子累计方差贡献率为 82.90%，所建立的指标体系中，变量共同度较高，说明提取的公共因子对原始变量的解释能力较强。

表 5-10 解释的总方差

成分	初始特征值			提取平方和载入			旋转平方和载入		
	合计	方差的百分比	累计百分比	合计	方差的百分比	累计百分比	合计	方差的百分比	累计百分比
1	7.43	49.54	49.54	7.43	49.54	49.54	6.85	45.65	45.65
2	2.63	17.52	67.06	2.63	17.52	67.06	3.09	20.62	66.26
3	2.38	15.84	82.90	2.38	15.84	82.90	2.50	16.64	82.90

资料来源：spss 计算结果。

表 5-11 公共因子方差

项目	初始	提取
蔬菜播种面积	1.000	0.746
农机动力	1.000	0.909
化肥施用量	1.000	0.871
农药施用量	1.000	0.756
人均社会消费品总额	1.000	0.946
城镇化率	1.000	0.951
耕地面积	1.000	0.537
农业总产值	1.000	0.941
有效灌溉面积	1.000	0.740
人均 GDP	1.000	0.958
蔬菜产量	1.000	0.822
公路里程	1.000	0.779
蔬菜净利润	1.000	0.945
现金收益	1.000	0.771
成本利润率	1.000	0.762

资料来源：spss 计算结果。

利用方差极大法对因子矩阵做变化，得到旋转后公共因子载荷矩阵，从表 5-12 中可以看出：第 1 公共因子在蔬菜播种面积、农机动力、化肥施用量、农药施用量、农业总产值、耕地面积、有效灌溉面积、蔬菜产量和公路里程指标上的载荷较高，这些指标属于蔬菜生产要素投入和农业生产基础设施指标，因此将第1公共因子命名为要素投入与农业基础因子，要素投入与农业基础因子得分反映了地区蔬菜生产要素投入规模和农业基础发展水平。第2公共因子在人均社会消费品总额、城镇化率和人均GDP指标上的载荷较高。人均社会消费品总额反映地区社会消费能力，将此指标作为蔬菜社会需求的重要指标；城镇化率也可以作为蔬菜市场需求的指标，一般认为，蔬菜已经成为居民生活，尤其是城镇居民生活的必需食品，表示城镇人口占总人口比例的城镇化率，成为反映蔬菜市场需求的重要指标；人均GDP水平反映地区经济发展程度，也代表一定的社会需求水平。因此，公共因子2可以命名为蔬菜市场需求因子，此因子得分反映地区蔬菜市场需求状况，在蔬菜商品化率不断提高的情况下，蔬菜市场需求显得尤为重要。第3公共因子在蔬菜净利润、现金收益和成本利润率指标上载荷较高，这3个指标都涉及蔬菜生产经济效益，将第3公共因子命名为蔬菜生产经济效益因子，反映蔬菜生产收益。

表5-12　旋转成分矩阵

项目	成分		
	1	2	3
蔬菜播种面积	0.859	−0.058	0.072
农机动力	0.944	−0.122	0.049
化肥施用量	0.922	−0.139	0.029
农药施用量	0.865	−0.077	0.049
人均社会消费品总额	−0.022	0.971	−0.045
城镇化率	−0.278	0.934	−0.032
耕地面积	0.625	−0.35	−0.152
农业总产值	0.963	−0.092	0.07
有效灌溉面积	0.842	−0.169	0.059
人均GDP	−0.17	0.963	0.034
蔬菜产量	0.901	0.052	0.092
公路里程	0.799	−0.363	0.09
蔬菜净利润	−0.016	0.074	0.969
现金收益	0.014	−0.036	0.877
成本利润率	0.185	−0.061	0.851

资料来源：spss计算结果。

利用回归方法，将因子对指标变量做线性回归，得到系数的最小二乘估计，将具体地区的原变量分数代入，求出该区域各因子得分，3个因子得分以F1、F2和F3表示（魏晓聪等，2016）。结果见表5-13和图5-3。

表 5－13 各地区因子得分和排序

地区	F1	排名	F2	排名	F3	排名	因子综合得分	排名	地区	F1	排名	F2	排名	F3	排名	因子综合得分	排名
山东	2.41	1	0.91	7	0.68	7	1.40	1	北京	−1.09	26	2.33	1	−0.27	18	−0.06	16
河南	2.28	2	−0.23	15	0.00	15	0.99	2	新疆	−0.17	14	−1.01	27	1.21	6	−0.08	17
江苏	1.12	4	1.45	4	0.30	12	0.86	3	江西	−0.36	18	−0.74	25	1.34	5	−0.09	18
湖北	0.90	5	0.16	10	0.29	13	0.50	4	上海	−1.06	25	2.22	2	−0.81	24	−0.16	19
湖南	0.88	6	−0.25	16	0.66	9	0.46	5	广西	0.17	11	−0.70	23	−0.56	20	−0.16	20
河北	1.26	3	−0.15	13	−0.64	21	0.44	6	重庆	−0.63	23	0.04	12	0.36	11	−0.22	21
广东	0.72	8	0.95	6	−1.06	27	0.35	7	云南	0.04	12	−1.20	28	−0.18	17	−0.26	22
浙江	−0.39	19	1.11	5	1.46	3	0.29	8	福建	−0.24	15	0.66	8	−1.92	30	−0.29	23
四川	0.77	7	−0.64	21	0.24	14	0.26	9	甘肃	−0.58	22	−1.26	30	0.67	8	−0.41	24
安徽	0.67	10	−0.59	20	0.40	10	0.25	10	吉林	−0.26	17	−0.16	14	−1.60	29	−0.42	25
天津	−1.22	27	1.70	3	1.52	2	0.05	11	海南	−1.32	28	−0.55	19	1.46	4	−0.47	26
黑龙江	0.70	9	−0.51	18	−1.00	25	0.05	12	贵州	−0.43	20	−1.26	29	−0.72	23	−0.58	27
陕西	−0.47	21	−0.43	17	1.82	1	0.00	13	山西	−0.67	24	−0.71	24	−1.34	28	−0.67	28
辽宁	−0.25	16	0.34	9	−0.04	16	−0.05	14	宁夏	−1.33	29	−0.68	22	−1.04	26	−0.92	29
内蒙古	0.03	13	0.10	11	−0.56	19	−0.06	15	青海	−1.46	30	−0.90	26	−0.66	22	−0.96	30

资料来源：spss 计算结果。

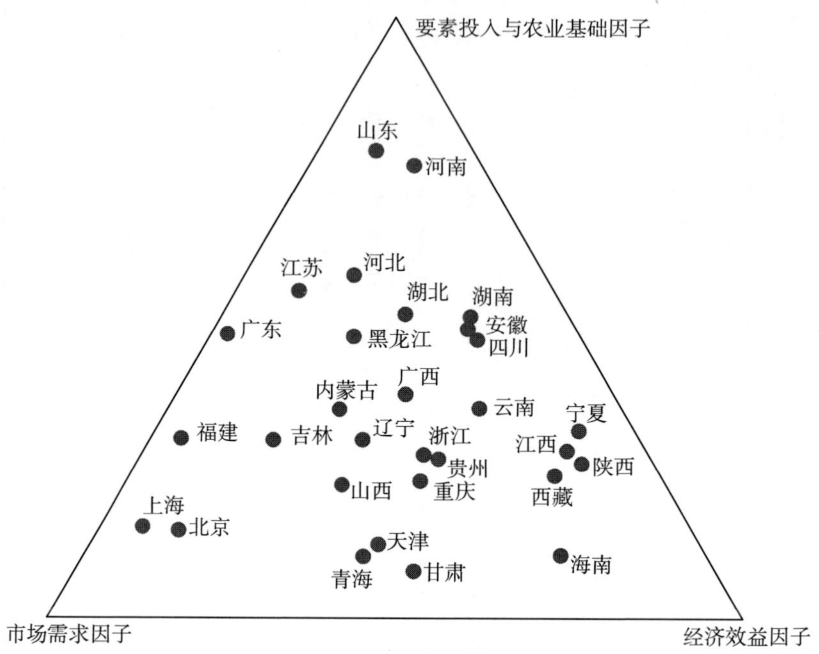

图 5-3　三角坐标系下各地区因子得分

注：本图根据因子得分绘制。

由表 5-13 和图 5-3 可知，在蔬菜生产要素投入和农业基础方面，得分较高的省份为：山东、河南、河北、江苏、湖北、湖南和四川，这些省份农业基础较好，在全国蔬菜生产方面占有重要地位。结合近年来蔬菜生产情况，上述省份均为全国蔬菜主产省，山东连续多年是全国蔬菜产量最多的省份，河南、江苏和河北蔬菜产量仅次于山东，从空间上来说上述省份从南到北，呈现出空间连片特征。在市场需求方面，得分较高的省份为：北京、上海、天津、江苏、浙江和广东，以上地区属于中国经济发达地区，人口密度较大，对蔬菜需求量大，但是其蔬菜生产能力有限，是中国蔬菜的主要消费地区。北京和天津与蔬菜主产省河北空间相邻，形成京津冀及环渤海蔬菜供求市场；江苏、浙江和上海空间相邻，形成以江苏和浙江为主要供给的蔬菜市场；广东和广西、海南形成华南蔬菜供给。在蔬菜生产经济效益方面，陕西、天津、浙江、海南、江西和新疆得分较高，说明这些地区与全国其他地区相比，蔬菜生产经济效益比较突出。综合考察 3 个因子得分，结合三角坐标系，中国蔬菜生产综合水平较高的地区为：山东、河南、江苏、湖北、湖南、河北、广东、浙江和四川等地区。观察因子综合得分的情况可以发现，中国蔬菜主产区的蔬菜生产综合水平较高，综合因子得分排名前 10 位的地区：山东、河南、江苏、湖北、

湖南、河北、广东、浙江、四川和安徽，除了安徽和浙江以外，其余8个省份均为2018年中国各省蔬菜总产量排名前10位省份，安徽排名为12，浙江排名为14，10个省份合计蔬菜产量占全国蔬菜总产量的65%。证明在蔬菜生产空间集聚形成过程中，要素投入与农业基础、市场需求和经济效益发挥了重要作用。

5.3 本章小结

本章对蔬菜生产空间集聚形成过程进行分析，认为蔬菜生产空间集聚是在自然因素基础上，由社会经济因素与自然因素共同作用的结果。

基于比较优势理论，从时间和空间维度对主产省蔬菜生产规模比较优势、效率比较优势、综合比较优势指数进行考察，结合资源禀赋系数，刻画基于比较优势的蔬菜生产空间集聚的形成过程。同时，对不同层级空间单元的蔬菜主产县和专业村的比较优势进行分析，讨论在集聚形成过程中，不同层级空间单元的比较优势。最后，利用因子分析法，对蔬菜生产空间集聚的形成进行综合分析。主要研究结论如下：

第一，根据综合比较优势指数和资源禀赋系数的测算结果，全国蔬菜主产省中，山东不论在规模比较优势、效率比较优势还是资源禀赋系数方面，与全国平均水平相比，均存在比较优势。河北的效率比较优势突出，河南蔬菜生产比较优势与全国平均水平持平。全国蔬菜主产省中，湖南、湖北、四川、江苏和浙江等集聚区域蔬菜生产的规模比较优势突出，效率比较优势略低于全国平均水平。

第二，通过对环渤海地区河北、山东、辽宁以及北京和天津蔬菜主产县在其所在省市中的比较优势的测算结果可以看出，主产县在省内蔬菜生产中不论是规模比较优势、效率比较优势还是综合比较优势，均很明显。说明蔬菜主产县在其省内存在比较优势。蔬菜专业村在主产县蔬菜生产中具有比较优势。

第三，对蔬菜生产空间集聚形成的综合分析结果表明：综合蔬菜生产要素和农业基础、市场需求和经济效益等自然条件和社会经济发展方面的因素，综合因子得分排名前10位的地区：山东、河南、江苏、湖北、湖南、河北、广东、浙江、四川和安徽，基本与蔬菜产量前10位的省份一致，2018年，其合计蔬菜产量占全国蔬菜总产量的65%。分析结果表明，在蔬菜生产空间集聚形成过程中，要素投入与农业基础、市场需求和经济效益发挥了重要作用。

综上所述，蔬菜生产空间集聚的形成过程，以自然条件和社会经济因素为基础。主产省在其集聚形成过程中，表现出不同的比较优势，主产县和专业村存在明显的比较优势。

6 空间关联下的蔬菜生产空间集聚形成

关于农业空间集聚的研究，最早始于约翰冯·杜能的《孤立国》（1826），各种生产活动的区位会根据运输费用的不同通过市场竞争而确定。在克鲁格曼的区域模型：中心-外围模式分析了集聚驱动力的来源和集聚的演化。根据传统国际贸易理论，比较优势是集聚的基础，通过第 4 章和第 5 章的分析，已知中国蔬菜生产呈现显著的空间集聚特征，不同空间单元在集聚形成过程中存在比较优势，本章基于空间关联视角继续探究蔬菜生产空间集聚的形成机制。

6.1 蔬菜主产区与蔬菜生产空间连片

根据蔬菜生产区域差异和空间集聚现状的分析，可知中国蔬菜生产呈现明显的空间集聚和空间连片分布特征。比如，2018 年，中国蔬菜产量前 10 位的地区为：山东、河南、江苏、河北、四川、湖北、湖南、广西、广东和贵州（表 6-1）。这些蔬菜主产区在空间分布上呈现出明显的连片特征。这种空间连片分布，反映出集聚区域之间存在空间关联，所以，对蔬菜生产空间集聚形成机制的研究中，空间关联因素应该充分考虑。本章基于空间关联视角，讨论蔬菜生产空间集聚的形成。

表 6-1 各年份蔬菜产量排名前 10 位的地区

排名	1999 年	2005 年	2010 年	2015 年	2016 年	2017 年	2018 年
1	山东	山东	山东	山东	山东	山东	山东
2	河北	河北	河北	河北	河北	河南	河南
3	河南	河南	河南	河南	河南	江苏	江苏
4	江苏	江苏	江苏	江苏	江苏	河北	河北
5	湖北	湖北	四川	四川	四川	四川	四川
6	广东	四川	湖北	湖南	湖南	湖北	湖北
7	四川	广东	湖南	湖北	湖北	湖南	湖南

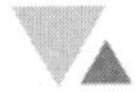

（续）

排名	1999 年	2005 年	2010 年	2015 年	2016 年	2017 年	2018 年
8	辽宁	湖南	广东	广东	广东	广西	广西
9	湖南	广西	辽宁	辽宁	广西	广东	广东
10	安徽	辽宁	广西	广西	安徽	贵州	贵州

资料来源：根据《中国农村统计年鉴》（2000—2019 年）和国家统计局数据整理得到。

6.2　空间关联下的蔬菜生产空间集聚形成机制分析

关于产业集聚的研究，大量文献集中于对工业的研究，而与工业生产空间集聚相比，农业生产和蔬菜生产空间集聚的形成机制有其自身的特点，同时虽然露地蔬菜生产集聚受自然条件约束更多，设施蔬菜生产集聚能够实现反季节生产，但是不论是露地生产还是设施生产，蔬菜生产总体表现为对资本、技术和劳动力的依赖。

第一，农业生产对自然条件的依赖，使得农业生产表现出正的空间相关性，形成空间集聚。与工业生产相比，农业生产对自然条件的依赖程度更强，不同农作物生长要求的土壤、温度、湿度等自然条件不同，正因为农业生产受自然条件的约束，所以农业生产在空间上会存在相互关联。一般表现为，邻近地区的自然条件相近，所以邻近地区农产品的生产比较相近，从空间关联的角度，表现为空间正相关。通过对蔬菜生产空间集聚现状的分析，发现中国蔬菜生产呈现出显著的空间正相关，表现为蔬菜主产省空间连片分布，尤其是露地蔬菜生产集聚，受自然条件约束较大。

传统农业生产集聚主要原因为自然条件和资源禀赋，基于农产品生产的特点，自然条件和资源禀赋对于农业生产具有重要影响，一般认为其是影响我国农业生产集聚的基础因素。作为农业生产的重要内容，蔬菜生产空间集聚同样受到自然条件和资源禀赋影响，主要表现为集聚对周边区域集聚的影响。

第二，人力资源、资本、技术和专业化服务的投入，促进农业生产空间集聚形成。马歇尔外部性给出了集聚的来源：专业化的劳动力市场为产业集聚提供了既方便又专业而且稳定的劳动力供给，同时专业化的中间产品市场和服务减少了企业的交易成本，另外还有集聚区域的技术和专业生产知识的空间溢出，三者共同使企业规模报酬递增，成为企业集聚的原因，同时又是企业集聚的结果。农业生产过程中，也存在一定的外部性，随着农业现代化的推进，生产技术的使用对于农业生产发挥重要作用，同时，农业生产建设中资金的投入，使得地区农业生产基础提高，抗风险能力不断提高，生产技术的交流、生产信息的扩散等成为影响农业生产集聚的重要因素。同样，人力资源、资本、技术和专业化服务的投入是影响蔬菜生产空间集聚的重要因素。

第三，消费市场的邻近促进蔬菜生产空间集聚形成。随着农业产业化和商品化的不断发展，农业生产集聚除了受自然资源禀赋约束以外，市场需求的发展与变化对农业生产集聚也起到一定促进作用，这一点在蔬菜生产上尤为突出：新鲜蔬菜对运输速度和设备的要求较高，使得蔬菜运输成本较高，远距离的运输，对运输工具的保鲜功能等要求提高，这些都成为影响蔬菜生产布局的重要因素。邻近市场的蔬菜生产布局，使得蔬菜运输成本下降。同时，邻近大都市的消费市场，也会促进地区蔬菜生产集聚。比如蔬菜主产省山东和河北邻近北京这个巨大的消费市场，其蔬菜产业的快速发展与巨大的市场需求密切相关，同时，在京津冀协同发展的背景下，河北承接了北京大量非首都功能的转移，其中包括首都农业生产向首都以外地区的转移。随着城镇化率的不断提高，对农产品的需求不断增加，使农产品市场不断扩大，也促成了农业产业结构和地区结构的进一步调整，这些发展和变化对农业产业集聚和蔬菜生产集聚产生影响。

第四，经济发展水平的提高，对蔬菜生产空间集聚产生一定影响。随着当地经济发展，一方面会使当地非农就业机会增加，由于农业生产较低的比较收益，使得农业生产从业人员数量减少，影响农业生产发展。另一方面，考虑提高农民收入和满足市场的要求，政府对蔬菜等经济效益较好的农业产业实施相关扶持政策，进而促进当地的蔬菜产业发展。同时，经济发展水平较高的地区，在蔬菜设施建设、技术传播等方面的投入较多，促进了当地蔬菜产业发展。

第五，地区基础设施的发展，对当地蔬菜生产集聚具有一定影响。首先，良好的农业基础是蔬菜生产集聚的重要条件，蔬菜生产对灌溉、交通的要求更高。其次，交通设施的改善对于促进农产品和农用物资运输具有重要作用，快捷、完善的交通能够提高蔬菜运输效率，在蔬菜商品化率不断提高的今天，完善的交通运输条件是蔬菜生产区位选择的必备条件。所以，交通条件的改善，对于促进蔬菜生产空间集聚具有正向的推动作用。

第六，地区农业产业政策对蔬菜生产集聚具有促进作用。蔬菜产业集聚受到地区政府政策支持的影响，政府为了打造地区蔬菜知名产地和知名品牌，会增强对产地的宣传力度，政府为了保证当地蔬菜稳定供给，对产地硬件设施建设的投入，蔬菜生产 的资金和生产技术的支持等，会提高农户蔬菜生产的积极性，促进蔬菜生产集聚。

综合上述分析，蔬菜生产空间集聚是在自然禀赋基础上，结合社会和经济发展因素而形成和不断演变的（图 6－1），其中，蔬菜生产要素投入、市场需求、基础设施、经济发展水平和政策措施等，是蔬菜生产空间集聚形成的重要

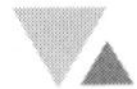

影响因素。同时，蔬菜生产区域表现出明显的空间关联现象，在考察蔬菜生产集聚的形成过程中，本研究将这种集聚对周边集聚的影响纳入研究范围。

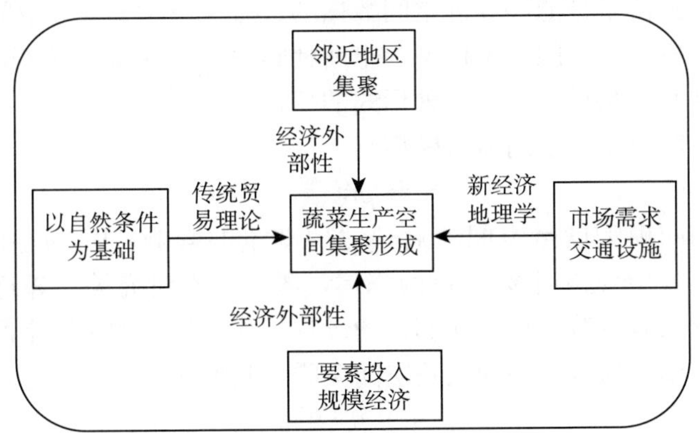

图 6-1 蔬菜生产空间集聚形成机制分析

基于以上分析，提出如下假说：

假说一：蔬菜生产空间集聚具有空间溢出效应，邻近区域集聚影响本区域集聚。

假说二：人力资源、资本、技术和专业化服务能够促进本区域蔬菜生产空间集聚。

假说三：地区基础设施和农业产业政策能够促进蔬菜生产空间集聚。

假说四：地区经济发展水平对蔬菜生产空间集聚产生影响。

6.3 空间关联下的蔬菜生产空间集聚形成实证分析

6.3.1 空间计量模型

借鉴农业生产集聚的相关研究思路和研究方法，考虑蔬菜生产与农业生产的联系和特点，尤其是考虑从空间关联的角度研究蔬菜生产的空间集聚形成，考察区域之间集聚的互相影响，传统计量模型由于假设变量之间不存在相关性而不再适用，本章采用空间计量模型进行分析。理论上，蔬菜生产空间集聚地区，比如蔬菜主产省与主产省之间，地理邻近可以通过马歇尔经济外部性作用促进邻近区域集聚，进而形成区域增长的极化作用。实践上，蔬菜主产省存在空间连片现象，主产省山东、河南等地区，蔬菜生产存在显著的空间正相关，反映出一种空间关联。空间计量模型能够刻画区域之间的影响。

空间计量经济学最初由欧洲学者提出，用于分析空间交互作用。Paellinck (1979) 提出空间依赖关系。关于空间交互作用理论，Aoki (1996)、Akerlof

（1997）、Brock 和 Durlauf（1995）及 Fujita（1999）分别提出了粒子系统模型、溢出效应模型、相互作用模型、新经济地理模型，不断丰富空间计量经济模型。

空间计量经济学是能够处理空间数据的计量经济学分支，空间计量模型包括空间自回归模型、空间误差模型、空间杜宾模型三种基本形式，在基本形式的基础上，空间计量模型存在多种形式的变化。

空间自回归模型（空间滞后模型）：

$$y = \rho W y + \varepsilon \tag{6-1}$$

空间自回归模型度量空间滞后项对因变量的影响，W 为空间权重矩阵，关于 W 的设定，参见本书第 4 章的陈述，考虑到本研究关注邻近区域的空间关联，本章及以后章节度量空间邻近的影响，均选择地理距离空间权重矩阵。

空间误差模型通过误差项反映空间关联，其形式为：

$$y = \beta x + \mu \tag{6-2}$$

其中：

$$\mu = \lambda W \mu + \varepsilon,\quad \varepsilon \sim N(0,\quad \delta^2 I_n) \tag{6-3}$$

空间误差模型度量不包括在自变量中，但是对因变量有影响的遗漏变量存在的空间相关性。

空间杜宾模型刻画因变量的变化，不仅依赖于自身的自变量，还受到其他地区自变量的影响，其形式为：

$$y = \beta X + \delta W X + \varepsilon \tag{6-4}$$

空间杜宾模型与空间自回归模型结合，得到：

$$y = \rho W y + \beta X + \delta W X + \varepsilon \tag{6-5}$$

公式（6-5）有时也称为空间杜宾模型（陈强，2013）。以上是三种基本的空间计量模型，下面以空间自回归模型为例，分析模型中考虑空间影响后的直接效应、间接效应和总效应，下一章空间杜宾模型的效应分析思路与此相似。

首先，将空间自回归方程补充完整，添加自变量后为：

$$y = \rho W y + \beta X + \varepsilon \tag{6-6}$$

观察空间自回归模型的形式，可以发现，如果 $\rho=0$，方程是一般线性回归方程，所以，可以通过检验原假设“H_0：$\rho=0$”考察是否存在空间效应。空间自回归模型，通常采用极大似然法进行估计。同时，空间自回归模型中，x 对 y 的边际效应不是 β，因为 x 对 y 产生影响后，y 之间还会产生相互影响，最终达到一个新的均衡状态。将模型写为：

$$My \equiv (I - \rho W) y = X\beta + \varepsilon \tag{6-7}$$

其中：$M \equiv I - \rho W$，则：

$$y = (I - \rho W)^{-1} X\beta + (I - \rho W)^{-1} \varepsilon \tag{6-8}$$

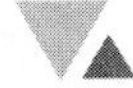

容易验证，$(I-\rho W)^{-1}=I+\rho W+\rho^2W^2+\rho^3W^3+\cdots$。假设 X 中包含 n 个解释变量，其中第 i 个解释变量为 $x_i=(x_{1i}, x_{2i}, \cdots, x_{mi})'$（$m\times1$ 列向量）。

则有：$X\beta=(x_1\cdots x_n)(\beta_1\cdots\beta_n)'=\sum_{i=1}^{n}\beta_i x_i$，所以方程可以写为：

$$y=\sum_{i=1}^{n}\beta_i(I-\rho W)^{-1}x_i+(I-\rho W)^{-1}\varepsilon\equiv\sum_{i=1}^{n}s_i(W)x_i+(I-\rho W)^{-1}\varepsilon \tag{6-9}$$

其中，$S_i(W)\equiv\beta_i(I-\rho W)^{-1}$ 是依赖于 β_i 和 W 的 $m\times m$ 矩阵。将上述方程展开，则有：

$$\begin{pmatrix}y_1\\y_2\\\cdots\\y_m\end{pmatrix}=\begin{pmatrix}S_i(W)_{11}S_i(W)_{12}\cdots S_i(W)_{1m}\\S_i(W)_{21}S_i(W)_{22}\cdots S_i(W)_{2m}\\\cdots\\S_i(W)_{m1}S_i(W)_{m2}\cdots S_i(W)_{mm}\end{pmatrix}\begin{pmatrix}x_{1i}\\x_{2i}\\\cdots\\x_{mi}\end{pmatrix}+(I-\rho W)^{-1}\varepsilon \tag{6-10}$$

其中，$S_i(W)_{kr}$ 为 $S_i(W)$ 的 (k, r) 元素，根据公式（6-10），有：

$$\frac{\partial y_k}{\partial x_{ri}}=S_i(W)_{kr} \tag{6-11}$$

观察公式（6-11）可以发现，区域 r 的自变量 x_{ri} 对任意区域 k 的因变量都会有影响，若 $k=r$，则有：

$$\frac{\partial y_k}{\partial x_{ki}}=S_i(W)_{kk} \tag{6-12}$$

公式（6-12）说明，区域 k 的自变量 x_{ki} 对本区域的因变量 y_k 的直接效应为 $S_i(W)_{kk}$，即矩阵 $S_i(W)$ 主对角线上的第 k 个元素，对矩阵主对角线上的元素求平均，即得到变量 x_i 的平均直接效应。平均直接效应为：

$$\frac{1}{n}trace[S_i(W)] \tag{6-13}$$

$trace[S_i(W)]$ 是矩阵 $S_i(W)$ 的迹，也就是矩阵主对角线元素之和。那么，如果所有区域的 x_i 变化 1 个单位，对区域 k 的因变量 y_k 的总效应就是矩阵 $S_i(W)$ 的第 k 行元素之和：$\sum_{r=1}^{m}S_i(W)_{kr}$，则变量 x_i 平均总效应是将所有区域的总效应进行平均，也就是矩阵 $S_i(W)$ 所有元素的平均值。即平均总效应：

$$\frac{1}{n}\sum_{k=1}^{m}\sum_{r=1}^{m}S_i(W)_{kr} \tag{6-14}$$

平均总效应与平均直接效应之差为平均间接效应：

$$\frac{1}{n}\left\{\sum_{k=1}^{m}\sum_{r=1}^{m}S_i(W)_{kr}-trace[S_i(W)]\right\} \tag{6-15}$$

根据蔬菜生产特点，蔬菜产量和蔬菜播种面积的莫兰指数测算结果存在显著的空间相关，本研究建立面板空间自回归模型和面板空间误差模型，分析集聚形成的影响因素，最终模型选择根据相关检验结果确定：如前所述，空间误差模型通过误差项反映空间相关，其具体形式为：

$$y_{it} = \beta x'_{it} + \mu_i + \gamma_t + \varepsilon_{it} (i = 1,2,\cdots,n; t = 1,2,\cdots,T)$$
$$\varepsilon_{it} = \lambda w'_i \varepsilon_t + \nu_{it} \quad (6-16)$$

其中，w'_i为扰动项空间权重矩阵w的第i行，μ_i为个体效应，γ_t为时间效应。与标准面板模型一样，如果μ_i与x'_{it}相关，即为固定效应模型，否则为随机效应模型，可以通过豪斯曼检验判断。

面板空间自回归模型：

$$y_{it} = \rho w'_i y_t + \beta x'_{it} + \mu_i + \gamma_t + \varepsilon_{it} \quad (6-17)$$

其中，w'_i为空间自回归项的空间权重矩阵W的第i行，$w'_i y_t = \sum_{j=1}^{n} w_{ij} y_{jt}$，$w_{ij}$为空间权重矩阵$W$的（$i$，$j$）元素，$\mu_i$为个体效应，$\gamma_t$为时间效应。根据 Lee 和 Yu（2010）、Elhorst（2010），固定效应的空间自回归模型可以通过组内离差变换去掉个体效应，然后进行 MLE 估计。

6.3.2 蔬菜生产空间集聚形成分析的变量选择

根据空间计量模型，被解释变量为蔬菜生产空间集聚，以各省蔬菜播种面积占全国蔬菜播种面积的比例为代表。度量集聚的指标很多，相关研究较多使用区位商指标衡量集聚（李二玲等，2012；盖骁敏等，2013；刘继等，2019；谭燕芝等，2019），区位商是相对数的比值，鉴于本研究的研究对象，采用相对数的比值度量不能准确反映集聚，本章采用地区蔬菜播种面积与全国蔬菜总播种面积的比值度量集聚（贺亚亚，2016；郝晓燕，2018）。

λ和ρ反映空间效应，W为空间权重矩阵，根据文献和蔬菜生产实际，考虑地理距离对于区域蔬菜生产集聚的影响。空间权重矩阵的选择为以地理距离的倒数为标准的地理距离矩阵，β为自变量的系数，对于影响蔬菜生产空间集聚的因素，根据相关文献（彭晖等，2017；李二玲等，2012），基于对集聚形成机制的分析，变量选择见表 6-2。

表 6-2　蔬菜生产空间集聚影响因素

变量	变量定义
集聚	蔬菜播种面积占全国蔬菜总播种面积比例（%）
农业基础	有效灌溉面积在全国的占比（%）
劳动力	第一产业就业人员（万人）
农业资本	农业机械总动力（万千瓦）

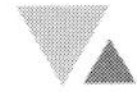

（续）

变量	变量定义
资本和技术	化肥施用量（万吨）
市场需求	城镇化率（%）
消费水平	人均社会消费品总额（元）
经济发展水平	平均第二、第三产业增加值（亿元/千米^2）
交通基础	区域内平均公路里程（千米/千米^2）

自然条件和资源禀赋因素方面：蔬菜生产地区农业基础以有效灌溉面积反映；地区的有效灌溉面积能够反映地区农业生产基础；灌溉设施的建设、沟渠的建设等，是长期农业发展逐渐积累的结果，大规模建设一般需要政府支持，农业基础发展较好的地区，灌溉设施建设水平较高，所以地区有效灌溉面积能够反映当地的农业基础条件。

蔬菜生产集聚受到劳动力投入的影响，根据劳动力池效应，劳动力增加，能够促进专业化生产，进而促进集聚。考虑数据的可得性，以第一产业从业人员数量反映地区农业生产劳动力丰富程度。

资本和技术因素方面：地区农业机械总动力代表农业生产的资本投入和机械化程度，虽然蔬菜生产本身的农业机械使用率不高，但是，农业发达地区，其农业机械设备的拥有量较大，反映了地区对农业的资本投入，一般对农业资本投入较高的地区，对蔬菜生产的资本投入也会较高。将地区农业机械总动力作为农业生产资本投入的代表。化肥的施用量代表蔬菜生产的资本和技术投入，在蔬菜生产中，化肥投入量较多，施肥的时间和施肥的数量反映蔬菜生产技术。所以以地区农业机械总动力代表农业资本投入，以化肥施用量代表蔬菜生产的资本和技术投入。

市场因素方面：蔬菜产品多以鲜菜形式销售，生产地区与市场邻近成为蔬菜生产区位选择的重要因素。鉴于此，将市场需求作为影响蔬菜产业集聚的重要指标，以城镇化率代表市场需求，城镇化率以城市人口占总人口的比例反映。虽然农村人口也消费蔬菜，但是，农村在夏季普遍存在农户种植蔬菜用于消费的现象，同时，大城市普遍城镇化率较高，蔬菜需求较多。所以，以城镇化率反映蔬菜市场需求，以地区人均社会消费品总额代表当地的消费水平。

交通基础，尤其是公路运输情况也是影响蔬菜生产空间集聚的重要因素，以省内平均公路里程为代表。当地的经济发展水平，影响蔬菜种植决策和非农就业机会，也对地区蔬菜生产投入产生影响，进而影响集聚，以省内平均第二产业和第三产业增加值为代表。

6.3.3 数据来源

本章选择2000年到2017年中国省域蔬菜生产的相关数据，分析中国蔬菜生产空间集聚的形成。数据来源于《中国统计年鉴》（2001—2018年），《中国农村统计年鉴》（2001—2018年），《中国交通年鉴》（2001—2018年）和国家统计局，数据在进行空间计量分析时均做了对数化处理。变量描述性统计见表6-3。

表6-3 变量描述性统计

变量	样本数（个）	均值	标准差	最小值	最大值
集聚	558	2.30	0.50	0.61	3.07
农业资本	558	3.21	0.47	1.98	4.13
劳动力	558	2.79	0.48	1.52	3.55
市场需求	558	1.66	0.14	1.14	1.95
农业基础	558	2.33	0.45	1.23	2.95
资本和技术	558	2.01	0.52	0.40	2.85
消费水平	558	3.89	0.39	2.96	4.73
交通基础	558	3.68	0.43	2.26	4.32
经济发展水平	558	2.58	0.87	0.18	5.15

资料来源：《中国统计年鉴》（2001—2018年）、《中国农村统计年鉴》（2001—2018年）、《中国交通年鉴》（2001—2018年）和国家统计局。

6.3.4 蔬菜生产空间集聚形成的结果分析

根据计量经济学理论，面板数据存在个体不随时间变化的差异和不随个体变化但随着时间变化的差异，所以面板模型在随机效应与固定效应基础上，其固定效应分为个体固定效应和时间固定效应。空间面板模型与普通面板模型一样，存在空间固定效应与时间固定效应。根据相关理论与模型检验，本研究选择固定效应空间计量模型，同时对模型进行空间自回归和空间误差的LM检验，结果表明空间误差模型优于空间自回归模型。模型回归结果见表6-4。

表6-4 蔬菜生产空间集聚影响因素

解释变量	面板空间固定效应模型		面板时间固定效应模型		时空双固定效应模型	
	SAR	SEM	SAR	SEM	SAR	SEM
农业资本	0.165***	0.143***	−0.190***	−0.157***	0.128***	0.143***
	(3.725)	(2.979)	(−4.657)	(−4.248)	(2.862)	(2.996)

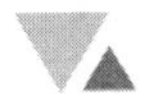

（续）

解释变量	面板空间固定效应模型		面板时间固定效应模型		时空双固定效应模型	
	SAR	SEM	SAR	SEM	SAR	SEM
劳动力	0.044	0.093	0.824***	0.742***	0.042	0.107
	(0.605)	(1.322)	(20.241)	(21.732)	(0.590)	(1.512)
市场需求	0.085**	0.039	−0.035	−0.054	0.111***	0.075**
	(2.170)	(1.146)	(−0.548)	(−1.075)	(2.901)	(2.163)
农业基础	−0.020	−0.051	−0.548	0.077*	−0.086	−0.061
	(−0.329)	(−0.935)	(0.971)	(1.768)	(−1.411)	(−1.098)
资本和技术	0.260***	0.321***	0.208***	0.269***	0.267***	0.303***
	(4.067)	(5.254)	(4.428)	(7.072)	(4.211)	(4.946)
消费水平	0.004	−0.088**	0.071	0.151***	0.192***	0.167**
	(0.400)	(−1.972)	(1.339)	(3.491)	(2.635)	(2.153)
交通基础	−0.112***	0.088**	0.025	−0.007	0.077*	0.076*
	(−3.567)	(2.076)	(0.520)	(−0.170)	(1.822)	(1.736)
经济发展水平	0.038	0.007	0.187***	0.186***	0.027	0.010
	(1.143)	(0.308)	(7.344)	(8.365)	(1.548)	(0.460)
ρ	0.699***		0.066***		0.746***	
	(23.038)		(2.840)		(28.745)	
λ		0.732***		0.653***		0.698***
		(25.269)		(18.297)		(21.843)
LM值	818.84***	812.03***	23.77	147.15***		

注：***、**、*分别表示在1%、5%、10%水平下显著，括号内为t值。

表6-5 模型选择检验结果

指标	数值
LM test no spatial lag	16.07***
robust LM test no spatial lag	0.049
LM test no spatial error	115.44***
robust LM test no spatial error	99.42***

注：***、**、*分别表示在1%、5%、10%水平下显著。

根据表6-4和表6-5，空间自回归模型和空间误差模型的空间滞后项ρ和λ均显著为正，空间固定效应和时间固定效应结果显示，空间自回归模型时间效应不显著，同时，根据表 6-5 模型检验结果，空间误差模型的解释效果更好，所以下面对面板空间误差模型回归结果进行汇报：

观察表 6-4 中 ρ 和 λ 的数值可以发现，空间滞后项对蔬菜生产集聚具有显著影响，不论是空间固定效应、时间固定效应还是时空双固定效应，空间滞后项数值均显著为正，说明邻近区域蔬菜生产空间集聚对本地区集聚具有显著促进作用，解释了蔬菜生产区域之间显著的空间正相关性。

代表农业生产资本和技术投入的农业机械总动力和代表蔬菜生产资本和技术的化肥施用量，对于蔬菜生产空间集聚均具有显著影响。蔬菜生产与一般农业相比，资本投入比较密集，地区对农业生产的投入水平，直接影响当地蔬菜生产发展。虽然蔬菜生产较少直接使用一般的农业机械，但是，农业机械总动力代表了地区农业资本投入水平和农业发展的基础，反映了该地区农业资本投入和机械化水平，代表一定的农业发展水平，该指标显著，说明地区农业资本投入和农业发展水平越高，越能够促进地区蔬菜生产集聚，与实际相符。代表蔬菜生产资本和技术投入的化肥施用量对于本地区蔬菜生产空间集聚具有正向作用。调研中发现，化肥在蔬菜生产中发挥很大的作用，农户用于化肥投入的支出在蔬菜生产支出中所占比例很大，代表了生产要素中的资本投入，同时，对施肥时间和施用量的掌握，代表了蔬菜生产技术水平，化肥使用时间和用量是农户在蔬菜生产技术方面关注较多的问题，所以化肥的投入也代表一定的生产技术水平。

自然条件和资源禀赋方面：代表农业基础发展水平的有效灌溉面积在时空双固定效应模型下不显著。在时间固定效应模型中，其对于促进蔬菜生产空间集聚具有显著作用。说明当地农业基础的提高，对于促进当地蔬菜生产集聚具有推动作用。蔬菜生产发展对于农业基础设施的要求较高，蔬菜生产需要大量的水资源和其他投入，完善的农业基础，能为蔬菜生产提供保证，从这个角度来说，地区农业基础条件的提高，能够促进蔬菜生产空间集聚。

第一产业从业人员对于蔬菜生产空间集聚的影响，在时空双固定效应下不显著。同样在时间固定效应下显著促进蔬菜生产集聚。

从表 6-4 中可以看出，代表地区消费水平的人均社会消费品总额，对蔬菜生产空间集聚均具有显著促进作用，人均社会消费品总额代表市场的购买能力。

城镇化率代表对蔬菜的市场需求，根据空间误差模型双固定效应回归结果，市场需求对于蔬菜生产集聚具有促进作用。本地区大量的市场需求，节约了蔬菜运输成本，在以鲜食为主的蔬菜生产上，需求市场的扩大能够促进集聚。

经济发展水平因素，代表区域经济发展水平的第二产业和第三产业增加值

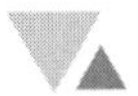

在时空双固定效应下对蔬菜生产空间集聚的作用不显著。经济发展水平在时间固定效应下对集聚具有促进作用。

交通运输基础对蔬菜生产空间集聚具有显著促进作用，以鲜食为主的蔬菜产品对交通运输的要求较高，尤其是在全国蔬菜大市场、大流通的背景下，及时快速的运输，能够实现蔬菜产品的及时流通，保证蔬菜的供给端和需求端畅通，促进蔬菜生产空间集聚形成。

6.3.5 稳健性检验

本章利用空间误差模型和空间自回归模型，利用地理距离空间权重矩阵，对蔬菜生产集聚的影响因素进行检验，两种模型由于设定的原理不同，估计结果会存在一定偏差，但多数解释变量的方向均一致。同时，表 6-6 是基于空间邻阶矩阵的空间自回归模型和空间误差模型的时间和空间双固定效应的估计结果，从估计结果中可以看出，农业资本、交通基础和市场需求能够显著促进蔬菜生产空间集聚。在考虑空间关联的情况下，地理距离空间权重矩阵和邻阶空间权重矩阵均反映距离较近地区的相互影响比距离较远地区的相互影响大，所以利用邻阶空间权重矩阵做稳健性检验比较适合。

表 6-6 邻阶矩阵空间误差模型和空间自回归模型估计结果

变量	SAR	SEM
农业资本	0.104**	0.009
	(2.093)	(0.181)
劳动力	0.009	0.037
	(0.111)	(0.483)
市场需求	0.144***	0.121***
	(3.423)	(3.109)
农业基础	−0.042	0.027
	(−0.630)	(0.459)
资本和技术	0.222***	0.348***
	(3.161)	(5.225)
消费水平	0.213***	0.315***
	(2.653)	(3.953)
交通基础	0.075	0.084*
	(1.611)	(1.785)
经济发展水平	0.042***	0.037
	(2.130)	(1.373)

（续）

变量	SAR	SEM
空间滞后项	0.676***	0.659***
	(20.964)	(18.633)

注：***、**、*分别表示在1%、5%、10%水平下显著，括号内为 t 值。

讨论：本章利用全国农业生产和蔬菜生产数据，利用空间计量模型，讨论蔬菜生产空间集聚的影响因素，根据农业区位理论、新经济地理学理论和经济外部性等理论，对蔬菜生产空间集聚的形成机制进行分析，在进行实证分析的过程中，关于蔬菜生产政策方面的讨论需要进一步深入。根据中国蔬菜生产实际，国家对蔬菜主产区的政策扶植，体现在蔬菜生产资本投入、生产技术指导、病虫害防治技术指导等多个方面，这些政策措施对于地区蔬菜产业发展具有促进作用，能够促进蔬菜生产空间集聚形成。2012 年 1 月，国家出台全国蔬菜产业发展规划，联合多个部门对中国蔬菜产业发展和合理布局进行规划和支持。对蔬菜生产重点县给予资金、技术等多方面的支持，为了考察国家蔬菜产业发展规划政策执行对蔬菜生产空间集聚的影响，本研究以 2012 年为界，对规划执行前后的蔬菜生产空间集聚的影响因素进行分析，重点关注蔬菜生产资本投入对集聚的影响，因为国家对蔬菜产业支持最主要的表现是资金支持，所以关注蔬菜生产资本投入变量，面板空间误差双固定效应模型的回归结果见表 6-7。从表 6-7 中可以看出，蔬菜产业政策执行前与执行后相比，资本投入对蔬菜生产空间集聚的作用明显增强，反映了蔬菜产业政策对蔬菜生产空间集聚的促进作用。

表 6-7　蔬菜生产资本投入对蔬菜生产空间集聚的影响

年份	系数	t 统计量
2000—2017	0.303***	4.946
2000—2012	0.278***	3.383
2013—2017	0.685***	3.347

注：***、**、*分别表示在1%、5%、10%水平下显著。

6.4 本章小结

本章基于空间关联视角，分析蔬菜生产空间集聚的形成机制，根据蔬菜生产特点，首先对蔬菜生产空间集聚的形成机理进行分析：蔬菜生产空间集聚是以自然条件和农业资源禀赋为基础；生产要素投入和知识、技术溢出，促进蔬

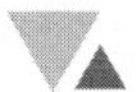

菜生产空间集聚；蔬菜市场需求促进蔬菜生产空间集聚；经济发展水平对集聚产生影响；地区基础设施和农业发展政策促进蔬菜生产集聚。通过面板空间计量模型进行分析，主要研究结论为：

第一，蔬菜生产空间集聚具有正向空间溢出作用，邻近区域集聚对本地区集聚具有促进作用，解释了中国蔬菜生产区域分布的空间自相关现象。

第二，农业生产资本投入、蔬菜生产资本和技术投入，对蔬菜生产空间集聚具有显著影响；不论是农业资本投入还是蔬菜资本投入，均显著促进蔬菜生产空间集聚。农业基础在时间固定效应模型中对于促进集聚具有显著作用；劳动力对于蔬菜生产空间集聚的影响在时空双固定效应下不显著，在时间固定效应下显著促进蔬菜生产集聚。

第三，市场需求和消费水平，对蔬菜生产空间集聚具有显著促进作用；交通运输能够促进集聚；经济发展水平在时间固定效应下对蔬菜生产空间集聚的促进作用显著。

7 要素空间溢出下的蔬菜生产空间集聚形成

立足空间关联的视角，本章在上一章讨论蔬菜生产空间集聚形成的基础上，进一步深入讨论区域之间集聚影响因素的空间溢出效应，本章考察集聚区域要素投入对本地区集聚的影响和对邻近地区集聚的影响。鉴于蔬菜生产实际，县域空间单元的这种溢出效应相对于省域更加明显。与主产省相比，主产县的农业规模更小，在蔬菜生产集聚过程中，信息传递和资源调配更有效率，更能实现经济外部性，政策执行效果更好，更容易产生规模经济效应。而且，蔬菜主产省是由内部众多的主产县集聚形成的，对于主产县蔬菜生产集聚影响因素及主产县之间集聚影响因素的空间溢出效应的研究，是对上一章中国蔬菜生产空间集聚形成分析的进一步深入，所以，本章通过对环渤海区域蔬菜主产县的研究，分析基于要素空间溢出的蔬菜生产空间集聚形成。

7.1 要素空间溢出下的蔬菜生产空间集聚影响因素分析

“一村一品”“一县一业”是打造农村专业化生产、实施质量兴农战略的重要内容，截止到 2018 年 7 月，农业农村部已经公布 8 批全国“一村一品”示范村，蔬菜产业发展规划在全国范围内规划了 580 个蔬菜生产重点县，对示范村和产业发展重点县的蔬菜生产，国家给予资金和政策支持。对于蔬菜产业发展重点县，在土地、劳动力、资本和技术方面的投入，是否能够促进当地蔬菜生产集聚？同时，要素投入是否具有空间溢出效应？主产县的要素投入是否能够通过经济外部性，带动邻近县域蔬菜生产发展？本章基于要素投入空间溢出视角，考察蔬菜生产空间集聚形成。

根据农业区位理论、新经济地理学理论和经济外部性理论，对基于要素空间溢出的蔬菜生产空间集聚形成的影响因素分析如下：

首先，土地要素投入。土地要素投入表现为蔬菜播种面积，蔬菜播种面积较大的地区，能够形成蔬菜生产的规模经济，较大规模的蔬菜生产，能够提高蔬菜生产基础设施的利用效率，比如，大规模的设施建设与小规模的蔬菜温室

或大棚的建设相比，对公共道路、电力和水利投入的利用效率更高。同时，大规模生产能够促进与蔬菜生产相关部门的集聚，进而产生规模经济，促进蔬菜生产发展。比如寿光，大规模的蔬菜生产带动与其相关联的化肥、农药、种苗、设施建设与配套服务，甚至是物流与科技研发的发展，最终促进集聚的发展。同时，邻近区域大规模蔬菜种植，对周边县域蔬菜生产可能产生两个方面的影响：一方面，邻近县域大规模生产蔬菜，通过空间溢出效应促进周边地区蔬菜生产规模扩大；另一方面，来自外部的同业竞争，有可能影响邻近区域集聚，邻近的蔬菜主产县，往往拥有共同的销售市场，来自共同市场的竞争使得某主产县生产规模扩大，而抑制邻近主产县蔬菜生产发展。

资本和技术要素投入。当地对农业生产投资的增加，能够促进蔬菜生产设施化水平提高，提高蔬菜生产效率和经济收益，提高农户的种植意愿，促进集聚形成，农业投资的增加，能够改善地区农业基础设施条件，为蔬菜生产提供良好的基础。通过设备和设施共享，促进邻近地区农业发展，形成对邻近地区蔬菜生产集聚的推动作用，但是，在要素可以跨区域流动的情况下，邻近地区农业基础的改善，会吸引蔬菜生产主体跨区域生产而造成蔬菜生产积聚于农业基础较好的地区，而不利于其他地区的集聚。技术要素投入能够通过技术溢出效应促进蔬菜生产空间集聚，本地区蔬菜生产集聚的发展，能够通过技术传播带动邻近区域蔬菜生产发展。

人力资源的投入。蔬菜生产属于劳动密集型生产，专业蔬菜生产人力资源的投入对蔬菜生产空间集聚具有促进作用。

除了上述生产要素投入外，蔬菜生产与一般农业生产相比，对交通和物流水平要求较高，快速便捷的交通能够为大规模蔬菜生产提供及时的运输服务，满足蔬菜作为生鲜农产品需要快速运输的需求，从而促进本地区和邻近区域蔬菜生产扩大，形成集聚。

城镇化率的提高，一方面提高了蔬菜市场需求，同时，城市的扩张使得城市郊区蔬菜生产发生转移，使原有的蔬菜生产集聚格局被打破，形成新的集聚格局。

当地经济发展水平对蔬菜生产空间集聚具有影响。一方面，蔬菜生产与一般农业生产相比，资本投入较高，设施化程度较高，这些都需要大量的投资，经济发展水平较高的地区，对蔬菜生产投入的资金较丰裕，能够促进当地蔬菜生产发展，促进集聚。但与此同时，随着经济发展水平的提高，蔬菜生产的土地、劳动力等投入的机会成本会进一步增加，造成蔬菜生产规模下降，不利于集聚。

要素空间溢出下的蔬菜生产空间集聚形成见图 7－1。

基于以上分析，提出如下假说：

假说一：土地、资本、技术和人力资源要素投入能够促进本区域蔬菜生产发展，促进本区域蔬菜生产空间集聚，对邻近区域蔬菜生产空间集聚产生影响。

假说二：交通和物流水平能够促进本区域蔬菜生产空间集聚，对邻近区域蔬菜生产空间集聚产生影响。

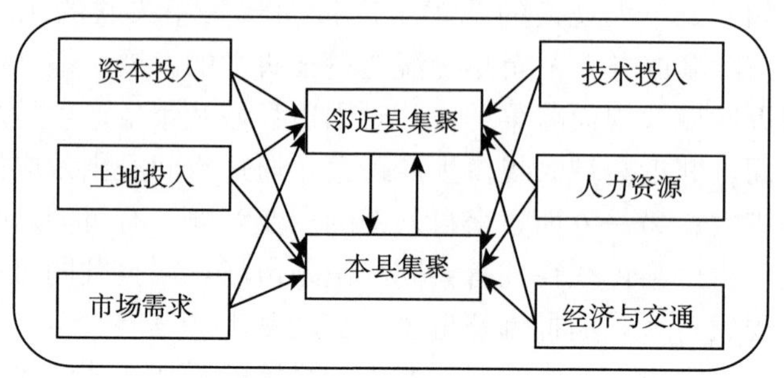

图7-1　要素空间溢出下的蔬菜生产空间集聚形成

县域农业生产与省域相比，由于规模较小，促进蔬菜生产的政策执行效率更高，促进蔬菜生产的相关政策措施及时有效地发挥作用，从而促进蔬菜产业发展，形成集聚。以县为单位的农业管理部门、农业技术部门等对于其所管辖区域的蔬菜生产技术、农业生产资料等的管理由于管理层级较少，效率更高。同时，县域蔬菜生产的空间溢出效应明显，一方面，同一个县，蔬菜生产技术和经验更容易交流和扩散，另一方面，相邻县域蔬菜生产的示范效应和技术溢出效应明显，形成邻近县域之间的空间溢出效应。

对中国农业空间集聚的研究多数是基于省域视角的研究，从省域视角研究农业空间集聚范围较广，导致研究结论只能整体上反映全国农业集聚情况，不能准确反映各个地区或主产县的集聚，而中国蔬菜生产的重要空间单元为主产县，所以，对主产县层面进行研究，对蔬菜生产空间集聚形成的分析更加深入。同时，由于中国不同地区县域农业生产差异较大，所以以全国所有主产县为对象进行的研究，会存在忽略不同区域差异的问题，致使研究结论不能代表典型蔬菜生产地区。环渤海地区包括中国重要的两个直辖市北京和天津，蕴含着巨大的农产品需求，尤其是对新鲜蔬菜的需求，同时包括河北、山东和辽宁三个蔬菜主产省，包括了蔬菜重要的供给地和市场。环渤海地区与全国其他区域相比，农业和社会整体基础设施较好，农业生产水平较高，在一定程度上代表了中国农业比较先进的生产模式，对环渤海地区蔬菜生产空间集聚形成的研究，对于深入分析我国农业发达地区蔬菜生产空间集聚的形成机制具有重要意义。

7.2　要素空间溢出下的蔬菜生产空间集聚实证分析

环渤海地区既包括连续多年蔬菜产量位居全国第一的山东省，又包括河

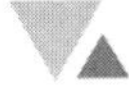

北、辽宁两个蔬菜主产省，还有北京和天津，该地区蔬菜产量占全国蔬菜总产量的近 30%。其中，寿光蔬菜年产量达到 410 多万吨，河北的永年、藁城、玉田、乐亭、定州、青县，山东的滕州、兰陵、岱岳、平度等地区蔬菜年产量都在 200 万吨以上，环渤海地区蔬菜生产分布呈现出明显的空间连片特征。其中，河北北部地区与辽宁西部、辽宁中部地区蔬菜主产县呈现明显的空间集聚。同时，山东中南部地区、河北南部地区蔬菜主产县的空间集聚也比较明显。环渤海地区蔬菜生产存在明显的空间集聚现象。

环渤海地区蔬菜主产县县域所辖面积适中，气候条件和农业生产资源禀赋相似，同时该区域经济和市场需求、交通运输条件较好，更容易形成蔬菜生产集聚和产生集聚的空间溢出效应。

7.2.1 空间计量模型

如果县域农业生产存在空间相关，对于环渤海地区县域农业生产的空间溢出效应以及区域之间的空间相关，应用空间计量模型进行分析。关于模型的选择，需要根据相关理论并对数据进行空间相关性检验，根据对蔬菜生产空间集聚形成的分析，结合环渤海地区蔬菜生产的特点，考虑地区之间蔬菜生产的空间溢出效应。同时，对样本数据进行空间相关检验后，本书构建分析环渤海地区蔬菜生产集聚的面板空间杜宾模型：

$$y_{it} = \lambda w_i' y_t + \beta x_{it}' + \delta w_i' X_t + \mu_i + \gamma_t + \varepsilon_{it} \qquad (7-1)$$

其中，$\lambda w_i' y_t$ 为因变量的空间滞后，$\delta w_i' X_t$ 为自变量的空间滞后，w_i'为空间权重矩阵 W 的第 i 行，$w_i' y_t = \sum_{j=1}^{n} w_{ij} y_{jt}$，$w_{ij}$ 为空间权重矩阵 W 的（i，j）元素，μ_i 和 γ_t 分别为空间效应和时间效应，ε_{it} 为随机扰动项。关于空间权重矩阵的选取，本章考察邻近区域的要素空间溢出对蔬菜生产集聚的影响，所以仍然选择地理距离倒数的空间权重矩阵。

7.2.2 数据来源

选取 2011 年到 2015 年环渤海地区 248 个蔬菜主产县数据，对影响蔬菜生产空间集聚的因素进行实证分析。数据来源于 2012 年到 2016 年的北京、天津、河北、山东和辽宁统计年鉴，以及山东省各个地市统计年鉴和天津市农委。

7.2.3 指标选取与结果分析

结合以上基于要素空间溢出的蔬菜生产空间集聚影响因素的分析，根据环渤海地区蔬菜生产数据，对蔬菜生产空间集聚的影响因素进行实证分析。变量选取及描述性统计见表 7-1 和表 7-2。

表 7-1 指标选取及其预期影响方向

变量	变量定义
集聚	本县蔬菜产量占区域蔬菜产量比例（%）
劳动力投入	乡村从业人员（人）
农业资本投入	农业机械总动力（千瓦）
土地投入	蔬菜播种面积（公顷）
市场需求	城镇化率（%）
经济基础	地区产值（万元）
交通条件	公路里程（千米）

表 7-2 变量描述性统计

变量	样本数（个）	均值	最小值	最大值
集聚	1 240	3.31	1.20	4.54
劳动力投入	1 240	4.90	2.34	6.44
农业资本投入	1 240	5.54	2.19	6.42
市场需求	1 240	1.41	0.38	2.00
土地投入	1 240	3.68	1.75	5.12
经济基础	1 240	6.17	5.28	7.67
交通条件	1 240	6.03	4.38	6.64

资料来源：《北京区域统计年鉴》（2012—2016 年），《天津统计年鉴》（2012—2016 年），《河北农村统计年鉴》（2012—2016 年），《辽宁统计年鉴》（2012—2016 年），《山东统计年鉴》（2012—2016 年）以及山东省各个地市统计年鉴和天津市农委。

根据变量选择，建立面板空间杜宾模型的具体形式为：

$$
\begin{aligned}
\ln jiju_{it} = {} & \rho\sum_{i=1}^{248}W_{ij}\ln jiju_{it} + \alpha_1\ln RY_{it} + \alpha_2\ln NJ_{it} + \alpha_3\ln MJ_{it} + \alpha_4\ln CHZHH_{it} \\
& + \alpha_5\ln CHZH_{it} + \alpha_6\ln GL_{it} + \beta_1\sum_{i=1}^{248}W_{ij}\ln RY_{it} + \beta_2\sum_{i=1}^{248}W_{ij}\ln NJ_{it} \\
& + \beta_3\sum_{i=1}^{248}W_{ij}\ln MJ_{it} + \beta_4\sum_{i=1}^{248}W_{ij}\ln CHZHH_{it} + \beta_5\sum_{i=1}^{248}W_{ij}\ln CHZH_{it} \\
& + \beta_6\sum_{i=1}^{248}W_{ij}\ln GL_{it} + \mu_i + \gamma_t + \varepsilon_{it}
\end{aligned} \qquad (7-2)
$$

W_{ij} 为地理距离空间权重矩阵的（i，j）元素；被解释变量为蔬菜生产空间集聚 $\ln jiju$，参考杜建军（2017）的做法，分别以各个区县蔬菜产量占区域蔬菜产量的比例度量，反映蔬菜生产集聚情况；解释变量为代表农业生产劳动力投入的乡村从业人员数量 $\ln RY$，代表农业资本投入的农业机械总动力 $\ln NJ$，反映蔬菜生产土地资源投入的蔬菜播种面积 ln*MJ*；控制变量为反映当地市场需求水平的城镇化率 ln*CHZHH*，代表当地经济发展水平的地区生产总值 ln*CHZH* 以及代表交通情况的公路里程 ln*GL*。变量均进行了对数化处理。

进行空间计量分析，首先是模型选择，如前所述，空间计量模型选择，需要检验分析对象是否具有空间相关性。从理论上讲，县域蔬菜生产由于空间上的邻近而存在自然条件和资源禀赋的相近特征，使得其农业生产存在一定的空间相关性。同时，县域相对于省域来说，蔬菜生产的技术溢出效应、经济的外部性等更加明显，所以，理论上，县域蔬菜生产存在空间溢出效应。同时，对数据进行 OLS 回归，从回归结果来看，模型残差存在空间相关，可以选择空间计量模型分析；进一步根据理论分析和 wald 检验结果，选择面板空间杜宾模型分析要素空间溢出下的集聚形成的影响因素。空间固定效应的 LR 检验结果为存在空间固定效应，时间固定效应的 LR 检验结果不能拒绝原假设，所以模型选择空间固定效应的面板空间杜宾模型。由于空间杜宾模型的回归结果不能直接反映解释变量对被解释变量的作用，所以，回归结果需要分解为直接效应、间接效应和总效应，结果见表 7-3 和表 7-4。

表 7-3 环渤海地区蔬菜生产空间集聚影响因素

变量	系数	*t* 统计量	z-probability
劳动力投入	0.002	0.138	0.890
农业资本投入	0.097***	5.174	0.000
市场需求	−0.023	−1.250	0.211
土地投入	0.753***	37.407	0.000
经济基础	0.060	1.450	0.147
交通条件	0.001	0.674	0.500
W×劳动力投入	0.018	0.677	0.500
W×农业资本投入	−0.092***	−4.424	0.000
W×市场需求	0.075**	2.428	0.015
W×土地投入	−0.921***	−24.752	0.000
W×经济基础	0.099*	1.705	0.088
W×交通条件	−0.001**	−2.468	0.014
ρ	0.494***	11.757	0.000
Moran's I	0.167***		0.000
LR-test spatial fixed effects	2 521.9***		0.000

注：***、**、*分别表示在1%、5%、10%水平下显著。

表 7-4　环渤海地区蔬菜生产空间集聚效应

变量	直接效应		间接效应		总效应	
	系数	t 统计量	系数	t 统计量	系数	t 统计量
劳动力投入	0.004	0.246 6	0.039 5	0.805 3	0.043 5	0.770 7
农业资本投入	0.093 6***	5.059 2	−0.085 1***	−3.418 7	0.008 5	0.559 6
市场需求	−0.019 3	−1.045 4	0.126**	2.398 8	0.106 7**	2.020 6
土地投入	0.716 1***	37.074 3	−1.051 8***	−14.039 9	−0.335 1***	−4.547
经济基础	0.070 3*	1.735 3	0.245 2**	2.846 6	0.315 6***	3.906 3
交通条件	0.000 1	0.323 5	−0.000 1**	−2.167 7	−0.000 1*	−1.873

注：***、**、*分别表示在1%、5%、10%水平下显著。

根据面板空间杜宾模型空间固定效应回归结果，首先，ρ 显著为正，说明区域间蔬菜生产空间集聚具有显著的空间溢出效应，邻近区域集聚通过空间邻近带动周边区域集聚。从具体影响因素结果来看，要素投入的空间溢出效应为负，即邻近县域要素投入的增加，并没有促进周边县域集聚的发展，而市场和经济发展水平能够促进邻近区域集聚的发展。

农业生产资本投入对本县蔬菜生产集聚具有正向影响而且通过显著性检验，与王凤（2018）的结论一致。蔬菜生产虽然对机械设备的使用率较低，但是，地区农业机械总动力水平代表了地区对农业的整体资本投入，同时，也代表了地区一定的农业技术发展水平，可以说，农业机械总动力高的地区，农业资本投入较多，农业技术发展水平也较高，从这个角度来看，本县对农业资本的投入，能够带动本县蔬菜生产的发展。而农业生产资本投入的间接效应为负，说明邻近县域农业资本投入的增加，不利于本县蔬菜生产集聚，可能的原因为相邻县域蔬菜生产自然条件相近，农业资本投入的增加，增强了邻近地区蔬菜生产的基础，吸引蔬菜生产向邻近县集聚，而与本县产生竞争，在要素可以流动的情况下，蔬菜生产相关主体选择在农业基础较好的地区从事蔬菜生产，所以出现了邻近县域资本投入增加不利于本县集聚的形成的局面。总之，主产县资本投入，能够促进当地蔬菜生产集聚，没有产生对邻近区域集聚的带动作用。

对于蔬菜生产的土地投入，空间杜宾模型回归结果表明：蔬菜播种面积的直接效应为正而且通过1%显著性水平检验，证明本县蔬菜播种面积的扩大，有利于本县蔬菜生产集聚。蔬菜生产规模扩大，通过基础设施共享、技术和知识溢出、交易成本降低等提高蔬菜生产集聚水平。间接效应为负且通过1%显著性水平检验，说明邻近县域蔬菜播种面积的扩大，不利于本县蔬菜生产集聚。根据理论分析，蔬菜生产面积扩大，会通过规模效应带动邻近县域蔬菜生

产，所以回归结果与分析存在一定偏差，可能的原因为：本地区生产规模扩大能够通过规模报酬递增促进本区域集聚，同样，在资源可以自由流动的条件下，会吸引邻近区域蔬菜生产向本地区集聚，因为集聚区域具有基础设施共享、技术和知识溢出的规模经济效应，而不利于邻近区域集聚。蔬菜播种面积的扩大，对本县集聚具有促进作用，对邻近区域蔬菜生产集聚存在抑制作用。

劳动力投入对蔬菜生产集聚的影响不显著。随着农业现代化的发展，农业生产对劳动力的需求不再是以前那样粗放的数量投入需求，而是更加注重懂技术、专业化的高质量劳动力的投入，所以蔬菜生产的专业人员可能对集聚起到促进作用，而宽泛的乡村从业人员数量对蔬菜集聚的作用不显著。

市场需求对蔬菜生产集聚具有正向推动作用，从回归结果看，城镇化率对蔬菜生产空间集聚的间接效应通过5%水平的显著性检验，证明邻近县域城镇化率的提高，对于本县的蔬菜生产集聚具有促进作用。这一现象与生产实际相符，蔬菜对运输条件要求更高，运输成本也较高，邻近区域市场需求的增加，能够促进本地区蔬菜的生产集聚。

地区经济发展水平能够促进蔬菜生产集聚，地区生产总值在直接效应和间接效应方面均通过显著性检验，证明本县经济发展能够促进本县蔬菜生产集聚。蔬菜作为重要的经济作物，对农民增收起到重要作用，随着各县经济的发展，政府出台相关政策措施，鼓励本县蔬菜产业发展，经济发展水平较高的地区，对农业生产技术、资金和各种要素的投入较高，同时，发达地区蔬菜种植户的受教育水平较高，这些因素都会促进本县蔬菜生产的发展。在环渤海地区，尤其是京津冀地区，在京津冀协同发展的背景下，河北承接了北京大量农业生产功能，在蔬菜生产方面，北京大型蔬菜生产基地在邻近河北处建设生产基地，利用当地丰富的生产资源进行蔬菜生产，这可能是地区经济水平对蔬菜集聚间接效应为正的原因。地区经济发展水平在省域层面对集聚的影响不显著，在环渤海地区县域层面显著，说明省域层面集聚的形成与县域层面存在差别。

最后，公路里程对蔬菜生产集聚的影响通过显著性检验，说明交通对蔬菜生产集聚具有影响，但是其系数较小，说明其影响很小；影响方向为负，与理论分析不一致，可能的原因为与要素投入的间接效应为负一样，主产县之间的竞争效应吸引生产向基础好的地区集聚，所以其间接效应为负。

7.3 本章小结

本章以环渤海地区北京、天津、河北、山东和辽宁五省市蔬菜主产县为研究对象，分析了要素空间溢出下的蔬菜生产空间集聚形成的影响因素，研究结论如下：

第一，环渤海地区是全国蔬菜生产的重要地区，蔬菜生产区域呈现出明显的空间连片现象，其中，河北北部与辽宁西部、辽宁中部地区蔬菜主产县呈现空间集聚；河北南部蔬菜主产县、山东中南部蔬菜主产县呈现空间集聚。

第二，基于要素空间溢出的蔬菜生产空间集聚形成的实证分析结果表明，农业资本投入、市场需求、土地投入、经济发展水平和交通条件对环渤海地区蔬菜生产集聚具有显著影响，劳动力投入对环渤海地区蔬菜生产集聚影响不显著。

本地区要素投入：农业资本投入、土地资源投入对本地区蔬菜生产集聚具有正向影响，而对邻近区域集聚具有负向影响，要素投入提高本县的蔬菜生产水平，对邻近地区蔬菜生产带来竞争效应，不利于邻近地区集聚；本地区市场需求对邻近地区蔬菜生产集聚具有正向影响；地区经济发展水平对本地区和邻近地区蔬菜生产集聚均具有显著促进作用，蔬菜主产县之间存在显著的空间溢出效应，主要来源于市场需求和经济发展水平对邻近区域蔬菜生产集聚的促进作用。

8 蔬菜生产空间集聚的生产发展效应

本书第 5 章、第 6 章和第 7 章分析了中国蔬菜生产空间集聚的形成，在明确集聚形成机制的基础上，研究进一步推进，本章和下一章对集聚对蔬菜生产发展和蔬菜产业市场整合效应进行研究，考察集聚对蔬菜产业发展的效应。

8.1 蔬菜生产空间集聚对蔬菜生产作用的理论分析

在区域差异的基础上，蔬菜生产相关主体在空间上的集中现象为蔬菜生产空间集聚。在集聚区域内部，以蔬菜种植户、蔬菜生产合作社和蔬菜生产基地等构成蔬菜生产主体，进行蔬菜生产。围绕蔬菜生产主体的生产行为，科研育种机构、栽培技术机构等科研机构构成对蔬菜生产主体的科技支撑体系，农资服务机构、设施建设公司等构成对蔬菜生产主体的专业化服务体系，服务于蔬菜生产资料运输和蔬菜销售的物流公司构成集聚区域的物流配送体系。集聚区域的市场体系一方面提供在集聚区域内的蔬菜销售，同时提供及时的市场信息。在集聚区域内部，产业一体化程度不断提高，通过要素集聚和经济外部性作用，促进集聚区域蔬菜生产效率和蔬菜产量的提高。

在集聚区域产业一体化程度不断提高的过程中，吸引生产要素对蔬菜生产的投入，表现为在种植结构调整过程中，处于蔬菜生产集聚区域的农户受到种植习惯等多方面因素影响，首选蔬菜种植。集聚区域同时会吸引蔬菜生产主体的加入，促进蔬菜生产合作社的发展，促进蔬菜生产基地的发展，这些生产主体的发展使得土地、劳动、资金等生产要素集聚于蔬菜生产，集聚区域通过生产要素集聚效应，提高蔬菜生产效率和产量。

集聚通过经济外部性效应，提高蔬菜生产效率，促进蔬菜产量和产值的增加。主要表现为在集聚区域，存在蔬菜生产基础设施共享、生产技术溢出等效应，集聚区域蔬菜生产主体通过设施共享和信息交流，提高蔬菜生产效率和产量。

同时，集聚区域通过集聚的发展，提高蔬菜产业横向一体化和纵向一体化水平，提高蔬菜生产竞争力，形成主产区对蔬菜产业发展的引领作用，增强主产区在区域蔬菜产业发展中的作用，表现出集聚的市场整合效应。

蔬菜生产空间集聚的生产发展效应见图 8-1。

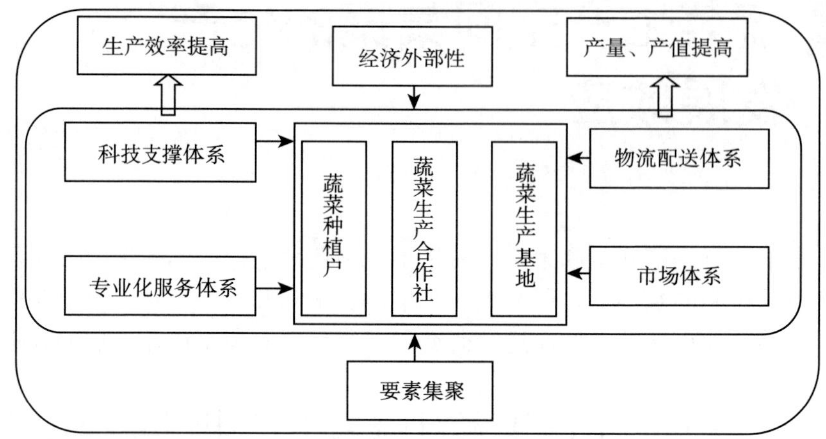

图 8-1 蔬菜生产空间集聚的生产发展效应

本章对集聚对蔬菜生产的发展效应进行分析，包括集聚对生产效率的作用和集聚对产量的作用，下一章将对集聚的市场整合效应进行分析。

关于增长的研究，以 Solow（1956）、Jorgenson 和 Griliches（1967）、Chow 等（2002）的研究为代表，考察生产要素对经济增长的作用。Ciccone（2002）、Ottaviano 等（2006）、Brulhart 等（2006）分别基于不同国家数据论证了集聚对经济增长的促进作用。关于国内农业经济增长的研究，周靖、汪小勤（2016）分不同时期和地区对中国农业增长的影响因素进行分析，研究认为改革开放以后，农业投入要素中的劳动力、农业机械总动力、化肥投入和农药投入在不同时期在我国东部、中部和西部不同区域对农业增长具有正向促进作用。农业要素投入对农业增长的效应根据自然条件的不同而不同。赵洪丹、陈丽爽（2018）认为农业生产要素投入中土地、劳动、资本、肥料对农业增长的作用显著。李平（2019）研究美国农业经济增长与农业机械化的关系，发现农机总动力对农业总产值有显著正向影响。Winsberg（1980）认为美国经济带的集聚对于美国农业经济增长具有促进作用。李隆伟（2018）考察云南农业集聚对经济增长的作用，认为农膜投入对经济增长具有正向作用，劳动力对经济增长具有负向作用。刘玉等（2018）对京津冀地区农业集聚与经济增长进行研究。吕超、周应恒（2011）认为蔬菜产业集聚促进蔬菜产业增长。王艳荣、刘业政（2012）对安徽农业集聚区进行研究，认为农业产业集聚对产业增长具有正向促进作用。张应良、徐亚东（2019）从经济学原理出发，讨论农村集体经济增长需要具备的五个理论条件，进一步丰富了农村经济增长理论。贾兴梅、

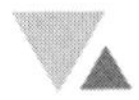

李平（2014）证明农业集聚与农业经济增长具有正相关关系。综上所述，农业经济增长的研究成果丰硕，关于农业集聚与农业产业增长的关系，相关文献一致认为二者存在正相关关系，农业集聚能够促进农业增长，同时，研究发现，不同农作物集聚情况存在差别，对于蔬菜生产集聚对蔬菜产业增长的影响，目前只有吕超、周应恒（2011）进行了研究。中国蔬菜产业发展迅速，集聚对于蔬菜产业发展是否具有促进作用？或者是否会出现威廉姆森假说的集聚导致生产效率下降？为回答上述问题，本章针对集聚对蔬菜生产的促进作用进行讨论。

8.2　蔬菜生产空间集聚的效率作用

集聚对产业增长的效应，一个重要的方面是集聚对效率的作用。在经济集约化发展、生产要素投入约束背景下，生产效率的提高显得尤为重要。度量产业生产效率的指标较多，蔬菜生产空间集聚对于提高蔬菜生产组织管理水平、蔬菜生产技术的传播具有重要影响，本部分重点分析蔬菜生产空间集聚对蔬菜生产技术效率的作用。

美国经济学家丹尼尔森将经济增长中的全要素生产率归因于规模报酬、资本配置和知识进步。Romer（1990）、Grossman 和 Helpman（1991）认为技术创新和技术扩散是影响全要素生产率的重要因素。根据相关文献，可以发现学者们对集聚对产业发展的影响做了大量研究。国外对集聚与效率的研究起步较早，比如克鲁格曼的研究。Barkley 等（1999）研究认为集聚不能促进生产效率增长。国内对不同行业集聚对其效率的影响做了相关研究，如余永泽等（2013）分析金融集聚对工业生产效率的提升作用，对金融集聚的空间溢出效应机理进行分析，分析了金融集聚对工业生产效率的作用机制，利用中国 230 个城市数据，建立地理距离空间权重矩阵，分析了金融业空间集聚对工业生产率提升的空间溢出效应，证明空间溢出效应随地理距离增加而递减。郭跃等（2015）对全国旅游业集聚对其全要素生产率的影响进行研究，认为集聚对旅游业全要素生产率具有正向影响，产业集聚主要通过促进旅游业技术效率提高而促进其全要素生产率提高。王艳荣（2012）和郝晓燕（2018）对农业生产集聚的效应进行研究，认为农业集聚能够促进农业生产效率提高。

8.2.1　蔬菜生产空间集聚对蔬菜生产效率增长的机制分析

新新经济地理学认为，区域生产效率差异来源于集聚效应和选择效应（郝晓燕，2018）。集聚效应表现为：集聚区域内部通过要素更有效的流通、知识和技术的溢出效应、共享基础设施等经济外部性提高生产效率。选择效应表现为：异质性企业根据自身竞争力选择区位，效率高的企业选择大市场区位，以获得更多的市场份额，从而形成高效率企业集聚区，在不断发展的过程中效率提高。而低效率企业为了避免与高效率企业竞争，选择较小市场区位，形成低效率企业集聚区，长期发展效率水平降低。根据集聚效应与选择效应，如果集聚能够促进生产效率提高，则应该进一步促进集聚发展以提高生产效率，如果集聚通过选择效应，形成低效率集聚区域，促进集聚会造成资源配置效率降低，应该采取措施降低集聚水平。关于集聚的效应，威廉姆森（1965）认为在交通运输条件和通信基础设施发展水平较低的情况下，集聚可以显著地提高生产效率，随着基础设施建设不断完善和市场逐渐发展，集聚对生产效率的促进作用会逐渐减弱、消失，甚至不利于经济增长，导致经济活动趋向分散。

结合蔬菜产业发展特点，虽然蔬菜生产分为露地生产和设施生产，而且蔬菜品种众多，但不论是露地生产还是设施生产，蔬菜生产都具有资本密集、技术密集和劳动密集的特点。蔬菜生产空间集聚对蔬菜生产效率的作用机制通过以下方面发挥作用：一方面蔬菜生产集聚通过要素集聚促进蔬菜生产效率的提高；另一方面蔬菜生产集聚通过技术和知识溢出促进生产效率提高。同时，集聚能够降低集聚区域相关生产主体的交易成本，促进蔬菜生产效率提高。

首先，生产集聚通过要素集聚促进蔬菜生产效率提高。蔬菜生产集聚区域形成，通过集聚经济效应吸引劳动、土地、资本和技术等生产要素进一步集中，增加区域蔬菜生产的要素供给数量（吕超等，2011）。农产品专业化生产区域的打造，促进农业生产区域集聚形成，农业生产的区域集聚促进相关农业生产要素的集聚，形成规模经济效应，提高生产效率。比如山东寿光蔬菜产业集聚，寿光蔬菜生产具有悠久的历史，在长期蔬菜生产过程中，形成了寿光蔬菜生产传统，形成蔬菜生产大规模连片式空间分布特征，使土地和劳动生产要素集中于蔬菜生产，通过规模经济，提高生产效率；同时，寿光蔬菜生产集聚促进生产资本和技术的集聚，为促进寿光蔬菜生产发展，政府和相关机构投入大量资金，科研机构在寿光建设蔬菜研发基地，增加技术投入和研发力度，促进蔬菜生产技术效率提高。另外，蔬菜生产集聚地区相对于非集聚地区，更容易引进专业化设施设备进行生产，更加快速推广先进的生产技术和经验，吸引农业技术人员和劳动力集中，从而促进农业生产技术要素的集聚。通过生产要素集聚的规模效应，提高蔬菜生产技术效率。

其次，集聚的经济外部性促进蔬菜生产效率提高。关于经济外部性最早的讨论源于马歇尔，蔬菜生产集聚的溢出效应对蔬菜生产效率增长的作用机制为：位于集聚区域的蔬菜种植户比较密集，彼此距离较近，这种空间邻近使得农户交流种植经验更加便捷，沟通信息更加方便，促进生产经验的外溢；同时，在农业生产技术指导和传播方面，集聚区域相对于非集聚区域的效率更

高，同样由于邻近的地理距离和相似的种植结构，使得农业生产技术的指导和推广变得更加有效率。寿光 1989 年试验成功冬暖式大棚技术后，全市有 2 000 多名干部群众赴实验基地参观学习，同时寿光组织 20 多名技术人员到各个乡镇进行技术指导，通过技术服务与传播，使得这项技术快速推广和使用，提高了蔬菜生产效率。

另外，农业生产集聚区域随着其集聚规模的扩大、知名度的提升，往往成为地区甚至全国农产品的重要集散地，在这样的情况下，专业化的农资服务机构和市场体系相继完善，促进产业一体化程度提高，促进生产效率提高。比如，寿光万亩蔬菜高科技示范园是集种子引进、繁育、试验、示范种植、蔬菜加工销售于一体的高科技农业示范基地。

蔬菜生产集聚对蔬菜生产效率的影响机制见图 8－2。

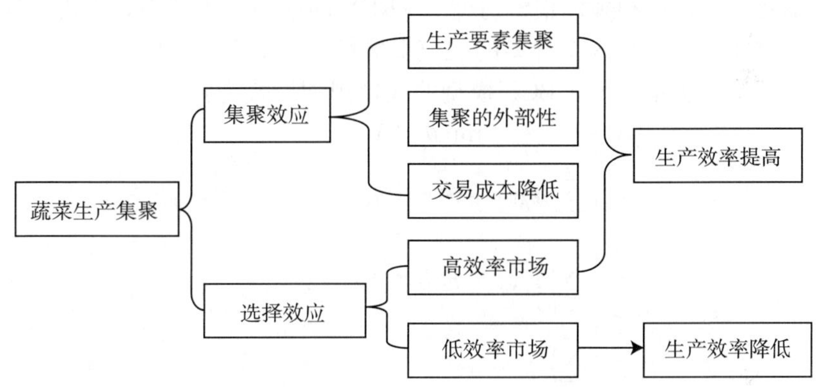

图 8－2　蔬菜生产集聚对蔬菜生产效率的影响机制

8.2.2　研究方法与数据来源

Farrell（1957）将公司效率分为技术效率和配置效率。在投入确定的情况下，公司能够获得最大产出的能力以技术效率反映；在各种投入价格确定的情况下，公司能够对投入使用最优比例的能力以配置效率反映。技术效率和配置效率结合形成总效率。技术效率一般认为是制度革新、组织创新等所产生的产出增加。生产技术效率反映的是在确定的生产条件下，投入量与产出水平之间的关系，反映生产过程中现有技术水平的有效性。如果生产要素投入的规模确定，则在合适的生产规模下，充分发挥科学技术水平和经营管理水平能够达到的最大产出，就是形成的生产前沿面，而在现实的生产过程中，与生产前沿面相比，在既定的投入下往往不能达到生产前沿面。现实获得的产量与生产前沿面的差距用生产技术效率描述，实际产量与生产前沿面的差距越小，说明技术效率水平越高。

8.2.2.1 数据包络分析法（DEA）

对于效率的分析，包括参数分析和非参数分析方法，DEA 是一种非参数分析方法。数据包络分析是一种以相对效率为基础的效率评价方法，考虑多投入和多产出效率的测度，其主要思想是在保持决策单元的输出或输入值不变的条件下，借助线性规划原理将决策单元投影到有效前沿面上，通过对比决策单元偏离有效前沿面的程度来评价决策单元各自的相对有效性。由于数据包络分析无须对数据进行无量纲化处理，所以被广泛应用于各种行业效率的测度。

数据包络分析模型分为投入主导型（input - orientated）和产出主导型（output - orientated）效率测度；投入主导型数据包络分析是在产出确定的情况下，讨论投入最小化的问题，产出主导型数据包络分析是在投入确定的情况下，讨论产出最大化的问题（李靓，2018）。根据规模报酬是否可变，分为规模报酬不变（CRS）和规模报酬可变（VRS）的情况，本章中，考虑蔬菜生产投入的可控性，选择投入主导型的规模报酬可变的 BCC 模型。

则对于 k 个决策单元，BCC 模型的线性规划形式为：

$$\min\theta = V_D$$

$$\text{s.t.}\begin{cases}\sum_{j=1}^{k}\gamma_j x_j + S^- = \theta x_t \\ \sum_{j=1}^{k}\gamma_j y_j - S^+ = y_t \\ \sum_{j=1}^{k}\gamma_j = 1 \\ \gamma_j \geqslant 0; j = 1,2,\cdots,k; S^-,S^+ \geqslant 0\end{cases} \tag{8-1}$$

其中，θ 为第 t 个决策单元的技术效率值，θ 的数值介于 0 和 1 之间，S^- 为投入的松弛变量，S^+ 为产出的松弛变量，γ_j 是第 j 个决策单元的非负权重，其中 θ、S^-、S^+、γ_j 为待估参数，当 $V_D=1$ 且此时最优解 θ'、$S^{-\prime}$、$S^{+\prime}$、γ_j' 都有 $S^{-\prime}=0$，$S^{+\prime}=0$，说明被评价单元位于生产前沿面上，也就是 DEA 有效。

8.2.2.2 Tobit 模型

数据包络分析得到的技术效率数值介于 0 和 1 之间，对于受限被解释变量，使用 OLS 估计不能得到一致估计，根据文献和技术效率数值特点，使用 Tobit 模型利用最大似然法进行估计（黄海艳，2014；邢慧茹等，2016）。

假设：

$$y_i^* = x_i'\beta + \varepsilon_i \tag{8-2}$$

其中 y_i^* 不可观测，扰动项 $\varepsilon_i \mid x_i \sim N(0, \delta^2)$，若在 0 处存在左归并，则可以观测到：

 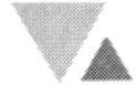

$$y_i = \begin{cases} y_i^*, \text{ if } \quad y_i^* > 0 \\ 0, \text{ if } \quad y_i^* \leqslant 0 \end{cases} \tag{8-3}$$

公式（8－3）中，y_i^* 为潜在被解释变量，y_i 为被解释变量。

本部分数据来源于项目组 2017 年和 2018 年对山东、河北、辽宁、北京和天津 212 户蔬菜种植户和村庄种植结构的调研数据，蔬菜生产分为露地蔬菜生产和设施蔬菜生产。本部分调研农户为设施蔬菜生产农户，结合调研的环渤海地区蔬菜生产和销售的特点，选择茄果类蔬菜生产农户进行调研，主要的原因为：茄果类蔬菜是环渤海地区蔬菜生产的重要品种，同时，茄果类蔬菜相对于叶类蔬菜，采摘后的加工成本较低，对储存和运输条件要求较低，可以实现长距离销售。

8.2.3 蔬菜生产空间集聚对蔬菜生产效率的作用

蔬菜生产集聚区域存在生产技术和知识溢出，农户生产效率会得益于这种溢出而提高，也可能由于拥挤效应而导致效率降低。

考虑到蔬菜生产实际，计算蔬菜生产效率的产出指标为蔬菜产值，投入指标根据相关理论和文献，选择土地、劳动、资本等，具体投入指标为：蔬菜播种面积、劳动投入、种苗费、肥料费（化肥费、有机肥费、冲施肥费、农家肥费）、病虫害防治费、地膜费、水电费（表 8－1），投入指标中除蔬菜播种面积以外，其余指标均为每亩平均数值。

表 8－1 蔬菜生产技术效率测算指标体系

体系	指标
产出	蔬菜产值
投入	蔬菜播种面积、劳动投入、种苗费、肥料费、病虫害防治费、地膜费、水电费

Tobit 回归模型的被解释变量为数据包络分析法测算得到的技术效率值，参考相关文献和理论（张哲晰等，2018），选择蔬菜生产空间集聚为核心解释变量，控制变量为：农户的受教育程度、农户从事蔬菜生产的年限、农户的种植规模即农户蔬菜种植面积、农户交流频率。

核心解释变量：蔬菜生产的空间集聚程度，以农户所在村庄的蔬菜播种面积占该村耕地面积的比例表示。比例越高，反映蔬菜生产集聚程度越高（张哲晰等，2018）。

控制变量：农户的受教育程度。农户受教育程度越高，则代表农户对蔬菜生产新技术接受和使用能力越强，对蔬菜生产要素使用和相关说明等掌握较好，对蔬菜技术指导理解和接受能力更强，能够提高蔬菜生产技术效率。本次调研按照农户受教育程度的高低进行排序：1 为未上学，2 为小学，3 为初中，4 为高中，5 为大专及以上。根据表 8-2，农户平均文化程度为小学到初中。

农户从事蔬菜生产的年限。相对于粮食生产，蔬菜生产环节多、管理更复杂，生产技术运用与农户生产经验密切相关，农户从事蔬菜生产年限越长，一般认为其种菜经验比较丰富，对蔬菜生产效率具有促进作用。

农户的种植规模。种植规模以农户蔬菜种植面积表示，较大的种植规模往往产生规模经济，样本中，农户蔬菜种植面积最小的为 0.84 亩，最大的为 40 亩。一般情况下，种植面积较小的农户，蔬菜生产可能不是其主要收入来源，所以其对蔬菜生产相关事宜关注度往往不够高，可能造成其蔬菜生产技术效率不高，而种植规模较大的农户对蔬菜生产关注度较高，结合规模经济效应，表现出较高的技术效率。

农户交流频率。农户交流频率反映农户获得蔬菜生产相关信息以及获得蔬菜生产技术和经验的机会。根据知识的溢出效应，农户交流频率较高对其蔬菜生产技术效率提高具有促进作用。

根据测算结果，结合调研数据，变量描述性统计见表 8-2。

表 8-2　变量描述性统计

变量	样本数（个）	均值	标准差	最小值	最大值
技术效率	212	0.55	0.31	0.10	1.00
集聚	212	0.43	0.32	0.03	1.00
受教育程度	212	2.92	0.70	1.00	5.00
种菜年限	212	18.20	8.59	2.00	40.00
交流频率	212	3.64	1.29	1.00	5.00
蔬菜种植面积	212	6.11	4.92	0.84	40.00

资料来源：调研数据。

根据数据包络分析计算结果，从表 8-3 中可以看出，蔬菜种植面积在 15 亩以上的农户技术效率值较高，而种植面积 15 亩以下农户的技术效率值在 0.53 左右，与生产前沿面差距较大。

表 8-3　不同蔬菜种植面积的平均技术效率值

蔬菜种植面积	平均技术效率值
0～5 亩	0.53
6～10 亩	0.53
11～15 亩	0.54
15 亩以上	0.82

资料来源：根据 DEA 测算结果整理。

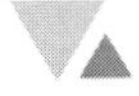

表 8-4 为回归结果，从回归结果中可以看出，生产集聚对蔬菜生产技术效率具有显著的促进作用。根据表 8-5 中对变量求解边际效应的结果，集聚每增加 1 个单位，蔬菜生产技术效率增长 0.138 个单位，验证了生产集聚能够促进蔬菜生产技术效率提高的假设。

表 8-4　Tobit 模型的回归结果

变量	系数	标准误	t 值	p 值
集聚	0.138**	0.065	2.11	0.036
受教育程度	−0.021	0.030	−0.69	0.488
种菜年限	0.005**	0.002	2.05	0.042
交流频率	−0.018	0.014	−1.27	0.206
蔬菜种植面积	0.010**	0.004	2.54	0.012
系数	0.464***	0.110	4.20	0.000

注：***、**、* 分别表示在 1%、5%、10%水平下显著。

表 8-5　变量回归系数

变量	dy/dx	标准误	t 值	p 值
集聚	0.138**	0.065	2.11	0.036
受教育程度	−0.021	0.030	−0.69	0.488
种菜年限	0.005**	0.002	2.05	0.042
交流频率	−0.018	0.014	−1.27	0.206
蔬菜种植面积	0.010**	0.004	2.54	0.012

注：***、**、* 分别表示在 1%、5%、10%水平下显著。

同时，控制变量，农户从事蔬菜种植年限和蔬菜种植面积对于促进技术效率提高具有正向作用。农户从事蔬菜种植年限对蔬菜生产技术效率具有显著正向促进作用，农户在长期蔬菜生产过程中，结合蔬菜生长的具体情况，在生产要素的投入和使用时间的把握、使用数量的把握等方面积累了丰富的经验，这些经验使得农户对蔬菜生产要素的投入更加合理，同时适时地施肥、喷药、采摘，使得产出更高，蔬菜生产技术效率更高。蔬菜种植面积对蔬菜生产技术效率具有正向促进作用，如前文分析，小规模的蔬菜种植户，由于生产规模较小，对蔬菜生产的关注度不高，造成其在蔬菜生产过程中对生产要素的投入把握不够精准，在对蔬菜生产管理等方面与大规模蔬菜生产相比，存在一定差距。而大规模蔬菜生产可以通过规模经济促进蔬菜生产技术效率提高，同时，大规模生产由于投资规模较大，农户对蔬菜生产各个环节的关注度很高，会根据蔬菜生产基地或合作社的指导积极组织蔬菜生产，从而提高蔬菜生产技术效率。

农户的受教育程度和农户的交流频率对蔬菜生产技术效率提高的作用均不显著。可能的原因为：蔬菜生产技术培训可能依据农户的知识水平展开，使得农户对新技术的掌握和使用能力对技术效率的提高作用没有通过受教育程度反映出来。而农户与农户之间的交流主要局限于同村或者在有限的范围之内展开，由于农户的交流范围较小，使得其对蔬菜生产技术效率提高的作用不显著。

考虑研究区域为北京、天津、河北、山东和辽宁，所在区域农业生产基础设施水平较高，经济比较发达，尤其是北京和天津，为了保证本地蔬菜的稳定供给，近些年保证稳定的蔬菜播种面积是政府工作的重要目标之一，进一步扩大蔬菜播种面积的空间较小。通过以上分析，蔬菜生产空间集聚对蔬菜生产技术效率具有显著的促进作用。下面对模型的内生性进行检验：根据工具变量选择的标准，工具变量与集聚相关，而与扰动项不相关，根据对蔬菜生产空间集聚的分析，商品化的蔬菜生产，便捷的运输条件对集聚发挥重要作用。同时，研究区域比较发达，交通条件较好，所以以村与其所在区的距离作为工具变量，满足工具变量与集聚相关，而距离是前定变量，满足与扰动项无关的工具变量选择条件。以村与所在行政区中心位置的距离为工具变量的 IV - Tobit 模型检验结果见表 8 - 6，Wald 检验：H_0：*corr*（ε_m，ε_v）$=0$，结果表明在本研究数据集下，技术效率与蔬菜生产空间集聚不存在内生性。

表 8 - 6　模型内生性检验

变量	系数	标准误	z 值	p 值
集聚	0.359*	0.199	1.81	0.071
受教育程度	−0.033	0.040	−0.81	0.481
种菜年限	0.006*	0.003	1.75	0.080
交流频率	−0.034*	0.021	−1.66	0.097
蔬菜种植面积	0.013**	0.006	2.17	0.030
系数	0.479***	0.159	3.01	0.003
Wald test of exogeneity（*corr*=0）：		chi2（1）=1.68		Prob>chi2=0.195 1

根据研究区域蔬菜生产实际，蔬菜生产集聚区域通过生产要素集聚和生产技术溢出等经济外部性，促进蔬菜生产技术效率提高。如前所述，寿光蔬菜生产集聚区域建设有先进的蔬菜科研机构，结合当地蔬菜生产实际，指导蔬菜生产并进行技术革新，显著促进蔬菜生产技术效率提高。

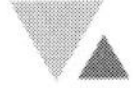

8.3 蔬菜生产空间集聚对蔬菜产量和产值的增长作用

8.3.1 研究方法

8.3.1.1 灰色关联分析

本部分主要考察蔬菜生产集聚与蔬菜产值增长之间的关系。灰色系统分析是邓聚龙教授于20世纪70年代末所创建的系统分析方法（徐光瑞，2010），灰色关联分析是根据因素之间发展趋势的相似或相异程度来衡量因素间关联程度的一种方法。灰色关联分析相对于计量经济学分析最大的优点在于对数据的要求比较简单，具体到本研究中，灰色关联分析可以描述蔬菜生产空间集聚与蔬菜产值发展的趋势，通过二者发展趋势的相似程度来度量二者的紧密程度。由于灰色关联分析方法相对于经济计量模型分析更简单，不用考虑计量模型中的内生性等问题，所以本部分选择使用灰色关联分析方法，分析集聚与蔬菜产值增长的关系。李博等（2016）利用灰色关联方法度量碳排放约束下中国农业生产效率的影响因素；吴玉鸣（2004）利用灰色关联方法分析中国农业综合生产能力与协调；吴歆等（2007）利用灰色关联分析方法分析产业集聚与产业竞争力间的联系与影响；徐光瑞（2010）利用灰色关联分析对中国5大高技术企业产业集聚与产业竞争力进行分析。本研究利用灰色关联分析方法研究蔬菜生产空间集聚与蔬菜产值增长的相互作用。具体步骤为：

第一，确定参考数列和比较数列。参考数列为中国各个地区蔬菜产值，为了排除价格变化因素对蔬菜产值的影响，本部分的蔬菜产值以2001年为基期，利用农业产值指数进行平减；比较数列为影响蔬菜产值的相关因素。

第二，对参考数列和比较数列进行无量纲化处理。即求各序列的初值像或均值像。本书采用初值像的方法实现数列无量纲化：

$$X_i'=\frac{X_i}{x_i(1)}=(x_i'(1),x_i'(2),\cdots,x_i'(n)),i=0,1,2,\cdots,m \tag{8-4}$$

第三，求差序列：

$$\Delta_i(k)=|x_0'(k)-x_i'(k)|,\Delta_i=(\Delta_i(1),\Delta_i(2),\cdots,\Delta_i(n)),i=1,2,\cdots,m \tag{8-5}$$

第四，求两极最大差和最小差（两级最大差为 M；两级最小差为 m）：

$$M=\max_i\max_k\Delta_i(k)\quad m=\min_i\min_k\Delta_i(k) \tag{8-6}$$

第五，求解关联系数：

$$\gamma_{0i}(k)=\frac{m+\Psi M}{\Delta_i(k)+\Psi M},\Psi\in(0,1),\quad k=1,2,\cdots,n;i=1,2,\cdots,m,\text{其中 }\Psi=0.5 \tag{8-7}$$

第六，计算关联度：

$$\gamma_0 = \frac{1}{n}\sum_{k=1}^{n}\gamma_{0i}(k), i = 1,2,\cdots,m \tag{8-8}$$

其中 γ_0 为灰色关联系数，x_i 为比较数列，x_0 为参考数列，i 为比较数列数量，k 为每一个比较数列的观测数据。

由于《中国农村统计年鉴》中，关于农业产值的分项统计开始于 2001 年，所以本研究以 2001 年到 2017 年中国蔬菜产值为参考数列，根据经济增长理论和集聚的规模效应和溢出效应，比较数列选择蔬菜生产集聚水平，以蔬菜播种面积占农作物总播种面积的比例表示。同时，影响蔬菜产值的因素还包括蔬菜播种面积，农业机械总动力，第一产业从业人员数，化肥和农药的投入量。数据来源于《中国农村统计年鉴》(2002—2018 年）和国家统计局网站。

8.3.1.2 LMDI 分解模型

LMDI，对数平均迪式指数分解，多用于对能源消费和碳排放量效应的分解（薛维，2019），主要用于分析目标变量变化的主导因素。LMDI 分解法具有可以分析多个部门效应，同时消除残差项的优点（高振宇等，2007）。本章应用 LMDI 模型考察蔬菜生产空间集聚对蔬菜产业增长的效应。参考郝晓燕(2018）的研究构建蔬菜产量增长效应的分解模型：

$$Q_t = \sum_{i=1}^{n}Q_{it} = \sum_{i=1}^{n}\frac{Q_{it}}{M_{it}}\times\frac{M_{it}}{K_{it}}\times K_{it} = \sum_{i=1}^{n}y_{it}\times x_{it}\times z_{it} \tag{8-9}$$

其中，Q_t 为第 t 年全国蔬菜总产量，Q_{it} 为各个省份第 t 年蔬菜总产量，M_{it} 为第 t 年 i 省蔬菜播种面积，K_{it} 为第 t 年 i 省农作物总播种面积，n 为全国 31 个省份，y_{it} 表示蔬菜单产，代表技术，x_{it} 表示蔬菜播种面积占农作物总播种面积的比例，代表集聚，z_{it} 为农作物总播种面积，代表规模。

根据 LMDI 加法模型，蔬菜总产量由 t 期到为 $t+1$ 期的变化量 ΔQ 可分解为技术效应 ΔT、集聚效应 ΔJ 和规模效应 ΔS 三者的加和形式，用公式表示为：

$$\Delta Q = Q_t - Q_{t-1} = \Delta T + \Delta J + \Delta S \tag{8-10}$$

其中：

$$\Delta T = \sum_{i=1}^{n}\frac{Q_{it} - Q_{it-1}}{\ln Q_{it} - \ln Q_{it-1}}\ln\left(\frac{Q_{it}}{M_{it}}\Big/\frac{Q_{it-1}}{M_{it-1}}\right) \tag{8-11}$$

$$\Delta J = \sum_{i=1}^{n}\frac{Q_{it} - Q_{it-1}}{\ln Q_{it} - \ln Q_{it-1}}\ln\left(\frac{M_{it}}{K_{it}}\Big/\frac{M_{it-1}}{K_{it-1}}\right) \tag{8-12}$$

$$\Delta S = \sum_{i=1}^{n}\frac{Q_{it} - Q_{it-1}}{\ln Q_{it} - \ln Q_{it-1}}\ln(K_{it}/K_{it-1}) \tag{8-13}$$

根据公式（8-10)，将蔬菜生产变化分解为技术效应、集聚效应和规模效应。

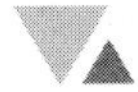

8.3.2　蔬菜生产空间集聚与蔬菜产值增长关系

根据表 8-7，在全国四大区域中，蔬菜生产空间集聚与蔬菜产值关联系数最大的是东北地区，关联系数为 0.71，根据灰色关联系数排名，最靠前的是西部地区。从灰色关联系数排名来看，根据对蔬菜产值增长机制的分析，要素投入在产值增长中发挥重要的作用。西部地区蔬菜生产空间集聚与蔬菜产值增长一致性最强，根据集聚对产值增长的促进作用分析，西部地区应该进一步促进蔬菜生产空间集聚，以促进蔬菜产业增长。从全国层面来看，生产集聚与蔬菜产值增长的关联系数为 0.61，与蔬菜播种面积的关联程度相近，农机动力水平与蔬菜产值关联程度最高，其次是化肥施用量和农药施用量，反映了资本和技术投入与蔬菜产值的密切关系。除了资本和技术投入外，与蔬菜产值关联程度较高的是蔬菜播种面积和集聚水平。

表 8-7　蔬菜产值增长的灰色关联系数

地区	影响因素	播种面积	集聚	农机动力	从业人员	化肥施用量	有效灌溉面积	农药施用量
东部地区	关联系数	0.57	0.57	0.62	0.56	0.58	0.56	0.59
	排序	4	5	1	6	3	6	2
中部地区	关联系数	0.61	0.60	0.73	0.59	0.63	0.60	0.66
	排序	4	5	1	7	3	6	2
东北地区	关联系数	0.71	0.71	0.57	0.73	0.76	0.77	0.57
	排序	4	5	6	3	2	1	7
西部地区	关联系数	0.64	0.65	0.67	0.62	0.64	0.62	0.64
	排序	3	2	1	7	4	7	5
全国	关联系数	0.61	0.61	0.69	0.59	0.64	0.60	0.64
	排序	4	5	1	7	2	6	3

资料来源：根据《中国农村统计年鉴》（2002—2018 年）和国家统计局数据计算得到。

8.3.3　蔬菜生产空间集聚对蔬菜产量的增长效应

8.3.3.1　全国蔬菜生产空间集聚的增长效应

选取 2000 年到 2017 年全国蔬菜产量数据，计算每年蔬菜产量的变化，利用 LMDI 对蔬菜产量变化进行分解，考察技术效应、集聚效应和规模效应对蔬菜产量变化的贡献度，重点关注集聚效应对蔬菜产量变化的贡献度。

图 8-3 和表 8-8 描述了全国蔬菜产量变化及其效应分解，从 2000 年到 2017 年，全国蔬菜产量呈现波动性变化，相对于以前年份，2002 年和 2003 年

全国蔬菜产量大幅度上升，之后又下降，2006 年和 2007 年全国蔬菜总产量有所下降，2010 年以后稳步上升。集聚效应表现为：2001 年到 2003 年大幅度上升，2004 年到 2007 年下降明显，2008 年上升后 2009 年和 2010 年下降，之后除 2016 年有小幅度下降外，其余年份均呈现相对平稳增长。集聚效应对蔬菜产量总效应的影响明显，从 2000 年到 2017 年，全国蔬菜产量变化累计总效应为 24 724.7 万吨。其中技术效应为 9 593.8 万吨，占总效应的 39%，集聚效应为 11 347.7 万吨，对蔬菜产量增长的贡献率为 46%，规模效应为 3 783.2 万吨，总体贡献率为 15%。可见，集聚效应是蔬菜产量增长的主要来源，其次是技术效应和规模效应。

2006 年与 2005 年相比，蔬菜产量下降 2 498.4 万吨，其中集聚效应下降 2 278.0 万吨，为产量下降的主要来源；2007 年与 2006 年相比蔬菜产量总效应下降 2 185.4 万吨，集聚效应下降 2 981.8 万吨，同样是总效应下降的主要来源。

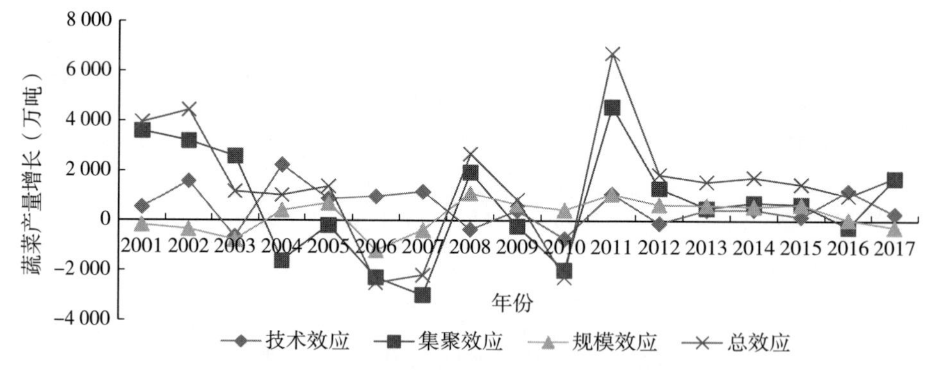

图 8－3　全国蔬菜产量增长效应分解

资料来源：《中国农村统计年鉴》(2001—2018 年)。

表 8－8　全国蔬菜产量增长效应分解

单位：万吨

年份	技术效应	集聚效应	规模效应	总效应
2001	534.1	3 596.4	−176.1	3 954.4
2002	1 587.4	3 200.6	−349.7	4 438.2
2003	−647.4	2 592.3	−773.2	1 171.7
2004	2 240.7	−1 614.1	405.8	1 032.4
2005	880.2	−191.7	698.3	1 386.8
2006	977.4	−2 278.0	−1 197.9	−2 498.4

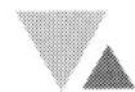

（续）

年份	技术效应	集聚效应	规模效应	总效应
2007	1 173.4	−2 981.8	−377.0	−2 185.4
2008	−363.2	1 948.4	1 105.1	2 690.3
2009	408.9	−220.8	654.2	842.3
2010	−725.4	−1 977.7	433.6	−2 269.4
2011	1 088.5	4 579.7	1 067.6	6 735.8
2012	−99.4	1 313.1	644.1	1 857.8
2013	438.8	509.8	624.9	1 573.5
2014	444.8	728.8	577.1	1 750.7
2015	160.8	664.4	651.3	1 476.5
2016	1 213.8	−248.8	44.0	1 009.1
2017	280.6	1 726.8	−248.9	1 758.5

资料来源：《中国农村统计年鉴》(2001—2018年)。

8.3.3.2 区域蔬菜生产空间集聚的增长效应

以下是对全国31个省份不同时间蔬菜产量变化的分解。

根据图8-4，2000年到2005年，各地区蔬菜产量变化最大的为河北、山东和河南，蔬菜产量增量分别为2 013.6万吨、1 350.2万吨和1 898.5万吨。从效应分解结果来看，河北的集聚效应与技术效应和规模效应相比表现突出，规模效应为负；山东的技术效应对总量的增加贡献最大，规模效应为负；河南三种效应均为正，集聚效应贡献最大，其次为技术效应和规模效应。辽宁、吉林和黑龙江集聚效应为负，主要原因为蔬菜播种面积占农作物总播种面积比例较小。其余省份中，浙江、江苏、福建、湖南、广东、广西、四川、陕西、甘肃等，集聚效应表现突出。综合来看，2005年以前，蔬菜生产规模在不断扩大，由于蔬菜生产相对于一般粮食生产来说具有较高的比较收益，使得各个地区蔬菜生产意愿增加。同时，设施技术和农业基础设施的进一步完善，使得蔬菜生产向西部地区不断扩张，蔬菜生产集聚程度不断增加。

如图8-5所示，2006年到2010年，多数省份蔬菜生产依然维持上涨趋势，蔬菜产量和规模在不断扩大，其间，新疆产量增长最大，集聚效应在新疆蔬菜增长中作用最大，其次为规模效应和技术效应；西部的四川、重庆、贵州、甘肃和云南等地区，蔬菜产量增长明显，其中集聚效应表现突出，成为增长的主要来源。河北、湖南、江苏、河南蔬菜产量增长明显，与西部地区不同的是，技术效应是其增长的主要来源，集聚效应仅次于技术效应。黑龙江蔬菜

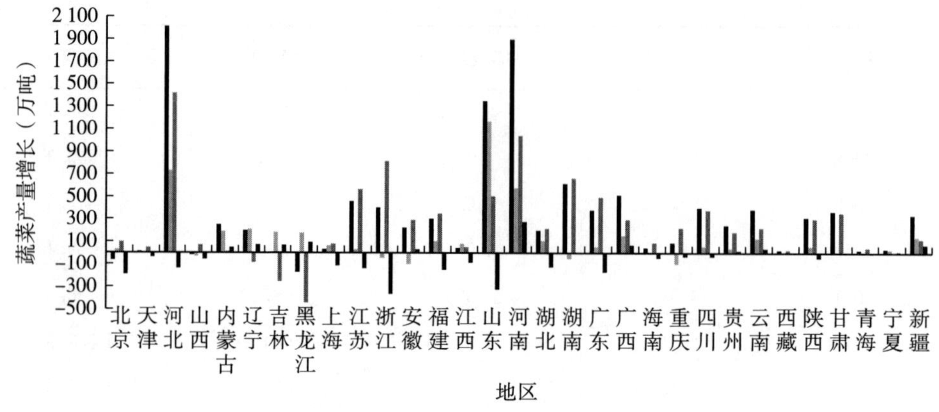

图 8 - 4　2000—2005 年蔬菜产量增长效应分解

资料来源：根据《中国农村统计年鉴》（2001—2006 年）计算得到。

产量下降明显，下降的主要来源为集聚效应。山东蔬菜产量增加的主要来源为技术效应，集聚效应为负。

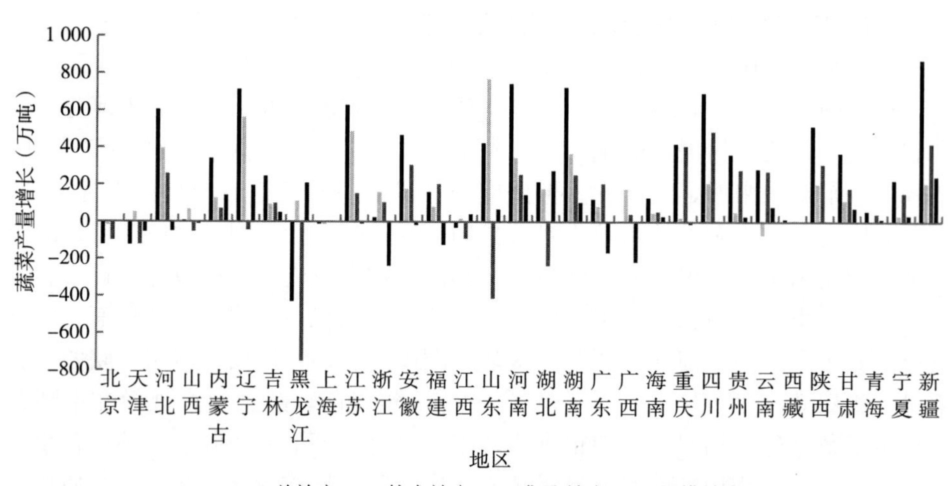

图 8 - 5　2006—2010 年蔬菜产量增长效应分解

资料来源：根据《中国农村统计年鉴》（2007—2011 年）计算得到。

2011 年到 2016 年（图 8 - 6），江苏蔬菜产量增长显著，集聚效应是其最主要的增长来源，其次是技术效应；河北、安徽、福建、湖南、四川、广东、广西、甘肃等与江苏一致，均表现为显著的集聚效应促进蔬菜产量增长，吉林和新疆等地的集聚效应为负。总之，在 2011 到 2016 年间，全国蔬菜产量仍然

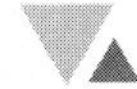

呈现出上涨的趋势，全国各个地区集聚效应对蔬菜产量增长效应显著。2017年，蔬菜生产在供给侧结构性改革的背景下，开始进行调整，全国蔬菜生产由追求数量增长转向追求质量增长的方向，蔬菜生产空间集聚将会在集约化的蔬菜生产中发挥对蔬菜产业增长的促进作用。

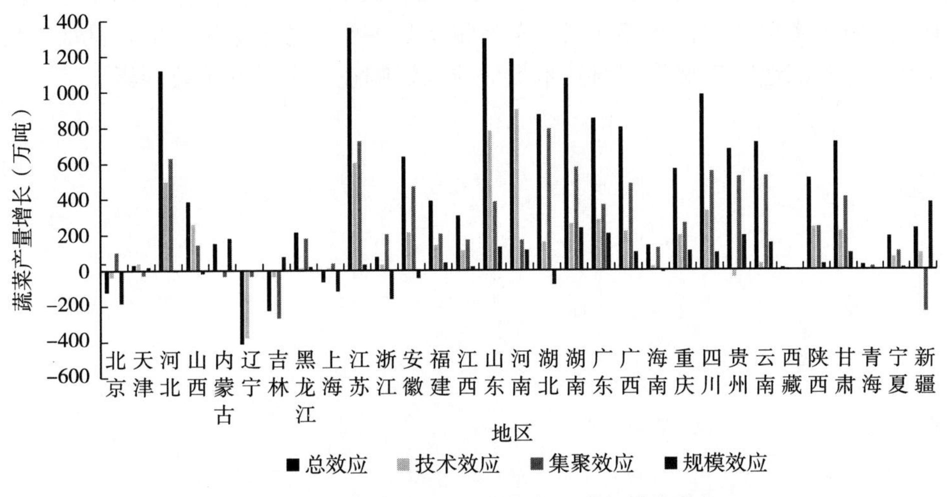

图 8-6　2011—2016 年蔬菜产量增长效应分解

资料来源：根据《中国农村统计年鉴》（2012—2017 年）计算得到。

8.4　本章小结

本章对蔬菜生产空间集聚对蔬菜生产技术效率和蔬菜产量增长的作用进行分析。首先运用数据包络分析法对北方 5 省市蔬菜生产技术效率进行测度，分析集聚对技术效率的作用。其次，利用 2000 年以后中国蔬菜生产数据，通过灰色关联分析和对数平均迪式指数分解方法分析蔬菜生产集聚对蔬菜产值和产量的增长作用。主要研究结论为：

第一，通过数据包络分析发现：从生产规模来看，蔬菜种植面积在 15 亩以上的农户技术效率值较高，而蔬菜种植面积在 15 亩以下农户的技术效率与生产前沿面差距较大。集聚能够显著促进蔬菜生产技术效率提升。同时，农户从事蔬菜种植年限和蔬菜种植面积对于促进技术效率提高具有正向作用，农户受教育程度和农户交流频率对蔬菜生产技术效率提高作用不显著。

第二，灰色关联分析结果表明，集聚对蔬菜产值的作用排在农业机械总动力、化肥投入和农药投入之后，大于劳动力和有效灌溉面积作用。蔬菜生产空间集聚与蔬菜产值关联系数最大的是东北地区，灰色关联系数排名最靠前的是西部地区，说明在研究期内，在影响蔬菜生产的众多因素中，对西部地区来说集聚对产值的影响更明显。

第三，对蔬菜产量变化进行 LMDI 分解的结果表明，集聚效应是全国蔬菜产量变化最主要的来源，贡献率为 46%，其次为技术效应。各个地区在不同时期集聚对产量变化的效应不尽相同。综合来看，东北地区产量下降明显，主要来源于集聚效应，西部地区蔬菜产量增加主要来源于集聚效应，其次为技术效应，东部地区集聚效应与技术效应成为影响蔬菜产量的主要因素。

9 蔬菜生产空间集聚的市场整合效应

在上一章的基础上，本章进一步推进，基于空间关联视角研究蔬菜生产空间集聚对蔬菜产业发展的效应，即集聚区域通过区域之间的相互影响，形成的对蔬菜产业发展的影响和作用。在集聚区域内部，蔬菜生产相关主体集中，以蔬菜种植户、生产合作社和蔬菜生产基地为核心，科研育种机构、生产资料服务机构、运输物流机构和蔬菜销售机构集中，在集聚区域形成以蔬菜生产为核心的蔬菜产业一体化。随着集聚区域蔬菜生产的发展，这种一体化程度不断提升，集聚能够促进蔬菜产量、产值和蔬菜生产效率的提高，促进蔬菜生产集聚区域蔬菜产业的发展。作为主产区，集聚区域通过生产和销售，与主销区和其他主产区产生关联，一方面，主产区作为主要的供给方，影响主销区蔬菜供给，同时主销区的需求也会影响主产区的生产；另一方面，主产区之间由于存在共同的销售市场而形成相互影响，这种区域之间的相互影响，表现为集聚的市场整合效应，即集聚区域，也就是蔬菜的主产区在区域市场整合中的作用（图 9－1）。根据蔬菜生产空间集聚对蔬菜产业发展的促进作用，随着集聚规模的扩大，集聚区域对蔬菜市场整合会发挥更大的作用。

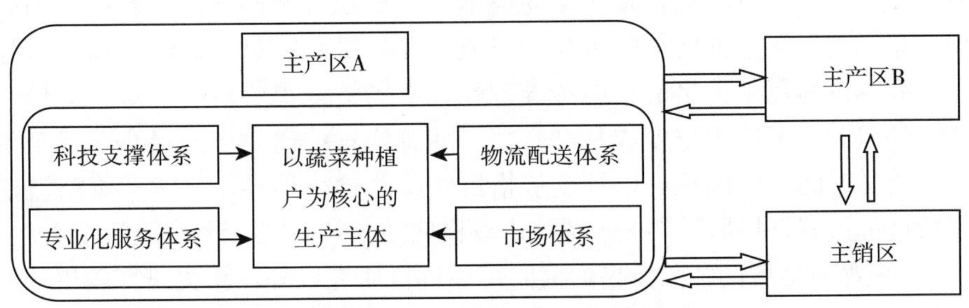

图 9－1　蔬菜生产空间集聚的市场整合效应

“一价定律”认为：同质商品在不同市场上销售价格应该是一样的（Balcombe 等，2007），对于空间分离的市场，同质商品在相互分离的空间市场上的价格之差应该等于商品的交易成本（马述忠等，2017；周章跃等，1999）。如果两个空间隔离市场的价格之差不等于交易成本，就会存在套利行为，套利行为会促进商品从价格较低的市场流入价格较高的市场，所以套利行为使得空间分离的市场价格联系在一起，如果空间分离的市场价格由于套利行为而有效连接在一起，则认为市场是整合的（马述忠等，2017）。市场整合通过商品跨区域流通及相应价格跨区域传导的情况反映（潘方卉等，2016）。市场整合理论以完全竞争市场为基本假设，在一个完全竞争市场上，价格是调节供求的基础，均衡价格下的资源配置效率是最高的。所以，市场整合程度越高，资源配置越有效率。对于蔬菜价格，区域高度的市场整合会促使套利者将价格较低市场的蔬菜运到价格较高市场上销售，从而获得盈利，在整个套利过程中，实现了蔬菜价格跨市场的空间联动。所以，从这个角度来看，蔬菜价格的空间传导是否顺畅，反映了蔬菜市场的空间整合程度。主产区是蔬菜的主要供给来源，主产区蔬菜生产对销售市场的影响，反映为蔬菜主产区对主销区的价格传导效应；同时主产区之间由于存在共同的市场而存在竞争，其价格也会相互影响，表现为主产区与主产区的价格传导效应。因主产区在蔬菜供给中的地位，其在区域蔬菜市场整合中的作用比较重要。蔬菜主产区在其蔬菜产业不断发展的过程中，蔬菜生产和供给能力加强，从而对区域蔬菜产业发展的影响进一步扩大，从价格的跨区域传导来看，主产区蔬菜价格对区域内主销区和其他主产区的影响，体现为主产区蔬菜价格在价格长期均衡中发挥作用，即蔬菜集聚区域的市场整合效应。

9.1 主产区与主销区蔬菜价格

综合相关文献，关于市场整合的研究受到学者们的普遍关注，从价格空间传导角度研究产业市场整合是在交易成本等数据缺失条件下比较有效率的研究手段。总结关于蔬菜价格空间传导的研究，多数研究针对产业链的纵向传导方面，研究结论为蔬菜价格的正向传导顺畅，市场整合程度较高。对蔬菜价格纵向传导的研究，多使用季度或月度数据，随着信息传递效率的提高，蔬菜价格的信息传递时间不断缩短，以月度价格反映蔬菜价格传导，显然对价格波动的很多特征都没有直接反映。关于蔬菜市场横向整合的研究，除了李靓（2018）利用 VAR 模型对地区间蔬菜价格的横向传导进行研究以外，相关研究较少。鉴于以上研究进展和本章的研究目标，本章采用蔬菜主产区（集聚区）山东、河北和辽宁与蔬菜主销区（非集聚区）北京的番茄日度价格，分析集聚的市场整合效应，从价格的横向传导与纵向传导两个方面进行考察。通过对四省市批发价格的空间传导分析，研究蔬菜主产区与主产区、主产区与主销区的横向市场整合情况，通过山东、河北和辽宁批发价格与北京零售价格的空间传导，研究主产区与主销区的纵向市场整合情况。通过横向市场整合和纵向市场整合研究，反映集聚区域的市场整合效应。由于地理邻近等原因，山东、河北和辽宁蔬菜

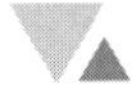

占据北京外来蔬菜市场较大的份额，其中番茄是主要品种之一，具有代表性。

蔬菜是人们每日消费的必需品，北京庞大的人口规模引致了巨大的蔬菜需求，为蔬菜主销区。在环渤海地区，根据天津市农委统计，天津蔬菜自给率较高，所以以北京代表蔬菜主销区。山东连续多年是中国蔬菜产量全国排名第一的省份，河北和辽宁也是重要的蔬菜产区，从蔬菜供给角度，河北、山东和辽宁是蔬菜重要供给来源地，为主产区。从地理位置来看，上述北方四省市地理距离较近，交通运输基础较好，能够满足蔬菜对运输快捷便利的要求。

结合环渤海地区蔬菜生产和销售的特点，尤其是北京，为了保证本市蔬菜的稳定供给，在保证本市蔬菜生产情况下，大力发展河北、山东和辽宁等地蔬菜对北京的供给，从蔬菜品种来看，果类蔬菜相对于叶类蔬菜更便于运输，根据蔬菜生产和销售实际，本章选择番茄作为研究对象，分析环渤海地区蔬菜生产空间集聚的区域蔬菜市场整合效应。

图 9-2 是 2018 年 1 月 1 日到 2019 年 4 月 15 日北京、河北、山东和辽宁番茄批发价格和北京市超市零售价格的变化情况。从图中可以发现，批发价格和零售价格的变化趋势一致，呈现出随着时间的推移逐步上涨的趋势，但是涨幅不大。批发价格各个省市差距不大，北京的零售价格稳定地比批发价格高 2～4元。在价格变化过程中，2018 年 2 月下旬、2018 年 10 月中下旬和 2019 年 2 月中旬，出现明显波动，在研究期内，价格整体呈现波动上升的趋势。

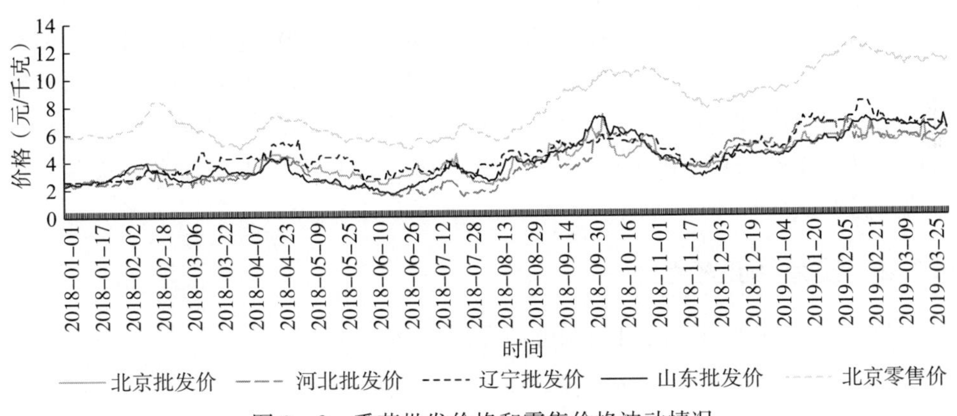

图 9-2 番茄批发价格和零售价格波动情况

资料来源：商务部百家农产品市场数据和北京市价格监测中心。

9.2 研究方法与数据来源

蔬菜市场整合的研究思路为：将主销区北京与主产区河北、山东、辽宁作为考察对象，检验上述地区蔬菜价格的协整关系，对其短期偏离均衡的调整情况进行考察，最后分析地区之间价格传导的格兰杰因果关系，根据其价格传导情况，考察主销区与主产区在价格传导中的作用，反映集聚的市场整合效应。根据以上研究思路，选择的研究方法为向量误差修正模型和格兰杰因果检验。

地区之间的价格序列在时间和空间上存在高度的相互影响，内生变量可能存在于方程的左端也可能存在于方程的右端，这使得估计和推断变得更加复杂，为了解决这些问题，一般采用非结构性方法来建立各个变量之间关系的模型（高铁梅，2005）。本研究借鉴既有研究的做法（宋长明等，2013；刘艺卓等，2015），选择向量误差修正模型和格兰杰因果检验等时间序列方法，来分析存在内生影响关系的区域间价格长期均衡和短期修正。

9.2.1 协整检验

假设两个 I（1）过程，$\{y_t\}$ 和 $\{z_t\}$ 为：

$$\begin{cases} y_t = \alpha + \beta x_t + \varepsilon_t \\ z_t = \delta + \phi x_t + \gamma_t \end{cases} \tag{9-1}$$

x_t 为随机游走，即 $x_t = x_{t-1} + \lambda_t$；其中 ε_t，γ_t 和 λ_t 为白噪声，由于 $\{y_t\}$ 和 $\{z_t\}$ 拥有共同的时间趋势 x，所以两者的线性组合即为平稳过程：

$$\phi y_t - \beta z_t = (\alpha\phi - \beta\delta) + (\phi\varepsilon_t - \beta\gamma_t) \tag{9-2}$$

此时，称 $\{y_t\}$ 和 $\{z_t\}$ 是协整的，向量（ϕ，$-\beta$）为协整向量或协整系数。对于两个 I（1）变量，只可能存在一个协整关系，则对于 m 个 I（1）变量，最多可能存在（$m-1$）个协整关系，一组 I（1）变量协整关系的个数称为协整秩。本章采用 Johansen“迹检验”和“最大特征值统计量”检验，进行协整检验。

9.2.2 误差修正模型

考虑 z_t 的（1，1）阶自回归分布滞后模型：

$$z_t = \alpha + \beta_1 x_t + \beta_2 x_{t-1} + \beta_3 z_{t-1} + \varepsilon_t \tag{9-3}$$

其中，$|\beta_3| < 1$，假设根据经济理论分析，（z，x）之间存在长期均衡关系：$z = \phi + \delta x$，对公式（9－3）两边求期望，令 $z^* = E(z_t) = E(z_{t-1})$，$x^* = E(x_t) = E(x_{t-1})$ 则有：

$$z^* = \alpha + \beta_1 x^* + \beta_2 x^* + \beta_3 z^* \tag{9-4}$$

$$(1-\beta_3)z^* = \alpha + (\beta_1 + \beta_2)x^* \tag{9-5}$$

$$z^* = \frac{\alpha}{1-\beta_3} + \frac{\beta_1 + \beta_2}{1-\beta_3}x^* \tag{9-6}$$

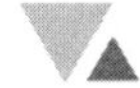

所以，$\phi=\frac{\alpha}{1-\beta_3}$，$\delta=\frac{\beta_1+\beta_2}{1-\beta_3}$，$\delta=\frac{\beta_1+\beta_2}{1-\beta_3}$为长期乘数，反映当 x 永久变化 1 单位时，对 z 导致的永久变化的幅度。

关于误差修正模型，对公式（9－3）两边同时减去 z_{t-1}，在公式右边加上再减去 $\beta_1 x_{t-1}$，则有：

$$\Delta z_t = \alpha + \beta_1 \Delta x_t + (\beta_1 + \beta_2)x_{t-1} + (\beta_3 - 1)z_{t-1} + \varepsilon_t \quad (9-7)$$

$$\Delta z_t = \beta_1 \Delta x_t + (\beta_3 - 1)\left(z_{t-1} - \frac{\beta_1 + \beta_2}{1-\beta_3}x_{t-1} - \frac{\alpha}{1-\beta_3}\right) + \varepsilon_t \quad (9-8)$$

即：

$$\Delta z_t = \beta_1 \Delta x_t + (\beta_3 - 1)(z_{t-1} - \delta x_{t-1} - \phi) + \varepsilon_t \quad (9-9)$$

其中（β_3-1）（$z_{t-1}-\delta x_{t-1}-\phi$）即为误差修正项：$ECM_{t-1}$，另外，$\beta_3-1$ 为误差修正系数。

向量误差修正（vector error correction，VEC）模型是将单方程 ECM 模型推广到 VAR 系统，是在 VAR 模型基础上发展出来的对各变量施加了协整约束条件的 VAR 模型。对于一个 VAR（p）模型：

$$z_t = \Phi_1 z_{t-1} + \cdots + \Phi_p z_{t-p} + Kx_t + \varepsilon_t \quad (9-10)$$

其中，z_{1t}，z_{2t}，…，z_{nt} 为非平稳的 I（1）变量，x_t 为确定的 m 维外生向量，ε_t 为 n 维扰动向量，则对公式（9－10）进行差分：

$$\Delta z_t = \Pi z_{t-1} + \sum_{i=1}^{p-1}\Gamma_i \Delta z_{t-i} + Kx_t + \varepsilon_t \quad (9-11)$$

其中，$\Pi=\sum_{i=1}^{p}\Phi_i - I, \Gamma_i = -\sum_{j=i+1}^{p}\Phi_j$，变量之间是否存在协整关系，主要依赖于矩阵 Π 的秩，若 Π 的秩为 r，当 $0<r<n$，表示存在 r 个协整组合。Π 可以分解为两个（$n\times r$）阶矩阵 α 和 β 的乘积：$\Pi=\alpha\beta'$，检验方法为 Johansen “迹检验”和“最大特征值统计量”检验。

根据公式（9－11），不包含外生变量的向量误差修正模型为：

$$\Delta z_t = \alpha\beta' z_{t-1} + \sum_{i=1}^{p-1}\Gamma_i \Delta z_{t-i} + \varepsilon_t \quad (9-12)$$

$\beta' z_{t-1}$的每一行均为一个 I（0）向量，则向量误差修正模型为：

$$\Delta z_t = \alpha ecm_{t-1} + \sum_{i=1}^{p-1}\Gamma_i \Delta z_{t-i} + \varepsilon_t \quad (9-13)$$

其中，$ecm_{t-1}=\beta' z_{t-1}$为误差修正项。

9.2.3　格兰杰因果检验

格兰杰（1969）提出的检验思想需要确定经济中的因果关系是从 x 到 y，

或是从 y 到 x，或是 x 与 y 相为因果关系。如果 x 是 y 的因，而 y 不是 x 的因，则表明 x 的过去值可以帮助预测 y 的将来值，而 y 的过去值不能帮助预测 x 的将来值。建立时间序列模型：

$$y_t = \alpha + \sum_{n=1}^{p} \delta_n y_{i-n} + \sum_{n=1}^{p} \lambda_n x_{t-n} + \varepsilon_t \qquad (9-14)$$

其中 p 为滞后阶数，p 可以根据信息准则确定。

根据上述公式，判断 x 的过去值是否能帮助预测 y 的将来值，也就是检验 x 滞后阶数的系数是否显著为零。原假设为：H_0：$\lambda_1 = \lambda_2 = \cdots = \lambda_p = 0$，若拒绝原假设，说明 x 的过去值对 y 的将来值的预测有帮助，即 x 是 y 的因。对上述时间序列模型中的 x 与 y 的位置互换，就可以检验 y 是否为 x 的因（陈强，2013）。

9.2.4 数据来源

选取 2018 年 1 月 1 日到 2019 年 4 月 15 日，北京、河北、山东、辽宁四省市番茄每日批发价格和北京市超市番茄每日零售价格作为研究对象，其中批发价格数据来自商务部百家农产品市场数据，北京超市零售价格来自北京市价格监测中心。蔬菜批发价格和零售价格描述性统计见表 9－1。

表 9－1 蔬菜批发价格和零售价格描述性统计

变量	样本数（个）	均值	标准差	最小值	最大值
bjpf	464	2.04	0.585	1.1	3.675
hbpf	464	1.897	0.768	0.725	3.5
lnpf	464	2.302	0.696	1.238	4.125
sdpf	464	2.023	0.738	0.8	3.625
bjlsh	464	3.979	1.097	2.46	6.39

资料来源：商务部百家农产品市场数据和北京市价格监测中心。

注：以 *bjpf*、*hbpf*、*lnpf*、*sdpf* 分别代表北京、河北、辽宁和山东蔬菜批发价格，以 *bjlsh* 代表北京超市蔬菜零售价格。

9.3 蔬菜生产空间集聚的横向市场整合效应

选择主产区河北、山东、辽宁和主销区北京蔬菜批发价格作为研究对象。为了清楚反映集聚区域与非集聚区域以及集聚区域之间的横向市场整合情况，考察河北、山东、辽宁和北京蔬菜批发价格是否存在长期协整关系，短期动态

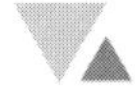

调整以及价格传导情况。

9.3.1　序列平稳性检验

根据研究目标，需要对北京、河北、山东和辽宁的蔬菜批发价格进行协整检验，以此来确定四个地区的蔬菜批发价格是否存在协整关系。协整检验要求原序列不一定是平稳的，但其单整阶数要一致。

从表 9-2 蔬菜批发价格 ADF 单位根检验结果可以看出，蔬菜批发价格的原始序列是不平稳的，其一阶差分后的序列都是平稳的，所以各地区蔬菜批发价格序列可以进一步进行协整检验。

表 9-2　蔬菜批发价格平稳性检验

变量名称	ADF 统计量	p 值	结论	变量名称	ADF 统计量	p 值	结论
lbjpf	−2.274	0.180 5	不平稳	$\Delta lbjpf$	−21.357	0.000 0	平稳
lhbpf	−1.278	0.639 1	不平稳	$\Delta lhbpf$	−23.353	0.000 0	平稳
llnpf	−1.669	0.447 3	不平稳	$\Delta llnpf$	−21.796	0.000 0	平稳
lsdpf	−1.003	0.752 3	不平稳	$\Delta lsdpf$	−19.263	0.000 0	平稳

说明：*lbjpf*、*lhbpf*、*llnpf*、*lsdpf* 分别表示北京蔬菜批发价格、河北蔬菜批发价格、辽宁蔬菜批发价格、山东蔬菜批发价格的对数序列，Δ 表示对数序列的一阶差分。

9.3.2　滞后阶数的确定

在运用 Johansen 协整检验分析各地区蔬菜批发价格间是否存在长期均衡关系之前，需要确定 VAR 模型的滞后阶数。根据表 9-3，根据赤池信息准则（*AIC*），主销区和主产区蔬菜批发价格序列的滞后阶数为 2。

表 9-3　蔬菜批发价格 VAR 滞后阶数确定

项目	滞后 0 期	滞后 1 期	滞后 2 期	滞后 3 期	滞后 4 期
AIC	−2.186	−12.716	−12.723*	−12.716	−12.686

9.3.3　长期均衡关系

由于各地区蔬菜批发价格原时间序列均为不平稳序列，而一阶差分序列均为平稳序列，因此采用 Johansen 协整检验考察四省市蔬菜批发价格之间是否存在协整关系。

根据表 9-4，四省市间蔬菜批发价格存在 1 个长期协整关系。因此可以得出集聚区域与非集聚区域以及集聚区域之间蔬菜批发价格存在长期稳定的均衡关系的结论。

表 9－4　蔬菜批发价格的协整检验

协整秩 H_0	对数似然值	特征值	迹统计量		最大特征值统计量	
			统计量	5%临界值	统计量	5%临界值
$r=0$	2 953.253	—	61.135	47.210	32.455	27.070
$r\leqslant1$	2 969.481	0.068	28.680*	29.680	15.046	20.970
$r\leqslant2$	2 977.004	0.032	13.635	15.410	12.278	14.070
$r\leqslant3$	2 983.143	0.026	1.356	3.760	1.356	3.760
$r\leqslant4$	2 983.821	0.003	—	—	—	—

蔬菜批发价格的长期均衡关系表达式如下（***，**，*分别表示在1%、5%、10%水平下显著，括号内为 z 值，下同）：

$$lbjpf = 0.195 + 0.261lhbpf + 0.292lsdpf + 0.199llnpf$$
$$(2.49^{**}) \quad (2.41^{**}) \quad (1.60) \tag{9-15}$$

公式（9－15）为主销区北京蔬菜批发价格与主产区河北、山东、辽宁三省蔬菜批发价格的协整关系式。长期来看，北京市蔬菜批发价格与河北、山东、辽宁三地蔬菜批发价格之间都存在正相关关系。其中山东蔬菜批发价格对北京蔬菜批发价格的影响要明显高于河北和辽宁，在其他条件不变的情况下，河北、山东蔬菜批发价格每变动1%，分别会引起北京蔬菜批发价格变动0.261%和0.292%，而辽宁蔬菜批发价格变动对北京蔬菜批发价格影响不显著。

9.3.4　蔬菜批发价格的短期动态关系

误差修正模型反映集聚区域之间以及集聚区域与非集聚区域之间的短期动态关系，结果如下：

$$\begin{aligned}\Delta lbjpf_t = & -0.131ECM_{t-1} + 0.065\Delta lbjpf_{t-1} - 0.025\Delta lhbpf_{t-1} \\ & (-5.66^{***}) \quad (1.39) \quad (-0.58) \\ & +0.154\Delta lsdpf_{t-1} + 0.049\Delta llnpf_{t-1} \\ & (2.41^{**}) \quad (0.9)\end{aligned} \tag{9-16}$$

$$\begin{aligned}\Delta lhbpf_t = & -0.163ECM_{t-1} + 0.099\Delta lbjpf_{t-1} - 0.140\Delta lhbpf_{t-1} \\ & (-0.63) \quad (1.88^{*}) \quad (-2.91^{***}) \\ & +0.168\Delta lsdpf_{t-1} + 0.063\Delta llnpf_{t-1} \\ & (2.35^{**}) \quad (1.06)\end{aligned} \tag{9-17}$$

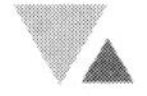

$$\begin{aligned}\Delta lsdpf_t = & 0.008ECM_{t-1} + 0.099\Delta lbjpf_{t-1} + 0.035\Delta lhbpf_{t-1} \\ & (0.48) \qquad (2.85^{***}) \qquad (1.12) \\ & + 0.043\Delta lsdpf_{t-1} + 0.068\Delta llnpf_{t-1} \\ & (0.92) \qquad (1.71^{*})\end{aligned} \tag{9-18}$$

$$\begin{aligned}\Delta llnpf_t = & 0.007ECM_{t-1} + 0.032\Delta lbjpf_{t-1} + 0.018\Delta lhbpf_{t-1} \\ & (0.35) \qquad (0.78) \qquad (0.48) \\ & + 0.072\Delta lsdpf_{t-1} - 0.038\Delta llnpf_{t-1} \\ & (1.29) \qquad (-0.8)\end{aligned} \tag{9-19}$$

$$\begin{aligned}ECM_{t-1} = & lbjpf_{t-1} - 0.195 - 0.261lhbpf_{t-1} - 0.292lsdpf_{t-1} - 0.199l\ln pf_{t-1} \\ & \qquad (2.49^{**}) \qquad (2.41^{**}) \qquad (1.60)\end{aligned} \tag{9-20}$$

公式（9-16）表明，短期来看，山东蔬菜批发价格对北京蔬菜批发价格影响最强，山东蔬菜批发价格每变动1%，会导致北京蔬菜批发价格产生0.154%的同向变动，河北及辽宁蔬菜批发价格对北京蔬菜批发价格影响不显著。同时，模型中误差修正项 *ECM* 的系数为负，且在1%水平上通过了统计检验，符合反向修正机制，即主销区北京与主产区河北、山东、辽宁蔬菜批发价格之间存在误差修正机制，误差修正强度为13.1%。

公式（9-17）、公式（9-18）、公式（9-19）表明，河北、山东、辽宁的蔬菜批发价格方程的误差修正项系数均不显著，即三省的蔬菜批发价格短期波动不存在误差修正机制；短期来看，河北蔬菜批发价格主要受自身上一期价格和山东上一期蔬菜批发价格波动影响，山东蔬菜批发价格主要受北京上一期蔬菜批发价格和辽宁上一期蔬菜批发价格波动影响。

上述结果表明，主销区蔬菜批发价格发生短期波动时，其价格波动一方面受相关市场的误差修正机制影响，另一方面也受部分主产区蔬菜批发价格波动影响；而主产区蔬菜批发价格发生短期波动时，相关市场的误差修正机制不发挥作用，主要受自身价格或相邻省市蔬菜批发价格变动影响。显然，主销区与主产区蔬菜批发市场之间整合度更高，而主产区蔬菜批发市场整合度相对较低。

9.3.5 价格传导路径

为了反映地区间蔬菜价格的区域传导路径，对蔬菜批发价格进行格兰杰因果关系检验（表9-5，图9-3）。

表9-5 蔬菜批发价格横向传导的格兰杰因果检验

原假设	chi2	p 值	结论
北京不是河北的格兰杰原因	10.305	0.067	拒绝原假设√

（续）

原假设	chi2	p 值	结论
河北不是北京的格兰杰原因	19.953	0.001	拒绝原假设√
北京不是辽宁的格兰杰原因	3.125	0.373	接受原假设
辽宁不是北京的格兰杰原因	1.430	0.698	接受原假设
北京不是山东的格兰杰原因	18.097	0.001	拒绝原假设√
山东不是北京的格兰杰原因	23.703	0.000	拒绝原假设√
河北不是辽宁的格兰杰原因	5.228	0.265	接受原假设
辽宁不是河北的格兰杰原因	4.849	0.303	接受原假设
河北不是山东的格兰杰原因	5.529	0.237	接受原假设
山东不是河北的格兰杰原因	14.637	0.006	拒绝原假设√
辽宁不是山东的格兰杰原因	4.315	0.116	接受原假设
山东不是辽宁的格兰杰原因	4.817	0.090	拒绝原假设√

注：10%显著水平下得出的结论。

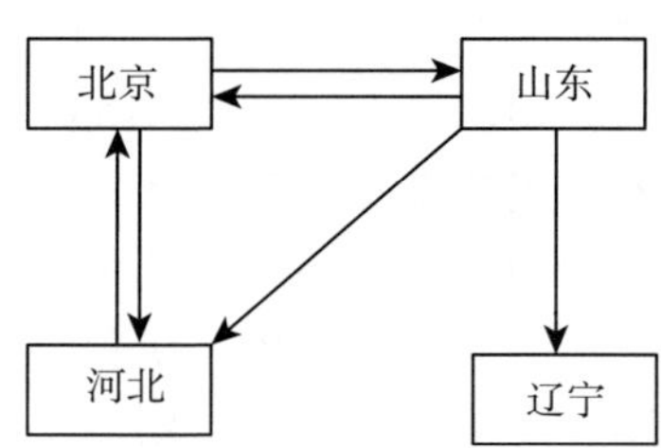

图 9-3　蔬菜价格横向传导的格兰杰因果检验

根据格兰杰因果关系检验结果：作为蔬菜主产区的山东是北京、河北、辽宁蔬菜价格变动的格兰杰原因。山东蔬菜过去的价格有助于预测其他地区蔬菜未来的价格，同时，作为主产区的河北蔬菜批发价格是主销区北京蔬菜批发价格的格兰杰原因，证明了主产区对蔬菜市场价格具有引导作用。主销区对主产区价格具有反馈作用，山东与北京、北京与河北均互为格兰杰因果关系。格兰杰因果关系检验反映了价格在地区之间的传导关系，在四省市中，蔬菜批发价格区域横向传导顺畅，山东作为全国最大的蔬菜主产区，其蔬菜批发价格是四省市中其他三个地区蔬菜批发价格的格兰杰原因，可见主产区在蔬菜价格横向传导过程中发挥了重要作用。结合长期协整关系和短期误差修正模型的分析结果，蔬菜生产集聚区域对蔬菜市场横向整合具有重要作用。蔬菜生产集聚区域作为区域蔬菜的主要来源，在蔬菜价格的跨区域传导中，发挥重要作用。

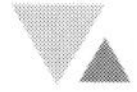

9.4 蔬菜生产空间集聚的纵向市场整合效应

在对蔬菜生产空间集聚的纵向市场整合效应研究中，选取主销区北京蔬菜超市零售价格与主产区河北、辽宁和山东的批发价格，考察蔬菜批发价格与零售价格的跨区域纵向传导，进而反映蔬菜主产区的纵向市场整合效应。

9.4.1 序列平稳性检验

首先对蔬菜价格序列做平稳性检验，结果表明北京零售价格及河北、山东、辽宁三省的批发价格的原始序列是不平稳的，其一阶差分后的序列都是平稳的，所以批发和零售价格序列可以进一步进行协整检验。具体结果见表 9-6。

表 9-6 蔬菜批发零售价格序列的平稳性检验

变量名称	ADF 统计量	p 值	结论	变量名称	ADF 统计量	p 值	结论
lbjlsh	−0.173	0.941 6	不平稳	Δ*lbjlsh*	−19.263	0.000 0	平稳
lhbpf	−1.278	0.639 1	不平稳	Δ*lhbpf*	−23.353	0.000 0	平稳
llnpf	−1.669	0.447 3	不平稳	Δ*llnpf*	−21.796	0.000 0	平稳
lsdpf	−1.003	0.752 3	不平稳	Δ*lsdpf*	−19.263	0.000 0	平稳

说明：*lbjlsh*、*lhbpf*、*llnpf*、*lsdpf* 分别表示北京蔬菜零售价格、河北蔬菜批发价格、辽宁蔬菜批发价格、山东蔬菜批发价格的对数序列，Δ 表示对数序列的一阶差分。

9.4.2 滞后阶数的确定

根据赤池信息准则，蔬菜纵向市场价格向量自回归模型（VAR 模型）滞后 2 期时 *AIC* 值最小，因此 VAR 模型的最优滞后期数为 2，结果见表 9-7。

表 9-7 蔬菜纵向市场价格序列 VAR 模型的滞后阶数确定

项目	滞后 0 期	滞后 1 期	滞后 2 期	滞后 3 期	滞后 4 期
AIC	−2.119	−14.867	−14.904*	−14.898	−14.864

9.4.3 长期均衡关系

表 9-8 为 Johansen 协整检验的具体结果。根据表 9-8 协整检验结果可知，四省市蔬菜纵向市场间存在 1 个长期协整关系。

表 9-8　蔬菜批发和零售价格的协整检验

协整秩 H_0	对数似然值	特征值	迹统计量		最大特征值统计量	
			统计量	5%临界值	统计量	5%临界值
$r=0$	3 457.888	—	71.215	47.210	45.789 1	27.07
$r\leqslant1$	3 480.783	0.094	25.426*	29.680	12.799 2	20.97
$r\leqslant2$	3 487.182	0.027	12.627	15.410	10.593	14.07
$r\leqslant3$	3 492.479	0.023	2.034	3.760	2.033 8	3.76
$r\leqslant4$	3 493.496	0.004	—	—	—	—

四省市蔬菜纵向市场价格的长期均衡关系如下：

$$\underset{}{lbjlsh} = 1.051 + \underset{(4.60^{***})}{0.456lhbpf} + \underset{(4.20^{***})}{0.481lsdpf} - \underset{(1.40)}{0.283llnpf} \quad (9-21)$$

公式（9-21）为主销区北京蔬菜超市零售价格与主产区河北、山东、辽宁三省批发价格的协整关系式。长期来看，北京市蔬菜超市零售价格与河北、山东二地批发价格之间存在正相关关系，其中山东蔬菜批发价格对北京蔬菜超市零售价格的影响要明显高于河北和辽宁，在其他条件不变的情况下，河北、山东蔬菜批发价格每变动1%，分别会引起北京蔬菜超市零售价格变动0.456%和0.481%，而辽宁蔬菜批发价格对北京蔬菜超市零售价格影响不显著。

9.4.4　短期动态关系

根据向量误差修正模型得到四省市蔬菜纵向价格的短期动态关系为：

$$\begin{aligned}\Delta lbjlsh_t = & -\underset{(-6.40^{***})}{0.430ECM_{t-1}} + \underset{(5.19^{***})}{0.230\Delta lbjlsh_{t-1}} - \underset{(-1.24)}{0.017\Delta lhbpf_{t-1}} \\ & -\underset{(-1.45)}{0.031\Delta lsdpf_{t-1}} + \underset{(0.80)}{0.014\Delta llnpf_{t-1}}\end{aligned} \quad (9-22)$$

$$\begin{aligned}\Delta lhbpf_t = & -\underset{(-0.64)}{0.015ECM_{t-1}} - \underset{(-1.17)}{0.178\Delta lbjlsh_{t-1}} - \underset{(-2.66^{***})}{0.128\Delta lhbpf_{t-1}} \\ & +\underset{(2.49^{**})}{0.181\Delta lsdpf_{t-1}} + \underset{(1.15)}{0.069\Delta llnpf_{t-1}}\end{aligned} \quad (9-23)$$

$$\begin{aligned}\Delta lsdpf_t = & -\underset{(-0.23)}{0.004ECM_{t-1}} + \underset{(0.69)}{0.070\Delta lbjlsh_{t-1}} + \underset{(1.47)}{0.047\Delta lhbpf_{t-1}} \\ & +\underset{(0.87)}{0.042\Delta lsdpf_{t-1}} + \underset{(1.76^{*})}{0.070\Delta llnpf_{t-1}}\end{aligned} \quad (9-24)$$

 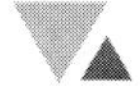

$$
\begin{aligned}
\Delta llnpf_t = & -0.042ECM_{t-1} + 0.002\Delta lbjlsh_{t-1} + 0.003\Delta lhbpf_{t-1} \\
& (-2.33^{**}) \qquad (0.02) \qquad (0.09) \\
& + 0.051\Delta lsdpf_{t-1} - 0.039\Delta llnpf_{t-1} \\
& (0.90) \qquad (-0.83)
\end{aligned} \tag{9-25}
$$

$$
\begin{aligned}
ECM_{t-1} = lbjlsh_{t-1} - 1.051 - 0.456lhbpf_{t-1} - 0.481lsdpf_{t-1} + 0.283llnpf_{t-1} \\
(4.60^{***}) \qquad (4.20^{***}) \qquad (1.40)
\end{aligned} \tag{9-26}
$$

公式（9－22）、公式（9－23）、公式（9－24）和公式（9－25）表明：四省市蔬菜纵向市场之间的误差修正机制仅对北京市蔬菜超市零售价格及辽宁蔬菜批发价格具有显著影响，对河北、山东批发价格短期波动影响不显著；河北、山东、辽宁三个主产地的蔬菜批发价格对北京超市零售价格短期波动影响不显著，同时，北京超市零售价格对三个主产地的番茄批发价格短期波动也不产生显著影响。结果表明：北京、山东、河北和辽宁蔬菜市场纵向价格存在长期均衡关系，短期纵向均衡调整机制不如批发价格的横向整合程度高。

9.4.5 价格传导路径

为了反映地区间蔬菜市场纵向传导路径，对四省市蔬菜纵向市场价格进行格兰杰因果关系检验。表 9－9 和图 9－4 为格兰杰因果关系检验结果，主产区河北、辽宁、山东的批发价格是北京零售价格的格兰杰原因，集聚地区批发价格有助于预测主销区的零售价格。在蔬菜价格纵向传导过程中，主产区的批发价格起到引导作用，而主销区零售价格不是主产区批发价格的格兰杰原因，证明在蔬菜市场的纵向整合中，主产地即蔬菜生产集聚区处于主导地位。

表 9－9　蔬菜批发和零售价格传导检验

原假设	chi2	p 值	结论
北京零售价格不是河北批发价格的格兰杰原因	3.515	0.621	接受原假设
河北批发价格不是北京零售价格的格兰杰原因	18.499	0.002	拒绝原假设√
北京零售价格不是辽宁批发价格的格兰杰原因	9.980	0.190	接受原假设
辽宁批发价格不是北京零售价格的格兰杰原因	13.665	0.057	拒绝原假设√
北京零售价格不是山东批发价格的格兰杰原因	6.463	0.487	接受原假设
山东批发价格不是北京零售价格的格兰杰原因	20.914	0.004	拒绝原假设√

注：10％显著水平下得出的结论。

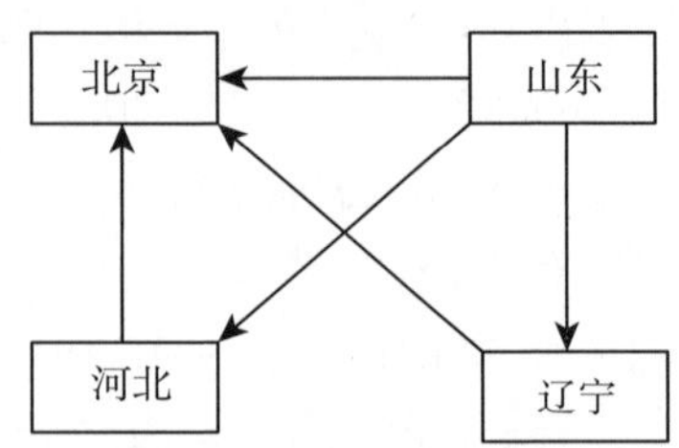

图 9-4　蔬菜价格纵向传导的格兰杰因果检验

9.5　本章小结

本章利用北京、河北、辽宁和山东蔬菜的每日批发价格和零售价格，研究蔬菜生产集聚区对蔬菜市场的横向整合和纵向整合效应，利用协整检验、误差修正模型和格兰杰因果关系检验，通过探究价格在地区间的传导与均衡关系，反映区域蔬菜市场整合效应，研究结论如下：

第一，蔬菜生产空间集聚的横向市场整合效应较高。主产区与主销区蔬菜批发价格存在长期均衡关系和短期动态关系。当价格偏离均衡，主销区蔬菜价格短期波动一方面受相关市场的误差修正机制影响，另一方面也受部分主产区蔬菜批发价格波动影响。从蔬菜价格横向传导关系来看，批发价格传导顺畅。作为主产区的山东，其批发价格是其他地区蔬菜价格变化的格兰杰原因，山东蔬菜价格对其他地区蔬菜价格具有重要影响，体现了集聚区域对蔬菜市场横向整合具有重要作用。

第二，蔬菜生产空间集聚的纵向市场整合效应强度不及横向市场整合效应。误差修正模型结果表明，从长期来看，主销区与主产区间蔬菜纵向市场价格存在长期均衡关系，但从短期来看，主销区、主产区蔬菜价格波动传导效应不显著，表明四省市蔬菜市场纵向整合度有待提高。通过对蔬菜批发价格和零售价格进行格兰杰因果关系检验，发现主产区的批发价格能够预测主销区零售价格，反之则不成立，主产区的批发价格在价格纵向传导中处于主导地位。

10 研究结论与对策建议

务农重本，国之根本。随着中国经济的不断发展，人们生活水平的不断提高，蔬菜在人们饮食结构中的重要性不断增强，蔬菜产业在中国农业发展中的地位不断提高。改革开放以后，中国蔬菜生产得到了快速发展，蔬菜生产规模不断扩大。同时，蔬菜生产与粮食生产相比，存在着集约化程度更高、经济收益更好的优势，大规模蔬菜生产集聚，促进地区蔬菜产业发展，是促进农村一、二、三产业融合，提高农民收入的重要途径，蔬菜产业发展是乡村产业振兴的重要方面。

现代化的蔬菜产业发展，已经不是只重规模扩大的粗放式增长模式，规模化和集约化发展是现代蔬菜产业发展的重要模式。蔬菜生产空间集聚，一方面通过生产要素集聚，实现蔬菜生产的规模效应；另一方面通过生产技术溢出效应、产业一体化发展效应，促进生产效率提高，实现集聚区域蔬菜产业发展（陈建军等，2008）。同时，集聚区域通过蔬菜价格空间传导作用，在蔬菜产业市场整合中发挥重要作用。

本研究以中国蔬菜生产空间集聚为研究对象，对在自然条件和区域分工基础上的，结合经济和社会发展因素的蔬菜生产空间集聚形成展开分析，并对集聚对产业发展的效应进行分析。具体的研究内容为：以农业区位理论为基础，结合产业集聚相关理论，对中国蔬菜生产空间集聚的现状进行分析，梳理中国蔬菜生产从地区到省份的整体格局；基于比较优势理论分析蔬菜生产空间集聚的形成过程；基于空间关联视角，利用空间计量模型对蔬菜生产空间集聚形成的影响因素进行实证分析；最后，在明确集聚形成机制的基础上，分析集聚对蔬菜产业发展的效应，证明集聚对蔬菜生产效率和产量的促进作用，同时分析了集聚区域在蔬菜市场整合中的重要作用。

本章的内容主要是对研究的主要结论进行系统的梳理，根据研究结论，提出促进蔬菜产业发展的对策和建议，同时，在对全书进行梳理的过程中，指出本研究存在的不足及未来的研究方向。

10.1 主要研究结论

本研究以农业区位理论为基础，在比较优势理论、经济外部性理论、区位理论、新经济地理学理论等相关理论基础之上，对中国蔬菜生产的区域差异、空间集聚的现状、空间集聚的形成以及集聚对蔬菜产业发展的效应进行研究。主要研究结论总结如下：

（1）通过对本书涉及的重要概念进行界定和对蔬菜生产空间集聚及其效应的相关理论进行分析，得到的主要研究结论为：农业空间集聚是以农产品生产主体（包括农户、农业生产合作社、农产品生产基地等）为中心，由于具有互补性或共性，使相当数量的相关企业（农业加工企业等）和关联支撑机构（农业服务、科研机构、物流机构等）与农产品生产主体相对集中在一起，从而形成一个有机群体。这种生产主体的空间集中基于自然条件和规模报酬。在农业空间集聚基础上，对本研究的蔬菜生产空间集聚进行定义：基于自然禀赋比较优势基础，结合社会经济因素，以区域分工为基础的蔬菜生产相关主体在空间上的集中现象。蔬菜生产空间集聚的重要表现就是蔬菜主产区、主产省甚至是蔬菜主产县的形成。同时，系统梳理了本研究的基础理论：杜能的农业区位理论、韦伯的工业区位理论、马歇尔的产业区理论、新经济地理学理论、传统贸易理论、波特的竞争优势理论和经济增长理论以及市场整合理论的主要内容。通过对重要概念的界定和对重要理论的梳理，明确本研究的内容和理论基础，为后续研究奠定理论基础，并在此基础上，构建了本研究的理论框架。

（2）集聚是以区域差异为基础的，本书首先对中国蔬菜生产区域差异进行分析，通过对蔬菜生产时空变迁的分析，得出如下结论：中国蔬菜产量和播种面积在不断增加，中国东部地区、中部地区、西部地区和东北地区蔬菜生产发展不均衡，蔬菜生产主要集中在东部地区，东部地区蔬菜产量占中国蔬菜总产量的四成左右，而西部地区蔬菜生产增长较快，地位在不断上升。2000 年以来，东部地区蔬菜生产增长速度相对于西部地区明显偏低，西部地区蔬菜生产增长突出。通过泰尔指数分解，得出蔬菜生产区域差异较大的结论。蔬菜产量和播种面积区域内综合泰尔指数远远大于区域间泰尔指数，东部、中部、西部和东北地区区域内部之间各个省份蔬菜生产差异较大，而四个区域之间的差异与其内部的差异相比较小，在各个区域内部，东部地区内部各个省份之间差异最大，西部地区内部差异仅次于东部地区。通过分析，发现蔬菜生产存在区域发展不均衡现象，四个地区之间存在不均衡，同时，各个地区内部省份之间也存在不均衡现象，这种不均衡是后续对蔬菜生产空间集聚分析的基础。

（3）对中国蔬菜生产空间集聚的现状分析，研究结论为：全国蔬菜生产集中度比较稳定，2000 年以后，蔬菜生产集中度表现平稳，蔬菜产量位于全国前 4 位的省份，其蔬菜产量占全国蔬菜总产量的比例在 40%以上；蔬菜产量位于全国前 8 位的省份，蔬菜产量占全国蔬菜总产量的比例在 60%以上。蔬菜播种面积位于全国前 4 位的省份，其蔬菜播种面积占全国蔬菜总播种面积的 30%以上；

蔬菜播种面积位于全国前8位的省份，蔬菜播种面积占全国蔬菜总播种面积的53%以上。随着时间的推移，集中度指数有小幅度下降，但是蔬菜生产集聚程度仍然较高。中国蔬菜主产区为：山东、河北、河南、江苏、广东、湖南、四川和湖北等地区。全国蔬菜生产存在空间集聚现象：2000年以后，蔬菜产量的区位基尼系数从2001年到2018年均在0.47以上，蔬菜播种面积的区位基尼系数从2001年到2017年均在0.42以上，与粮食生产空间集聚相比，蔬菜生产空间集聚更为显著。同时，各个省份蔬菜生产呈现正的空间相关性，蔬菜产量和播种面积较高的地区集聚更加显著，从2000年以后，表示空间正相关的全局莫兰指数的数值在不断增大。2017年以局域莫兰指数表示的蔬菜产量存在显著空间集聚的地区为：河北、江苏、山东和河南。说明蔬菜主产省周边环绕的是蔬菜生产高值地区，中国蔬菜生产存在显著的空间集聚现象。

（4）基于比较优势理论，对蔬菜生产空间集聚的形成过程进行分析，得到的主要结论为：在全国蔬菜主产区集聚形成过程中，蔬菜生产比较优势存在差别。山东在其集聚形成过程中，蔬菜生产的规模比较优势和效率比较优势均高于全国平均水平，存在明显的比较优势；河北效率比较优势突出，规模比较优势略高于全国平均水平；河南规模比较优势与效率比较优势发展均衡，在考察期内，其比较优势水平与全国平均水平持平；其他蔬菜主产省，多数年份表现为存在规模比较优势，效率比较优势不突出。

对不同空间层级的蔬菜主产省内部的主产县和专业村集聚形成过程进行分析，发现主产县和专业村存在明显的比较优势。对蔬菜生产自然条件和社会经济条件进行综合考察，因子分析排名结果表明，蔬菜主产省排名均位于前列，说明蔬菜生产空间集聚是以自然条件为基础，结合社会经济发展因素形成的。

（5）基于空间关联的蔬菜生产空间集聚形成分析，从全国层面对蔬菜生产集聚形成机制的研究结果表明，蔬菜生产空间集聚具有显著的空间溢出效应，邻近区域集聚能够促进本区域集聚的形成，空间误差模型和空间自回归模型分析结果均证明邻近区域之间存在显著的空间溢出效应，邻近区域集聚存在空间关联。农业生产资本投入、蔬菜生产资本投入和技术对蔬菜生产空间集聚具有显著影响，对当地集聚具有促进作用。市场需求能够显著促进集聚，交通运输条件对蔬菜生产空间集聚具有促进作用，证明蔬菜作为生鲜农产品，对交通条件要求较高。在时间固定效应下，当地农业基础的提高和劳动力的增加，对于促进当地蔬菜生产集聚具有推动作用，经济发展水平对于蔬菜生产空间集聚在时间固定效应下的作用显著。

（6）对环渤海地区蔬菜主产县的要素空间溢出下的蔬菜生产空间集聚形成研究的结论为：要素投入中，土地、资本投入能够显著促进区域蔬菜生产集聚，区域之间集聚具有显著的空间溢出效应，邻近县域的集聚能够显著促进本区域集聚的发展，作用机制是邻近县域通过市场和经济发展水平的提高而促进本区域蔬菜生产集聚，而土地和资本投入的溢出效应为负，表现为集聚区域的竞争效应。

（7）蔬菜生产空间集聚对蔬菜产业发展的效应研究，分为集聚对蔬菜生产效率和产量增长的研究以及集聚市场整合效应的研究。主要的研究结论为：第一，蔬菜生产空间集聚对蔬菜生产技术效率具有促进作用。同时，农户从事蔬菜种植年限和蔬菜种植面积对于促进技术效率提高具有正向作用，农户受教育程度和农户交流频率对蔬菜生产技术效率提高作用不显著。通过数据包络分析，发现从生产规模来看，蔬菜种植面积在15亩以上的农户技术效率值最高，而15亩以下农户的技术效率与生产前沿面差距较大。第二，集聚对蔬菜产量和产值增长具有促进作用，对蔬菜产量变化进行LMDI分解，结果表明，集聚效应是全国蔬菜产量变化最主要的来源，贡献率为46%，其次为技术效应。各个地区在不同时期集聚对产量变化的效应不尽相同，综合来看，东北地区产量下降明显，主要来源于集聚效应；西部地区蔬菜产量增加主要来源于集聚效应，其次为技术效应；东部地区集聚效应与技术效应成为影响蔬菜产量的主要因素。集聚对蔬菜产值的增长效应：灰色关联分析结果表明，蔬菜生产空间集聚与产值关联系数最大的是东北地区，关联系数为0.71。在影响蔬菜产值的因素排名中，集聚与产值变化的关联程度排位最靠前的是西部地区，说明在研究期内，西部地区蔬菜生产空间集聚对蔬菜产值的影响更明显。第三，主产地在蔬菜市场整合中发挥重要作用。作为主产地的山东，其蔬菜价格是其他地区蔬菜价格变化的格兰杰原因，山东蔬菜价格对环渤海地区蔬菜价格变化具有重要影响，体现了集聚区域对蔬菜市场整合的重要作用。通过协整检验和误差修正模型对蔬菜市场横向整合的效应进行分析，发现主产区与主销区蔬菜批发价格存在长期均衡关系和短期动态关系。当价格偏离均衡，主销区蔬菜价格短期波动一方面受相关市场的误差修正机制影响，另一方面也受部分主产区蔬菜批发价格波动影响。从蔬菜价格横向传导关系来看，批发价格传导顺畅。蔬菜生产空间集聚的纵向市场整合效应有待提高。误差修正模型结果表明，从长期来看，主销区与主产区间蔬菜纵向市场价格存在长期均衡关系，但从短期来看，主销区、主产区蔬菜价格波动传导效应不显著。通过对蔬菜批发价格和零售价格进行格兰杰因果关系检验，发现主产区的批发价格能够预测主销区零售价格，反之则不成立，主产区的批发价格在价格纵向传导中处于主导地位。

10.2 对策建议

根据以上研究结论，基于中国蔬菜生产集聚的实际，从通过蔬菜生产空间

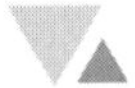

集聚，提高蔬菜生产效率，促进蔬菜产业发展角度，提出如下对策建议：

（1）根据蔬菜生产集聚对蔬菜产业发展的促进作用，政府应该充分重视蔬菜生产和蔬菜产业发展在当地农业经济发展中的重要作用。各个地区根据其农业发展的具体实际，认真思考蔬菜产业在本地区的地位，采取切实可行的措施，促进本地区蔬菜产业发展，助力当地乡村产业振兴。研究的主要结论证明：中国蔬菜生产空间集聚对蔬菜生产效率提高和蔬菜产量和产值增加均具有促进作用。所以，各个地区应该结合实际，将发展蔬菜生产作为本地区促进农业产值增长、实现乡村产业振兴的一项选择，根据具体实际，促进地区蔬菜生产发展。从全国层面来看，应该合理规划，根据目前区域经济发展和蔬菜生产发展情况，结合地区农业发展水平，进一步提高中西部地区，特别是西部地区蔬菜生产的集聚水平，促进西部地区蔬菜产业发展。

（2）根据集聚的市场整合效应，为了提高蔬菜产业资源配置效率，需要重视蔬菜市场整合，从蔬菜价格角度进行的，研究结论表明，主产区对蔬菜价格的跨区域传导发挥了重要的影响，处于价格纵向传导的核心地位。所以，应该重视蔬菜主产区在价格形成中的重要作用，关注主产区蔬菜生产发展，从稳定蔬菜价格、提高产业资源配置效率方面，引导主产区蔬菜产业健康发展。

（3）根据对蔬菜生产空间集聚形成过程的研究，发现大部分蔬菜主产区的效率比较优势处于与全国平均水平持平或略低的水平。从这个角度来看，蔬菜主产区应该重视蔬菜生产效率的提高，结合生产实际情况，考察蔬菜单产的影响因素。通过考察和调研，深入分析北京、上海等蔬菜生产效率比较优势较高地区的生产实际，深入了解存在的差距，考虑提高蔬菜主产区效率比较优势的措施和手段，提高主产区的效率比较优势。同时，通过对蔬菜主产县和专业村比较优势的分析，发现主产县和专业村与其所在区域的平均水平相比，比较优势明显，所以从促进集聚发展角度，应该注重主产省内部主产县规模比较优势和效率比较优势的提高。在规模比较优势方面，主要是保证蔬菜种植面积，这就需要政府从规划、政策扶植、稳定市场供求、降低生产成本、提高收益方面提高农户种菜的积极性。考虑到蔬菜生产的投入和产出，应该注重蔬菜生产过程管理，降低蔬菜生产成本，提高蔬菜生产的技术水平，降低蔬菜生产成本；同时，加强蔬菜市场信息管理，稳定蔬菜价格。农户或农业公司是理性经济人，在农作物种植结构选择方面，经济效益是其考虑的重要因素。所以，应从规模比较优势方面打造蔬菜主产区，政府在制定政策时，种菜经济效益的稳定性需要重点考虑。在效率比较优势方面，就是考虑提高单位面积产量，提高单位面积蔬菜产出，需要生产技术革新：蔬菜品种的改良，田间管理技术的提高，先进设施和设备的使用等。同时，在供给侧结构性改革的背景下，政策制定需要重点考虑在保证蔬菜产量的同时，提高蔬菜质量。

（4）通过对蔬菜生产空间集聚形成机制的分析，发现农业技术、资本投入、市场需求和交通条件对于蔬菜生产集聚具有促进作用。应该注重农业先进技术开发和推广，科学技术是第一生产力，对于现代化农业生产，科学技术的作用显得尤其重要。在蔬菜生产过程中，化肥、农药的使用技术一方面关系着生产成本和产量，另一方面又关系着食品质量安全。蔬菜育种、病虫害防治、生产过程控制等，都关系着地区蔬菜产业的发展。鉴于此，地区农业技术部门应该充分重视现代农业生产技术的推广和运用，在蔬菜主产县和专业村，应该定期进行新技术的培训和推广，深入了解农户对蔬菜生产技术的切实需求，针对农户的需求，通过信息收集、整理、汇总，制作技术需求清单，根据技术需求清单，与当地或全国农业科研机构和大学建立技术合作，切实做到农民需求与科研供给有效对接，使得农业技术服务与推广满足农业生产的实际需要，提高农业现代化水平。在技术推广过程中，注重技术的溢出效应，通过技术经验交流、实地观摩、建立技术合作关系等，促进蔬菜生产技术的扩散。

另外，为了促进集聚，打造大规模、集约化的蔬菜生产集聚区域，资金投入尤为重要。现代化设施蔬菜生产基地的建设，专业蔬菜生产设备的投入，蔬菜生产资料的投入等，都需要大量资金。所以，地方政府需要重视对蔬菜主产区的资金支持，以此促进当地蔬菜产业发展。同时，市场需求较大的地区，可以根据当地农业生产特点，发展蔬菜生产。完善的交通对于蔬菜生产必不可少，所以商品化的蔬菜生产集聚区域，交通发展必须得到重视。同时，农业基础建设是农业发展的根基，应该重视，蔬菜主产区农业基础设施的发展情况，农业基础设施建设是农业长期发展的根本保证，地方政府和农业主管部门应该注重农田水利设施等基础设施建设，注重农田基础设施建设的现代化和有序规划，有计划、有目的地完善农田基础设施建设。地区蔬菜产业发展以其农业基础为基础，一般农业基础较好的地区，发展蔬菜产业时在耕地、设施建设、生产要素获得、生产技术指导以及资金等方面都能提供较好的支撑。

（5）蔬菜生产空间集聚的溢出效应明显，主产区存在明显的促进邻近区域集聚的效应。从这个角度来看，区域邻近地区应该重视集聚的带动作用，充分利用集聚促进蔬菜产业发展。同时，应该进一步加强主产县与主产县之间的信息交流，增强蔬菜生产技术的溢出效应，打破区域之间信息的流动壁垒，为此需要各个区域建立畅通的信息沟通机制。

10.3 存在不足与未来研究方向

本研究从蔬菜生产空间集聚的现状出发，基于比较优势理论分析了蔬菜生产空间集聚的形成过程，对集聚的形成机制进行理论和实证分析，考察蔬菜生

 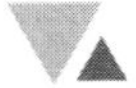

产集聚对蔬菜产业发展的促进作用。从理论上系统归纳出蔬菜生产集聚的形成机制，结合实际，证明集聚对蔬菜产业发展的促进作用，为各级政府在实施乡村振兴战略过程中，制定蔬菜产业发展政策提供参考。

在有限的研究范围内，还存在不足：一方面，对蔬菜生产空间集聚的效应研究，本研究分析了集聚对效率、产量和市场整合的作用，但集聚的效应还涉及农民收入、地区经济增长、地区环境保护和可持续发展等多方面的内容，所以对集聚效应的研究有待进一步补充。同时，对集聚的形成过程研究，本研究基于比较优势理论，考察主产区集聚形成过程中比较优势的发展和变化，在今后的研究中，可以从更多角度对集聚形成过程进行考察。另一方面，要素空间溢出下的蔬菜生产空间集聚形成研究，本书选择环渤海区域代表全国蔬菜生产水平较高的地区。全国蔬菜生产区域分布较广，各个地区的差异较大，如果要全面反映全国蔬菜主产区的情况，还需要进一步选择其他有代表性的地区进行研究。同时，西部地区蔬菜生产增长速度最快，与东部地区相比，蔬菜生产要素更丰富，机会成本更低，对西部地区蔬菜产业发展进行研究对其实现乡村产业振兴具有重要意义，后续应该重视对西部地区蔬菜生产集聚和蔬菜产业发展的研究。

参 考 文 献

白彬，彭虹，禹真，2015. 贵州省县域经济空间关联效应分析［J］. 河南科学，33（9）：1631－1635.

白俊红，蒋伏心，2015. 协同创新、空间关联与区域创新绩效［J］. 经济研究，50（7）：174－187.

柏菁，2012. 中国小麦市场整合研究［D］. 南京：南京农业大学.

包玉泽，2018. 中国蔬菜产业的布局及其演化研究：1990—2014 年［J］. 干旱区资源与环境 32（11）：53－58.

才国伟，钱金保，2013. 解析空间相关的来源：理论模型与经验证据［J］. 经济学（季刊），12（3）：869－894.

蔡源元，1979. 我国的农业地域专业化生产［J］. 经济研究（11）：30－35.

陈建军，胡晨光，2008. 产业集聚的集聚效应——以长江三角洲次区域为例的理论和实证分析［J］. 管理世界（6）：68－83.

陈其兵，唐峻岭，李平，等，2016. 武威市蔬菜产业时空分布特征及其发展建议［J］. 中国农业资源与区划（9）：135－141.

陈强，2013. 高级计量经济学及 Stata 应用［M］. 北京：高等教育出版社.

陈太政，李二玲，李琬，2013. 1989—2009 年河南省农作物地理集聚及其演化机制［J］. 地理科学进展，32（8）：1237－1245.

陈秀山，徐瑛，2008. 中国制造业空间结构变动及其对区域分工的影响［J］. 经济研究，43（10）：104－116.

陈秧分，李先德，2013. 中国粮食产量变化的时空格局与影响因素［J］. 农业工程学报，29（20）：1－10.

崔德祥，2005. 贵州蔬菜产业发展的规划与布局［J］. 贵州农业科学（S1）：34－36.

戴平生，2015. 区位基尼系数的计算、性质及其应用［J］. 数量经济技术经济研究（7）：149－161.

戴孝悌，2013. 中国农业产业空间布局现状、问题与对策分析［J］. 农业经济（12）：50－52.

杜建军，张军伟，邵帅，2017. 供给侧改革背景下中国农业产业集聚的形成演变研究［J］. 财贸研究（5）：33－46，99.

范垄基，穆月英，付文革，2012. 大城市蔬菜生产影响因素分析——基于对北京市 196 个蔬菜种植户的调研［J］. 调研世界（12）：17－20.

冯庆元，2014. 成都经济区空间相关与增长收敛分析［D］. 成都：西南财经大学.

冯颖，屈国俊，2017. 基于基尼系数和洛伦兹曲线的陕西省用水结构态势［J］. 统计与决策（16）：111-114.
伽红凯，2016. 休闲农业产业集聚研究综述［J］. 天津农业科学（3）：56-59.
盖骁敏，高彦梅，2013. 产业集聚与集聚转移：中国电子及通信设备制造业的竞争力［J］. 改革（12）：113-121.
高静，李修颖，谢鹏，等，2016. 城市蔬菜供应链价格纵向传导机制研究——重庆的实证［J］. 西南大学学报（自然科学版）（1）：147-154.
高军波，韩勇，喻超，等，2019. 河南省县域农作物生产空间格局演变及专业化分区研究［J］. 中国农业资源与区划，40（7）：152-163.
高铁梅，2005. 计量经济分析方法与建模：EVIEWS应用及实例［M］. 北京：清华大学出版社.
高振宇，王益，2007. 我国生产用能源消费变动的分解分析［J］. 统计研究（3）：52-57.
郭悦，钟廷勇，安烨，2015. 产业集聚对旅游业全要素生产率的影响——基于中国旅游业省级面板数据的实证研究［J］. 旅游学刊，30（5）：14-22.
韩胜飞，2007. 市场整合研究方法与传达的信息［J］. 经济学，6（4）：1359-1372.
韩振兴，刘宗志，常向阳，2017. 山西省特色农业产业集群集中度和竞争力分析——以运城苹果、朔州羊肉、晋城大豆为例［J］. 中国农业资源与区划：1-15.
郝晓燕，2019. 我国小麦生产区位集聚：特征、影响因素及增长效应［D］. 北京：中国农业大学.
何东，1994. 广州市蔬菜生产布局与“渡淡”问题探讨［J］. 热带地理（2）：127-132.
贺亚亚，2016. 中国农业地理集聚：时空特征、形成机理与增长效应［D］. 武汉：华中农业大学.
胡安俊，孙久文，2014. 中国制造业转移的机制、次序与空间模式［J］. 经济学（季刊），13（4）：1533-1556.
黄斌民，2007. 广东蔬菜产业及优势区域布局［J］. 中国蔬菜（11）：5-7.
黄海艳，2014. “三化”视角下省域农业生产效率及其影响因素——基于中部农业大省安徽2000—2011年的数据［J］. 湖南农业大学学报（社会科学版）（1）：21-27.
黄季焜，Scott Rozelle，解玉平，等，2002. 从农产品价格保护程度和市场整合看入世对中国农业的影响［J］. 管理世界（9）：84-94，154-155.
黄季焜，牛先芳，智华勇，等，2007. 蔬菜生产和种植结构调整的影响因素分析［J］. 农业经济问题（7）：4-10，110.
纪龙，李崇光，章胜勇，2016. 中国蔬菜生产的空间分布及其对价格波动的影响［J］. 经济地理（1）：148-155.
纪龙，吴文劼，2015. 我国蔬菜生产地理集聚的时空特征及影响因素［J］. 经济地理（9）：141-148.
冀名峰，1996. 我国粮食生产的区域比较优势分析［J］. 农业经济问题（5）：19-24.
贾兴梅，李平，2014. 农业集聚度变动特征及其与农业经济增长的关系——我国12类农作物空间布局变化的实证检验［J］. 中国农业大学学报，19（1）：209-217.
贾兴梅，2018. 新型城镇化与农业集聚的协同效应［J］. 华南农业大学学报（社会科学版)，17（2）：1-10.

焦自高，何启伟，周绪元，等，2007. 山东省蔬菜优势产区布局与产业发展目标［J］. 中国蔬菜（4）：4-6.

李博，张文忠，余建辉，2016. 碳排放约束下的中国农业生产效率地区差异分解与影响因素［J］. 经济地理（9）：150-157.

李婵娟，王子敏，2017. 中国居民信息消费的区域差距及影响因素——基于 Dagum 基尼系数分解方法与省际面板数据的实证研究［J］. 现代经济探讨（9）：92-100.

李二玲，庞安超，朱纪广，2012. 中国农业地理集聚格局演化及其机制［J］. 地理研究（5）：885-898.

李二玲，朱纪广，李小建，2012. 200 8 年中国种植业地理集聚与专业化格局［J］. 地理科学进展，31（8）：1063-1070.

李敬，陈澍，万广华，等，2014. 中国区域经济增长的空间关联及其解释——基于网络分析方法［J］. 经济研究，49（11）：4-16.

李靓，穆月英，2017. 基于纵向传导的蔬菜批零价格关系研究——以北京市果类蔬菜为例［J］. 中国蔬菜（6）：62-69.

李靓，2018. 基于产业链视角的蔬菜价格形成研究［D］. 北京：中国农业大学.

李隆伟，2018. 农业经济增长的空间集聚及影响因素分析——以云南省为例［C］//做强做优热带高效农业 服务热区乡村振兴——2018 年全国热带作物学术年会. 中国福建厦门.

李平，王蓓，王维薇，2019. 农业机械化促进美国农业经济增长的实证分析［J］. 中国农机化学报，40（4）：195-201.

李文华，2018. 中国粮食产业地理集聚效应及影响因素分析——基于中国省域面板数据［J］. 新疆农垦经济（6）：3-13.

李艳梅，孙焱鑫，刘玉，等，2015. 京津冀地区蔬菜生产的时空分异及分区研究［J］. 经济地理（1）：89-95.

李兆亮，罗小锋，薛龙飞，等，2017. 中国农业绿色生产效率的区域差异及其影响因素分析［J］. 中国农业大学学报（10）：203-212.

梁吉义，徐保根，1993. 农业发展空间布局模型研究［J］. 农业系统科学与综合研究（4）：309-311.

梁琦，黄卓，2012. 空间经济学在中国［J］. 经济学（季刊），11（3）：1027-1036.

林正雨，何鹏，李晓，等，2017. 四川省农业地理集聚格局及演化机制研究［J］. 中国农业资源与区划，38（1）：207-215.

刘海涛，2008. 河南省蔬菜产业竞争力研究·基于钻石模型的分析［J］. 安徽农业科学（22）：9759-9760.

刘华军，何礼伟，2016. 中国省际经济增长的空间关联网络结构——基于非线性 Granger 因果检验方法的再考察［J］. 财经研究，42（2）：97-107.

刘继，马琳琳，2019. 金融集聚的经济溢出效应及时空分异研究——基于省际数据的空间计量分析［J］. 金融发展研究（2）：17-25.

刘佳骏，史丹，汪川，2015. 中国碳排放空间相关与空间溢出效应研究［J］. 自然资源学报，30（8）：1289－1303.
刘玲，2015. 我国蔬菜价格垂直传导的非对称性研究——基于面板 VAR 模型的实证［J］. 经济与管理评论（2）：118－124.
刘瑞翔，颜银根，范金，2017. 全球空间关联视角下的中国经济增长［J］. 经济研究，52（5）：89－102.
刘书通，李春生，方福平，等，2014. 我国水稻生产区域变化及其比较优势分析［J］. 中国稻米，20（4）：9－13.
刘雪，傅泽田，常虹，2002. 我国蔬菜生产的区域比较优势分析［J］. 中国农业大学学报（2）：1－6.
刘玉，高秉博，潘瑜春，等，2015. 京津冀地区县域农产品生产功能的时空格局及耦合特征［J］. 农业工程学报，31（16）：305－314.
刘玉，2018. 基于产业结构视角的县域农业增长空间特征研究［J］. 自然资源学报，33（2）：246－261.
柳岩，2011. 我国肉鸡生产区域比较优势分析［J］. 中国家禽，33（5）：23－26.
卢凌霄，2008. 中国蔬菜产地集中与主产地形成研究［D］. 南京：南京农业大学.
罗超平，王钊，翟琼，2013. 蔬菜价格波动及其内生因素——基于 PVAR 模型的实证分析［J］. 农业技术经济（2）：22－30.
吕超，周应恒，2011. 我国农业产业集聚与农业经济增长的实证研究——基于蔬菜产业的检验和分析［J］. 南京农业大学学报（社会科学版）（2）：72－78.
吕超，周应恒，2011. 我国蔬菜播种面积的影响因素分析［J］. 经济地理（1）：118－122.
吕超，2011. 我国蔬菜主产地形成及其经济效应研究［D］. 南京：南京农业大学.
马惠兰，2007. 我国棉花生产比较优势与出口竞争力的区域差异分析［J］. 国际贸易问题（7）：61－65.
马述忠，屈艺，2017. 市场整合与贸易成本——基于中国粮食市场空间价格传导的新证据［J］. 农业经济问题，38（5）：72－82，112.
毛军，2006. 产业集聚与人力资本积累——以珠三角、长三角为例［J］. 北京师范大学学报（社会科学版）（6）：103－110.
穆月英，赵双双，赵霞，2011. 北京市蔬菜生产的优势区域布局与比较［J］. 中国蔬菜（Z1）：8－12.
穆月英，小池淳司，笠原浩三，2004. 中国农业关税政策的空间性应用一般均衡模型构建及分析［J］. 数量经济技术经济研究（8）：19－27.
倪印锋，王明利，2018. 中国牧草产业地理集聚特征及影响因素［J］. 经济地理，38（6）：142－150.
牛乔丽，2013. 我国粮食主产区主要粮食作物生产能力区域比较优势分析［J］. 当代经济（9）：76－78.
潘方卉，李翠霞，2016. 生猪产销市场整合、决定因素与地理距离——基于省级数据的面板门槛模型［J］. 中国农村经济（8）：28－41.
潘文卿，2012. 中国的区域关联与经济增长的空间溢出效应［J］. 经济研究，47（1）：54－65.

彭晖，张嘉望，李博阳，2017. 我国农产品生产集聚的时空格局及影响因素——以蔬菜生产为例［J］. 西北农林科技大学学报（社会科学版）(6)：81－90.

彭亚君，邓兵，2019. 中国地理标志农产品空间演变特征及其驱动因子［J］. 江苏农业科学，47（16）：339－343.

秦天，彭珏，邓宗兵，2018. 中国区域农业生产性服务业发展差异及驱动因素研究［J］. 产业经济评论（6）：63－75.

沈润夏，黄洪鑫，周东川，等，2018. 基于因子分析和聚类的项目进度风险识别系统研究［J］. 中国高新区（1）：13－14，18.

宋彩平，刘阳，陈向华，等，2018. 中国家具产业发展的地区差异与演化路径研究——基于泰尔指数的测度［J］. 林业经济问题（1）：36－41，104.

宋建新，2003. 河北省蔬菜产业优势区域布局及发展对策［R］. 科技进步与农业产业发展论坛.

谭燕芝，彭千芮，2019. 金融集聚与城镇居民消费：空间溢出与门槛特征［J］. 上海经济研究（2）：85－98.

王畅，李松柏，2018. 国外农业产业集聚经验及对中国的启示［J］. 世界农业（1）：13－17.

王方舟，2011. 河北省蔬菜产业竞争力分析与对策研究［D］. 保定：河北农业大学.

王凤，刘艳芳，孔雪松，等，2018. 中国县域粮食产量时空演变及影响因素变化［J］. 经济地理，38（5）：142－151.

王国刚，王明利，杨春，2014. 中国畜牧业地理集聚特征及其演化机制［J］. 自然资源学报，29（12）：2137－2146.

王健，张征，张正河，2013. 山东省农业经济空间布局——基于探索性空间数据的实证分析［J］. 技术经济，32（1）：51－58.

王金田，高峰，高勇，2018. 中国农业增长空间效应研究［J］. 山东理工大学学报（社会科学版），34（1）：15－20.

王金田，2013. 中国农业经济增长的空间效应分析［D］. 北京：中国农业科学院.

王惊雷，李在军，2017. 基于基尼系数空间分解的江苏省经济发展差异分析［J］. 地域研究与开发（3）：12－15.

王丽娟，信丽媛，贾宝红，等，2015. 天津市地产蔬菜产销时空特征及发展建议［J］. 中国蔬菜（9）：10－13.

王刘坤，祁春节，2019. 中国柑橘主产区的区域比较优势及其影响因素研究——基于省级面板数据的实证分析［J］. 中国农业资源与区划（11）：121－128.

王世尧，王树进，2013. 中国省区蔬菜种植面积变化中农户决策行为因素的实证分析［J］. 经济地理（9）：128－134.

王艳荣，刘业政，2012. 农业产业集聚对产业增长贡献率的测度与分析［J］. 中国农业科学（15）：3197－3202.

王艳荣，刘业政，2011. 农业产业集聚对农民收入影响效应研究［J］. 农业技术经济（9）：50－57.

王艳荣，刘业政，2011. 农业产业集聚形成机制的结构验证［J］. 中国农村经济（10）：77-85.

王艳荣，2012. 农业产业集聚的效应与对策研究［D］. 合肥：合肥工业大学.

魏建美，2013. 鄱阳湖生态经济区农业产业集聚研究［D］. 南昌：江西农业大学.

魏晓聪，李梅芳，2016. P2P 网贷平台综合评价及成长性分析——基于因子分析法和聚类分析法［J］. 金融理论与教学（5）：53-57.

魏宇，2013. 山东省蔬菜产业区域布局优化研究［D］. 泰安：山东农业大学.

吴建寨，沈辰，王盛威，等，2015. 中国蔬菜生产空间集聚演变、机制、效应及政策应对［J］. 中国农业科学（8）：1641-1649.

吴建寨，张建华，宋伟，等，2016. 中国蔬菜区域生产优势度演变分析［J］. 中国农业资源与区划，37（4）：154-160.

吴建寨，张建华，王盛威，等，2015. 中国蔬菜生产空间格局变动及其驱动因素［J］. 贵州农业科学（12）：202-206.

吴舒，穆月英，2013. 我国蔬菜价格的垂直传导关系研究［J］. 中国蔬菜（18）：11-18.

吴舒，2017. 蔬菜供给、地区结构及供给效应研究［D］. 北京：中国农业大学.

吴文劼，2015. 我国蔬菜生产集聚的时空特征和影响因素分析［D］. 武汉：华中农业大学.

吴歆，方志耕，阮爱清，2007. 基于灰色关联的产业集聚与区域经济竞争力关系研究［J］. 工业技术经济（2）：40-43.

吴玉鸣，2004. 农业综合生产能力影响因素的灰色关联与协调分析［J］. 农村经济（12）：19-21.

武拉平，1999. 我国小麦、玉米和生猪收购市场整合程度研究［J］. 中国农村观察（4）：25-31，40.

谢花林，李秀彬，张燕婷，等，2012. 基于 ESDA 的京津冀地区草地变化空间分异［J］. 自然资源学报，27（7）：1224-1232.

邢慧茹，张晓骏，邓义，2016. 农业生产效率与其影响因素相关关系实证分析——基于湖北省数据［J］. 中国农业资源与区划（12）：198-203.

徐光瑞，2010. 中国高技术产业集聚与产业竞争力——基于 5 大行业的灰色关联分析［J］. 中国科技论坛（8）：47-52.

薛维，高洋，2019. 基于 LMDI 的辽宁省碳排放分解［J］. 价值工程（4）：176-179.

杨春，2009. 中国主要粮食作物生产布局变迁及区位优化研究［D］. 杭州：浙江大学.

杨刚，杨孟禹，2013. 中国农业全要素生产率的空间关联效应——基于静态与动态空间面板模型的实证研究［J］. 经济地理，33（11）：122-129.

杨清，王雪丹，陈钰，2017. 干旱半干旱区种植业集聚水平测定及地理布局变化特征研究——以甘肃省为例［J］. 甘肃科技，33（2）：113-118.

杨万军，苏浴源，2017. 张家口市蔬菜产业发展现状与分析［J］. 农业科技通讯（6）：17-20.

杨鑫，穆月英，王晓东，2016. 北京市蔬菜生产及其特征分析［J］. 中国农学通报，32

（13）：182-190.

余泳泽，宣烨，沈扬扬，2013. 金融集聚对工业效率提升的空间外溢效应［J］. 世界经济，36（2）：93-116.

虞祎，王含露，2017. 我国肉鸡市场横向整合研究——基于不同品种肉鸡日度价格数据［J］. 价格理论与实践（12）：94-97.

曾杰杰，聂影，2015. 劳动密集型产业地区差异与演变路径研究——以家具产业为例［J］. 亚太经济（4）：104-109.

詹瑜，2012. 我国农业产业空间结构的调整及其诱因分析［J］. 云南财经大学学报（社会科学版），27（6）：102-107.

张应良，徐亚东，2019. 农村“三变”改革与集体经济增长：理论逻辑与实践启示［J］. 农业经济问题（5）：8-18.

张哲晰，穆月英，2018. 空间视角下农业产业集聚的增收效应研究——基于蔬菜专业村的实证［J］. 农业技术经济（7）：19-32.

张哲晰，穆月英，2018. 农业产业集聚的生产效应及提升路径研究［J］. 经济经纬，35（5）：80-86.

张哲晰，2018. 我国蔬菜专业村的形成及其效应研究［D］. 北京：中国农业大学.

张真和，2005. 我国蔬菜产业的“五带七区”布局［J］. 西北园艺（蔬菜）（6）：47.

张仲威，2008. 农业区划空间发展战略研究［J］. 中国农业资源与区划（6）：46-48.

赵洪丹，陈丽爽，2018. 农业供给侧结构性改革背景下农业增长的影响因素研究——以吉林省四平市为例［J］. 吉林师范大学学报（人文社会科学版），46（6）：113-124.

赵婷，张吉国，2016. 山东蔬菜生产的区域比较优势分析［J］. 科技和产业，16（1）：17-21.

赵伟光，敬莉，2015. 区域经济关联与经济增长的空间溢出效应——以新疆为例［J］. 财经科学（3）：131-140.

赵向豪，陈彤，姚娟，2016. 新疆种植业地理集聚的时空特征与影响因素［J］. 地域研究与开发，35（2）：153-158.

赵曌，石敏俊，杨晶，2012. 市场邻近、供给邻近与中国制造业空间分布——基于中国省区间投入产出模型的分析［J］. 经济学（季刊），11（3）：1059-1078.

郑燕，丁存振，马骥，2018. 中国鸡蛋产业链不同市场环节价格传导效应分析［J］. 农林经济管理学报，17（6）：727-737.

钟鑫，张忠明，2014. 我国蔬菜生产区域特征及比较优势研究［J］. 中国食物与营养，20（6）：24-28.

周靖，汪小勤，2016. 中国农业增长动力因素影响的时空分异研究——来自中国31个省（区、市）1978—2014年的证据［J］. 湖南社会科学（3）：161-166.

周颖，王洪志，迟国泰，2016. 基于因子分析的绿色产业评价指标体系构建模型及实证［J］. 系统管理学报，25（2）：338-352.

周章跃，万广华，1999. 论市场整合研究方法——兼评喻闻、黄季《从大米市场整合程度看我国粮食市场改革》一文［J］. 经济研究（3）：75-81.

朱瑶，2012. 中国农业物质流的空间分布特征研究 [D]. 南京：南京财经大学 .

Akerlof M，1997. Social Distance and Social Decisions [J]. Journal of the Econometric Society，65 (5)：1005 - 1027.

Alfred M，1890. Principles of Economics [M]. London：Macmillan.

Aoki M，1996. New Approach to Macroeconomic Modelling [M]. Cambridge：Cambridge University Press：51 - 65.

Baldwin R E，Martin P，2004. Agglomeration and Regional Growth [J]. Handbool of Regional and Urban Economic (4)：2671 - 2711.

Barkley Y，Henry D L，1999. Industry Agglomerations and Employment Change in Non - metropolitan Areas [J]. Review of Urban and Regional Development Studies，11 (3)：168 - 186.

Behrens K，RoBert F，2015. Agglomeration Theory with Heterogeneous Agents [M]. Hand Book of Regional and Urban Economics：171 - 245.

Brock W A，Durlauf S N，1995. Discrete Choice with Social Interactions I：Theory [R]. Working Paper W5 291，National Bureau of Economic Research，Cambridge，MA.

Brulhart M，Sbergami F，2006. Agglomeration and Growth：Empirical Evidence [R]. ETSG Working Paper.

Brulhart M，Traeger R，2001. An Account of Geographic Concentration Patterns in Europe [J]. Regional Science and Urban Economics，6 (35)：28 - 39.

Ciccone A，Hall R E，1995. Productivity and the Density of Economic Activity [J]. American Economic Review，86 (1)：54 - 70.

Ciccone A，2002. Agglmeration effects in Europe [J]. European Economic Review，46 (2)：213 - 227.

Combes P P，Duranton G，Gobillon L，2010. The Identification of Agglomeration Economies [J]. Journal of Economic Geography，11 (2)：253 - 266.

Daniel M K，Killkenny T，2002. Decoupage an Agriculture Localization Activates [J]. Economic international，15 (1)：26 - 31.

David K L，Elliott P，1998. Productivity in Chinese Provincial Agriculture [J]. Journal of Agricultural Economics，11 (2)：101 - 105.

Dixit A，Stiglitz K，1977. Monopolistic Competition and Optimum Product Diversity [J]. American Economic Review，67：297 - 308.

Duclos J Y，Esteban J，Ray D，2004. Polarization：Concepts，Measurement，Estimation [J]. Econometrica，72 (6)：1137 - 1772.

Eaton J，Kortun S，1996. Trade in Ideas：Productivity and Patenting in the OECD [J]. Journal of International Economics，40：251 - 278.

Esteban J，Ray D R，2004. On the Measurement of Polarization [J]. Econometrica，62 (4)：596 - 605.

Fujita M，Krugman P A，Venables，1999. The Spatial Economy：Cities，Regions and International Trade [M]. Cambridge: MIT Press: 30 - 52.

Fujita M, Thisse J F, 2002. Does Geographical Agglomeration Foster Economic Growth? And Who Gains and Lose from It [J]. The Japanese Economic Review, 54: 121 - 145.

Grossman G, Helpman E, 1991. Innovation and Growth in the World Economy [M]. Cambridge: MIT Press.

Henderson J V, Thisse J F, 2004. Handbook of Urbanand Regional Economics. Vol. 4 [M]. North Holland: Amsterdam and New York.

Jorgenson D, Griliches Z, 1967. The Explanation of Productivity Change [J]. Review of Economic Studies, 34 (3): 249 - 283.

Kaiser A, 2003. South African Floriculture Cluster Study [EB/OL]. (2003 - 09 - 29) [2011 - 10 - 15]. http: //www. nedlac. org. za.

Kelvin B, Alastair B, Brooks J, 2007. Threshold Effects in Price Transmission: The Case of Brazilian Wheat, Maize, and Soya Prices [J]. American Journal of Agricultural Economics, 2 (89): 308 - 323.

Krugman P, 1979. Increasing Return, Monopolistic Competition, and International Trade [J]. Journal of International Economics, 9: 467 - 479.

Krugman P, 1991. Increasing Returns and Economic Geography [J]. Journal of Political Economy, 99 (3): 205 - 230.

Krugman P, 1980. Scale Economies, Product Differentiation, and the Pattern of Trade [J]. American Economic Review, 70: 950 - 959.

CHOW Gregory C, Kui - Wai Li, 2002. China's Economic Growth: 1952—2010 [J]. Economic Development and Cultural Change, 51 (2): 247 - 256.

Lee L, Yu J, 2010. Estimation of Spatial Autoregressive Panel Data Models with Fixed Effects [J]. Journal of Econometrics, 154: 165 - 185.

Lele U J, 1967. Market Integration: A Study of Sorghum Price in Western India [J]. Journal of Farm Economics: 147 - 159.

Lucas R E, 2011. Externalities and Cities [J]. Review of Economic Dynamics, 4 (2): 245 - 274.

Marcon E, Puech F, 2003. Evaluating the Geographic Concentration of Industries Using Distance - based Methods [J]. Journal of Economic Geography, 3 (4): 409 - 428.

Martin P, Ottaviano G I, 2004. Agglomeration and Regional Growth [J]. Handbool of Regional and Urban Economic, 4: 2671 - 2711.

Martin P Ottaviano G I, 2001. Growth and Agglomeration [J]. International Economic Review (42): 947 - 968.

Melo P, Daniel G, Robert N, 2009. A Meta - analysis of Estimates of Agglomeration Economies [J]. Regional Science and Urban Economic, 39 (3): 332 - 342.

Midelfart K H, Overman H G. The Location of European Industry [C] //In Report Prepared for the Directorate General for Economic and Financial Affairs. European Commission：1－68.

Mion G，2002. Spatial Externalities and Empirical Analysis：the Case of Italy [J]. Ssrn Electronic Journal，56 (1)：97－118.

Ottaviano G I，Martin P，2008. Growth and Agglomeration [J]. Review of Economic Studies，75：295－316.

Ottaviano G I，Pinelli D，2006. "Market Portential and Productivity；Evidence from Finish Regions" [J]. Regional Science and Urba Economics，36：636－657.

Paelinck J，1979. Spatial Economics [M]. Saxon House：Famoborough：28－69.

Paul C J，Siegel D S，1999. Scale Economies and Industry Agglomeration Externalities：A Dynamic Cost Function Approach [J]. American Economic Review，89 (8)：940－955.

Potter A，Watts H D，2010. Evolutionary Agglomeration Theory：Increasing Returns，Diminishing Returns，and the Industry Life Cycle [J]. Journal of Economic Geography (11)：417－455.

Porter M，1998. Clusters and the New Economics of Competition [J]. Harvard Business，76 (6)：77－90.

Porter M，1990. The Competitive Advantage of Nations [M]. London：Macmillan.

Romer P，1998. Endogenous Technological Change [J]. Journal of Political Economy (98)：71－102.

Rosenthal S S，Strange W C，2006. Geography，Industrial Organization，and Agglomeration [J]. Review of Economics & Statistics，2 (85)：377－393.

Rui B，2000. Do Innovations Diffuse Faster within Geographical Clusters? [J]. International Journal of Industrial Organization，18 (3)：515－535.

Tveteras R，Battese G E，2006. Agglomeration Externalities，Productivity，and Technical Inefficiency [J]. Journal of Regional Science，46 (4)：605－625.

Ward R W，1982. Asymmetry in Retail，Wholesale，and Shipping Price Point Pricing for Fresh Vegetables [J]. American Journal of Agricultural Economics，64：205－212.

Welsh R，Hubbell B，Carpenter C L，2003. Agro－food System Restructuring and Geographic Concentration of US Swine Production [J]. Environment and Planning，35 (2)：215－229.

Winsberg D，1980. Concentration and Specialization in United States Agriculture，1939—1978 [J]. Economic Geography，56 (3)：183－189.

后　　记

本书由博士论文修改而成，在本书完成之际，特别感谢我的恩师、同学、朋友、同事和家人。

感谢我的恩师穆月英教授。谆谆教诲，如沐春风。在我博士学习期间，穆老师在学习、科研、生活中都给了我很大的帮助。本书的主要内容，包括研究方向确定、选题、调研、数据收集与处理、初稿形成以及进一步的修改与完善，每一个环节都是在穆老师的悉心指导下完成的。穆老师对学科发展前沿敏锐的洞察力，在研究过程中一丝不苟、严谨的治学态度，渊博的知识和精益求精的工作作风，深深感染并激励着我。本书写作过程中参加的调研活动，使得我深入了解蔬菜生产实际，对研究起到很大帮助；穆老师为我提供的外出学习机会，使我了解学科发展前沿；每次研究方面遇到困难，穆老师总是帮我分析问题的所在，积极寻求解决的办法。穆老师不但在学习与科研方面对我进行悉心的指导，也是我生活中的榜样与导师，从为人处世到家庭教育，从阶段目标到人生理想，每次与穆老师的交流，都会使我有一种豁然开朗、积极向上的感觉。人生中，能够遇到恩师，有幸成为穆老师的学生，是我宝贵的财富。

在本书写作过程中和我博士学习期间，得到中国农业大学经济管理学院各位老师的指导与帮助。感谢司伟老师、李军老师、武拉平老师、田志宏老师、何秀荣老师、李秉龙老师、郭沛老师、郑志浩老师、白军飞老师、方向明老师、王秀清老师、乔娟老师、张正河老师、韩一军老师、林万龙老师、张莉琴老师、刘拥军老师、赵霞老师、陈祁晖老师、赵启然老师、朱晨老师、杨欣老师、王尧老师、陈琰老师、孟婷老师等各位老师。各位老师传授的知识和指导，是我获得专业知识的源泉，各位老师严谨的治学态度，是我学习的榜样。

感谢“如穆春风”大家庭的兄弟姐妹对本书内容提出的宝贵意见和无私帮助。感谢师姐：曾玉珍、侯玲玲、董莹、乔金杰等；感谢师兄：赵旭强、赵亮、沈辰、钱加荣、宋博、范垄基、丁建国、张荣驹等；感谢师妹：吴舒、王欢、李靓、张哲晰、韩婷、康婷、徐依婷、金珏雯、连旭、刘泽、杨飏、王鸣、赵沛如、段哲琨、李浩然、罗寒、谢政璇、吴琦等；感谢师弟：杨鑫、刘凯、陈宏伟、于文奇、王松南、邸伟良、李岳、张龙、钟文亮等。各位同门对我各方面的帮助使我受益匪浅，大家一丝不苟的学习态度值得我学习。

感谢北京市价格中心为本书写作提供的数据支持。

感谢天津科技大学经济与管理学院的领导和各位同事对本书写作的支持与帮助。

感谢我的家人。

在导师的指导下，我独立完成了十六万字书稿的撰写，其间有困惑、有迷茫，也收获了喜悦，在本书完成之际，再次感谢我的恩师、同学、朋友、同事和家人……

于丽艳

2019年11月20日

图书在版编目（CIP）数据

中国蔬菜生产空间集聚及其效应研究 / 于丽艳，穆月英著. —北京：中国农业出版社，2022.2
ISBN 978-7-109-29032-7

Ⅰ.①中… Ⅱ.①于… ②穆… Ⅲ.①蔬菜产业—产业发展—研究—中国 Ⅳ.①F326.13

中国版本图书馆 CIP 数据核字（2022）第 012431 号

中国蔬菜生产空间集聚及其效应研究
ZHONGGUO SHUCAI SHENGCHAN KONGJIAN JIJU JIQI XIAOYING YANJIU

中国农业出版社出版
地址：北京市朝阳区麦子店街 18 号楼
邮编：100125
责任编辑：潘洪洋
版式设计：杜　然　　责任校对：沙凯霖
印刷：北京中兴印刷有限公司
版次：2022 年 2 月第 1 版
印次：2022 年 2 月北京第 1 次印刷
发行：新华书店北京发行所
开本：700mm×1000mm　1/16
印张：10.5
字数：200 千字
定价：52.00 元